KB265071

소기업 사장의 73가지 성공학

이동혁 지음

문지사

소기업 사장의 73가지 성공학

기업이 추구하는 목표는 경영적 성공이다.

성공의 찬란한 열매는 모두가 열망처럼 기대하지만, 그리 쉽게 속마음을 열어 보이지 않아 우리들을 목마르게 하는 경우가 대부분이다. 그러나 현실적으로 성공과 실패라는 기업의 양면성은 여반장(如反掌)처럼 가까워서 우리가 일반적으로 생각하는 논리적 양분(兩分)과는 전혀 다른 면이 있음을 알아야 한다.

기업은 당신에게 어떤 존재인가?

당신은 기업을 통하여 무엇을 실현하고 싶은가?

기업의 존재 목적과 지향하는 가치는 열정과 도전의 산물로서 실체를 추구하는 구체적인 활동이다. 사장이 경영에 대한 철학과 목표가 명확하지 않으면 기업은 단순한 돈벌이의 수단으로 전락하게 되며 아무리 노력해도 성공의 새벽은 멀기만 할 것이다.

기업의 성공은 끊임없이 계속되는 집요한 도전에 의해서만 가능한 땀과 정성의 결과이다. 도전에 이기기 위해서는 용기가 필요하며, 용기는 어려움을 단순화시키는 무한한 힘을 발휘한다.

그러나 기업의 성공은 아주 조금씩 시간을 두고 체화(体化)되는 것이며, 날벼락처럼 찾아오는 흥분은 결코 아니다.

기업이란 시대의 변화에 좌우되는 생명체이다. 시대와 상황이 기업의 존재가치를 결정하며 시대의 변화에 뒤지는 기업은 소멸할 수 밖에 없다. 기업은 반년 정도만 존재하다가 사라지는 경우도 있고, 100년 이상을 살아남는 드문 경우도 있다. 기업은 정말 인생적이다. 그래서 기업은 무한이 없다.

미국이라는 신대륙이 골드러시에 흥청일 때 아리조나 주의 톰스톤에서 열심히 은광맥을 찾는 사람이 있었다. 그는 몇 년간 용의주도하게 준비하여 은광이 있을 것으로 보이는 작은 산을 찾아 냈다. 그리고 2백 미터가 넘게 파 들어갔으나 그곳에서 은광맥을 발견할 수가 없었다. 실망한 그는 광산을 포기하고 톰스톤을 떠나고 말았다. 그로부터 10년 후 우연히 한 광산회사가 톰스톤에 파 놓은 갱도를 발견하고 그 곳을 파본, 즉 거기에는 이제까지 발견된 어떤 광산보다 더 풍부한 은광맥이 묻혀 있었다. 놀랍게도 은광맥이 발견된 곳은 포기한 지점으로부터 1미터 깊이에 감추어져 있었던 것이었다. 성공은 바로 이 은광맥의 발견과 같다. 끈질기게 노력해도 발견할 수 없었다는 것은 변명이다. 남보다 조금만 더 성실하게 인내하면서 주위에 널려 있는 성공의 기회를 움켜잡는 노력이 중요하다 할 것이다. 두려움에 주저하기보다 지금 당신이 지닌 재능과 의지에 마지막 노력을 더 하는 자세가 필요한 것이다.

사장은 아무도 가 보지 않은 길을 떠나야 한다.

한없이 외롭고 두려움마저 느껴지는 그 길로 떠나가야 한다.

커다란 절망이 기다리고 있을지라도

아니, 죽음마저 피할 수 없는 길일지라도

스스로 선택한 길이기에

그는 떠나야 한다.

누가 용기는 도전을 위해 존재한다고 했던가?

변화, 또한 도전의 또다른 이름이라 했던가?

안주하는 삶은 실패보다도 두렵다.

이 책의 출간과 함께 저자는 오랫동안 관심을 가져온 창업과 경영, 그리고 기업의 사후관리에 이르는 일관된 흐름을 마무리하게 되었다.

그간 지켜보아준 가족들과 문지사 홍사장에게 감사드리며, 특히 금년에 대학을 졸업하고 희망찬 사회생활을 시작한 내 아들 상현에게 바람처럼 살아온 아버지의 인생을 증언처럼 남겨주고 싶다.

이동혁 씀

제1장

경영, 그 차가운 전쟁

매일 아침 아프리카에선 가젤이 눈을 뜬다.
그는 사자보다 더 빨리 달리지 않으면 죽으리라는 것을 안다.
매일 아침 사자 또한 눈을 뜬다.
그 사자는 가장 느리게 달리는 가젤보다 빨리 달리지 않으면 굶어 죽으리라는 것을 안다.
당신이 사자이건 가젤이건 간에 상관없이 아침에 눈을 뜨면 당신은 질주하여야 한다.

1 | 무엇을 위한 경영인가?

기업(企業)이란, 말 그대로 '인간이 있는 곳, 인간이 지키는 일로서 이들이 모여서 경제활동의 중심을 지탱하는 일'이라 해석되고, 영어로는 Enterprise라 하며 '상 받는 일, 명예스러운 역할 또는 힘들고 어렵지만, 가장 보람 있는 일'이라는 뜻의 어원을 가지고 있다.

따라서 기업경영은 사람들과의 상호협력을 통하여 경제적인 목적을 달성함으로써 자신과 주변을 행복하게 하는 것이라고 기본적인 정의를 내릴 수 있다. 다양한 인간들이 모여서 여러 가지 사업을 전개하지만 사회가 존재하고 세상이 있는 이상 인간을 떠난 경영은 성립되지 않는다.

성공한 사장들을 보면 각각의 개성과 조건은 다르지만 기본적으로 건강한 인간관계를 바탕으로 기업을 경영하고, 그 결과로서 성공에 이르렀음을 우리는 알고 있다. 그들의 인간관계는 논리나 이론으로 만들어진 것이 아니라 수많은 현장의 구체적인 사례를 통하여 단련된 인간학, 그 자체인 경우가 많다.

성공한 사장들은 제품개발, 판매 이익 등 모든 것이 직원들의 정신이고 마음이라는 것을 누구보다 잘 알고 있는 현명한 사람들이다. 그들의 유일한 희망은 제품기술도 테크노로지도 아니다. 세상에 유익한 물건을 제공하겠다는 정신이며 소비자에게 기쁨을 줄 수 있는 물건을 만들겠다는 마음이다.

상품판매도 마찬가지이다. 물건을 파는 일이 아니라 인간을 파는 것이다. 경영에서 인간을 중시하는 결과로서 창출되는 것이 적정 이익이다. 이익이 없는 경영은 지속적인 번영이 불가능할 뿐만 아니라 현실적인 존립도 어렵기 때문이다. 이익은 단순한 돈벌이가 아니다. 회사에 대해서 사회가 내려주는 평가이며, 그 회사의 제품이 세상에 얼마만큼 쓸모 있는가에 대한 소비자의 기쁨을 대변하는 척도이다. 따라서 이익이 발생하지 않는다는 것은 그 회사의 기업정신과 창조성이 세상에서 인정 받지 못한다는 것을 의미한다.

분명히 경영이란 적정이익이 발생하여야 하지만, 그 이익은 수단이지 결코 목적은 아니다. 아울러 경영의 목적은 인간에 대하여 책임을 지고 인간을 육성하여 이를 바탕으로 기업을 성장·발전시키는데 있으며, 기업의 발전은 사장과 소속 직원의 행복인 동시에 지역과 국

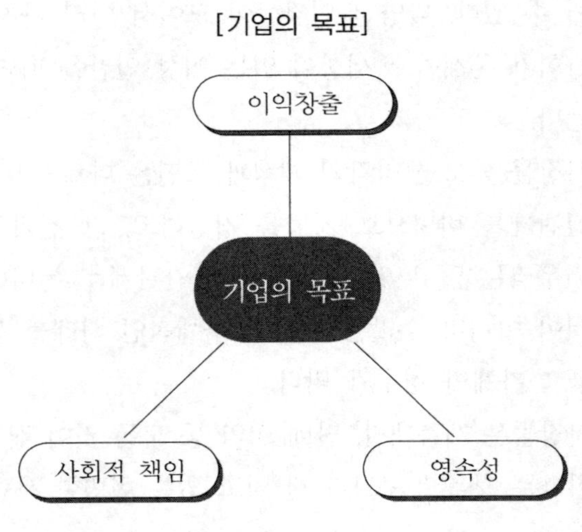

가의 발전으로도 연계되는 역사적인 소명이 있음을 알아야 한다.

가난 때문에 미국으로 이민 온 앤드류 카네기(Andrew Carnegie)는 아메리칸 드림을 실현한 대표적 인물이다. 철강왕이란 별칭은 그가 27살이던 1862년에 피츠버그 시에 철도 레일공장을 세운 뒤 1875년 철강회사를 차려 떼돈을 벌어들인 그에게 붙여진 별명이다. 그러나 카네기는 언제나 젊은 날의 결심을 잊은 적이 없었다. 은퇴 시절, 그는 약간의 재산만을 남기고 한평생 모은 돈을 차근차근 정리하여 교육과 세계평화, 문맹퇴치를 위한 여러 기관을 세웠다. 카네기의 베푸는 정신은 지금도 기업가의 철학으로 면면이 이어지고 있으며 건강한 기업가 정신의 본보기가 되고 있다.

그의 묘비명에서도 이상적인 사장의 모습을 발견할 수 있다.

『자기 자신보다도 더 현명한 사람들을 주변에 모여들게 하는 능력을 가진 한 남자가 여기에 잠들다.』(Here lies a man who was able to surround himself with man far cleverer than himself)

오늘을 살아가는 사장의 참모습을 간결하면서도 적절하게 표현하고 있는 말이다.

일본에서 경영의 신이라 추앙 받는 마쓰시다 고노스케(松下幸之助) 씨는 다음과 같은 말을 유언에서 남겼다.

"세상에서 나를 경영의 신이라 부르는 사람도 있다고 들었습니다. 그러나 나 자신 스스로를 돌이켜보아도 다른 사람들이 놀랄 만한 신의 조화를 써서 경영을 성공시킨 것이 아닙니다. 극히 보통의 일을 보통으로 행하는 것, 자기를 믿고 성공을 마음 속으로 빌며, 정열을 잃지 않고 사업에 부딪쳐 온 것이 성공으로 이어졌다고 생각합니다. 사람들이 나에게 사업에 성공하는 비결이 무엇입니까? 하고 흔히 묻습니다. 나는 언제나 '사업은 성공할 때까지 계속하는 것이다.'라고 대답하였습니다. 자기가 시작한 사업을 도중에서 포기하지 않고 최후

까지 계속한다는 도전정신을 사장 여러분들은 언제까지나 마음에 새
겨야 할 것입니다.”

사장의 마지막 과제는 부를 적절히 관리하는 것이다. 부를 지닌 사
람들은 이러한 의무를 명심하여야 할 것이다. 검소하고 소탈하게 생
활하고, 사치와 방종을 피하여 삶의 모범을 보이며, 자신에게 의지하
고 있는 많은 사람들의 합법적 요구를 들어주고, 자신에게 돌아온 모
든 잉여수입은 자신이 위탁관리하는 역할을 떠맡은 것이라 생각하며,
자신의 지혜와 경험을 살려 국가와 사회에게 봉사하고, 더욱 열성적
인 노력으로써 훌륭한 결과를 지속적으로 만들어 내는 것이다.

이 시대의 진정한 리더는 성공을 만들어 가는 사장이다.

인간을 경영한다

일본 마쓰시다 전기의 마쓰시다 고노스케(1894 -1989) 회장은 인간
경영의 대표적인 인물이다. 그는 직원들에게 누가 마쓰시다 전기는 무엇을
만드는 회사입니까? 라고 물으면 그는 이렇게 대답하라고 말했다 한다.

“마쓰시다는 인간을 만드는 회사입니다만, 아울러 좋은 전기제품도 만듭
니다.”

마쓰시다 고노스께는 ‘좋은 품질을 만들려면 좋은 사람을 만들어야 하며,
품질을 높이려면 직원들의 질을 높여야 하고, 품질의 혁신을 이루려면 사람
을 변화시키지 않으면 안 된다.’는 경영철학을 가지고 있었다. 사업발전의
근간을 인간, 즉 인재에 두는 인간 중시의 경영철학은 언제나 사장의 최고
덕목이라 할 것이다.

2|소기업의 시대가 열린다

변화와 혁신은 21세기의 시대정신이다. 이제는
소기업을 더 이상 '다수의 약자'로 보는 것이 아니라
활력있는 다수(Vital Majority)로 보아야 한다.

우리 나라의 소기업 비중은 전체 기업체수의 90%, 고용자수의 69.1%, 생산의 48.1%, 수출의 42.4%로 매년 그 비중이 증가하고 있으나 생산성 상승을 초과하는 임금 상승, 취약한 재무 구조, 3D 기피 현상, 전문화. 고부가가치화의 미흡, 대기업과의 협력관계 구축의 미흡, 경영 능력 취약 등으로 많은 소기업이 경영상의 애로를 느끼고 있는 것도 사실이다.

사실 중소기업의 문제를 좀더 심도있게 들여다보면 이는 소기업의 문제라고 볼 수 있을 정도로 개체수와 종업원수 및 실물경제에서 차지하는 비중이 매우 높다.

그러나 21세기적 시대 변화는 소비자 의식의 다양화, 개성화, 급속한 기술혁신 등의 환경 변화로 기업에게 다품종 소량생산 체제, 의사결정의 스피드화를 요구하며 이러한 추세는 대기업보다 소기업에게 유리하게 작용할 것으로 본다.

우리 나라에서도 소기업 문제가 국가적 과제로 부상되듯이 최근에는 미국, EU, 일본 등지에서도 소기업이 활성화되어야 국가 경쟁력의 기반이 튼튼해진다는 중요성을 재인식하기 시작하였다.

이제 세계는 소기업을 더 이상 다수의 약자로 보는 것이 아니라 활력 있는 다수로 보고, 이들을 기술혁신의 담당자, 고용 기회의 제공자, 대기업의 협력자, 경제민주주의의 담당자로서 역할을 중시하게 되었다.

특히 소기업이 강한 독일, 이탈리아, 대만 등은 세계적 불황 속에서도 양호한 경제적 성과를 거두고 있으며 각각 자국의 경제시스템상에서 중요한 역할을 수행하고 있다.

이들 국가의 공통적인 소기업의 성공 요인을 알아본다.

첫째, 왕성한 창업정신이다.

실리콘밸리, 대만, 이탈리아 등에서는 창업정신이 충만하고 이것을 현실적으로 실현하기 위한 국민적 동질감이 충만하다.

둘째, 비교 우위 분야에 대한 철저한 특화이다.

경쟁에서 이기기 위하여 자사의 비교 우위 분야를 반드시 확보하고 기술이 모자라면 공정에서라도 개선한다.

셋째, 집적화, 네트워크(Net Work)화의 실현이다.

집적이란 지리적으로 일정한 범위 내에 함께 모여 있는 것이고, 네트워크란 지리적인 것보다는 상호간의 업무적인 연결을 의미한다. (실리콘밸리, 이탈리아 중북부 지방, 대만의 신죽(新竹)단지, 일본의 도요타 또는 가와사끼)

넷째, 대기업과의 협력관계 구축이다.

각각의 집적이나 네트워크 안에 반드시 세계적인 스타가 존재하여 그 스타기업과 중소기업이 협력적인 분업관계를 조성한다.

다섯째, 이러한 요인들이 자연스럽게 조성되지 않을 경우 정부는 적절한 대책을 수립하여 이를 지원한다.

미국은 80년대에 산업 주도권을 일본에 내주었으나 90년대에 다시 경쟁력을 회복하였는데, 그 배경에는 실리콘밸리와 같은 첨단 소기업

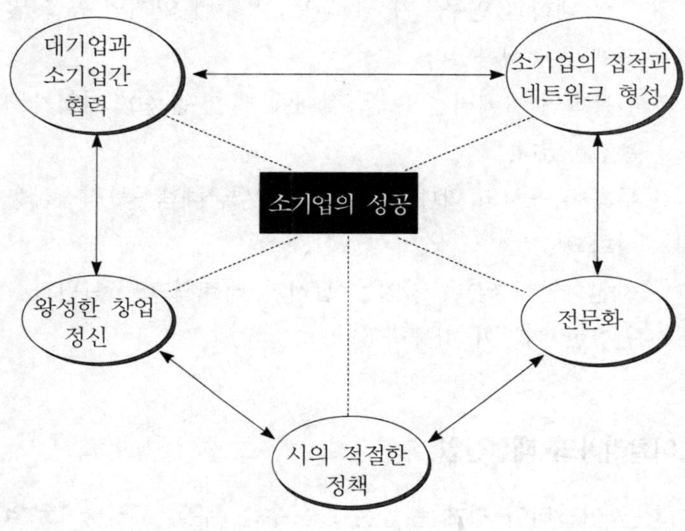

의 활성화가 크게 기여하였다. 문화, 지리, 경제적 조건이 다른 타국의 성공요인이 반드시 우리 나라의 소기업 활성화를 위한 성공조건은 아니지만, 각국 공통의 성공요인은 우리에게 많은 시사점을 제공할 것으로 본다.

■ 미국의 실리콘밸리

① 90년대 미국의 산업경쟁력 회복은 소기업이 주역이었으며 특히, 실리콘밸리는 첨단산업, 지식산업, 미래산업 등의 각종 산업이 상호 시너지를 발휘하면서 활력을 촉진하였다.

② 실리콘밸리는 인적, 물적, 기술적 자원이 집합체를 이루어 네트워크를 형성하고 있으며 왕성한 기업가 정신을 가진 창업자가 독창적인 기술을 사업으로 전개하였다.

③ 성공요인

- 우수 대학과 연구소가 밀집되어 우수한 인재의 공급 및 유인
  체계가 충실하였다.
- 전통적인 아메리칸 드림, 실패에 대한 관용이 기업가 정신을
  촉진하였다.
- 투자 성공시의 막대한 이익보장, 세금혜택 등 직접금융이 활
  성화되었다.
- 지원산업의 완비, 기업간 집적과 네트워크로 인원과 정보의
  원활한 이동이 가능하였다.

■ 이탈리아의 패션산업

① 최근 이탈리아 경제는 높은 소득수준, 무역 흑자국으로의 전환
  과 성숙산업인 패션산업을 수출산업으로 육성하여 세계적인 주
  목을 받고 있다.
② 이탈리아의 소기업은 가족경영이 특징으로 규모를 확대시키기
  보다는 전문화로 고이익을 추구하며 수십 개의 기업이 특화하
  여 한두 가지 제품을 특화 생산한다.
③ 성공요인

- 역사적, 문화적으로 계승되고 있는 소프트한 인프라를 기술
  로 발전시켜 패션산업의 경쟁 우위를 확보하였다.
- 소기업간 집적과 네트워크로 생산공동체를 형성하여 불리한
  점을 극복하고 장점을 살려나갔다.
- 리더기업의 출현으로 공동체를 이끌어 주었다.

■ 일본의 자동차 부품산업

① 일본은 60년대 이후 소기업의 구조 고도화와 대기업의 계열화
를 적극 추진하여 소기업이 강한 경제시스템을 구축하였다.
② 자동차 부품 소기업은 전문화된 높은 기술력을 보유하고 직접
설계를 담당하는 업체가 70% 정도이다.
③ 성공요인
- 효율적인 분업구조를 구축하여 부품업체의 세분화, 전문화를
유도하였다.
- 대기업을 중심으로 일정지역에 집적되어 있어 Just in time
등 조립메이커의 효율적인 생산시스템을 지원하였다.

■ 대만의 PC산업

① 대만은 소기업의 비중이 높을 뿐만 아니라, PC 생산은 최근 10
년의 노력으로 미국, 일본에 이어 세계 3위이며 마우스, 키보드,
마더보드 등의 세계시장 점유율은 60%를 상회한다.
② 최근에는 노트북을 상품개발에서 디자인까지 담당하는 ODM
(Original Developed Manufacturing) 생산으로 세계 노트북
시장을 석권하고 있다.
③ 성공요인
- 누구라도 소기업 경영자가 될 수 있는 창업인프라를 통해 창
업에 필요한 경영자원을 쉽게 조달할 수 있다.
- 거국적인 하이테크 전략을 수립하여 인재 우대 정책, 연구
성과의 민간이전 등 정부의 집중적인 육성 및 지원이 주효하
였다.

　성공한 사장들은 '세계화'를 어떻게 생각하고 있을까?

　칼스버그 그룹의 플레밍 린델뢰프는 '최고의 국제적인 브랜드는 글로컬(Global + Local) 브랜드'라고 말하였다. 세계적으로 생각하되 지역적으로 행동하라는 말이다. 그는 성장의 기회를 찾아 덴마크라는 좁은 나라를 벗어났다. 그에게 세계화란 '입맛과 기호가 덴마크와는 전혀 다른 지역에서 외국산 고급제품이라는 이미지를 심어놓는 일'이다. 지역 특성에 맞는 제품을 효과적으로 광고하면서 외제라는 느낌을 최대한 살린 것이다. 그는 평소 "우물 안에 있되 우물 밖을 생각하라."는 말을 즐겨 사용한다.

3 | '변화와 혁신'은 성장의 엔진이다

때로는 변화와 고통은 동의어다. 성공을 위해서는
두 가지 모두가 필요하다.

스위스 회사인 세계적인 식품 다국적기업 네슬레의 최고 경영진 9명 중에 스위스 사람은 한 명도 없다. 피터 브라벡 사장을 포함하여 오스트리아 출신이 3명, 미국인이 2명, 스페인, 호주, 멕시코 출신이 각 1명이다.

"네슬레 주주의 50%가 외국인이므로 외국어에 능통하고 국제 경험이 풍부한 다국적 경영인을 확보하여야 치열한 시장경쟁에서 살아남을 수 있다."고 브라벡 사장은 그 이유를 설명한다.

네델란드의 간판기업인 필립스의 이사회 멤버 14명 중 네델란드인은 불과 5명에 불과하며 파산 직전까지 몰렸던 일본의 닛산자동차는 브라질 태생으로 프랑스에서 교육 받은 카르로스 곤이 사장이다.

기업이 세찬 강풍을 뚫고 나가려면 강한 엔진이 필요하다. 가장 좋은 엔진은 역시 '변화와 혁신' 그리고 이에 대응하는 능력이다. 변화와 혁신 없이는 살아남기 힘들다는 게 세계 최대기업인 GE의 제프리 임멜트 회장의 생각이다.

GE는 지난 3년간 나노물질, 대체연료 등의 핵심 첨단기술을 개발하는 R&D 비용을 3배 이상 늘리기도 했다. GE의 연구책임자인 스코트 도넬리는 "회장부터 혁신의 기치를 들고 있으며, 전체 예산의 30%가 첨단부분에 쏟아지고 있다."고 말한다.

다보스 세계경제포럼의 창시자이자 의장인 클라우스 슈밥(Klaus Schwab)은 "과거에는 이따금씩 하는 일을 멈추고 변화를 수용하는 것으로 충분했지만, 무한 경쟁체제에서 승자와 패자의 결정은 영원히 혁신해야 한다는 이념을 받아들이는가 또는 거부하는가에 따라 좌우된다."고 지적하였다. 격렬한 변화와 무한경쟁이 세계를 지배하고 있는 21세기에서 현상유지(Status quo)란 패자를 의미한다.

우리가 살아가는 오늘은 '잠시 정지하여 뒤를 돌아보며 쉬어가고 싶을 만큼 지금의 문명은 가파르고 숨차다.' 글로벌 자본주의는 초속도성의 블러(Blur) 현상을 나타내고 있는 것이다. 따라서 현재에 안주하는 것은 곧 퇴보를 의미하는 것으로 경제적 격하(Down grade)는 우리의 선택이 될 수 없고, 우리에게 주어진 지상과제는 한국의 경제적 격상(Up grade) 뿐이다.

브랜드 국가의 부상(The rise of the Brand state)을 쓴 피터 밴 험은 '잘 나가는 나라는 분명한 특성이 있다. 즉 국격(國格)이 있으며 이를 브랜드로 만들어 국제사회에 체계적으로 알리는 일이 매우 중요하다' 고 말했다.

최근 들어 일본도 기존의 일본식 경영에 한계를 느껴 일본식 경영으로 대표되던 종신고용제를 폐지하고 연공서열 위주에서 능률 위주로 시스템을 바꾸어가고 있다. 그러나 헌신과 섬세함이 어우러진 일본식 경영의 장점도 있으므로 전통적인 가치의 배제는 조심스럽게 다루어야 할 것이다.

이와 반대로 미국식 경영은 합리주의, 개인존중, 업적평가를 특징으로 들 수 있는데 경영의 투명성이 보장되고 동등한 기회와 개인이 능력을 발휘할 수 있는 장점이 있다. 그러나 미국의 경쟁력이 떨어지는 이유는 제도나 경영방식의 문제가 아니라, 너무 풍요한 나머지 나타난 풍요의 반작용 또는 대량소비를 바탕으로 하는 미국식 자본주의의 한계라고 보아야 할 것이다.

그 동안 우리 나라의 기업들이 추진한 구조조정이 재무부문과 사업부문 중심이었다면 앞으로는 체계계적이고 지속적인 내부 구조조정 중심이어야 한다. 내부 구조조정은 어떻게 추진하여야 할까?

■ 조직문화의 재구성

기업문화는 사업 구조조정 시기에 가장 외면되는 분야이다. 재무수치에 반영되지 않기 때문에 특히, 위기 시에는 이를 언급하는 것이 사치로 치부되기도 한다. 그러나 기업 활동의 중심은 사람이고 또 사람의 관계를 결정하는 것이 바로 기업문화이다. 근로자의 조직에 대한 만족도와 충성도에 직접적으로 영향을 주면서 기업의 경쟁력과 직결되는 요소이다. 조직문화의 정비는 사업 구조조정 이후에 더욱 중요시된다. 사업 구조조정을 거친 기업의 직원들이 패배주의에 빠져 있는 모습을 우리는 주위에서 흔히 보아왔다.

■ 기업간 협력 강화

비용절감과 산업 내에서의 지배력 강화를 짧은 시간에 얻을 수 있는 전략 중 하나가 협력에 의한 방법이다. 흔히 아웃소싱이라는 용어로 설명되는 구매와 판매 분야에서의 협력뿐 아니라 경쟁사와의 동침 여부도 여기에 해당된다고 본다. 경제위기 이후 우리 사회에서도 아웃소싱에 대한 인식이 많이 변했고, 이를 지원하는 전문기업이 많이 등장하여 기업간의 협력 환경은 많이 좋아지고 있다. 아울러 전자상거래 시스템의 급속한 확산은 물류, 총무분야 뿐만 아니라 사내 정보통신 관련 업무의 외부 위탁도 무리없이 추진할 수 있게 되었다. 경쟁사와의 협력은 이미 자동차, 반도체, 철강, 해운 등 대부분 산업에서 확산되는 추세이며, 이런 흐름을 외면하는 기업이 오히려 시장에서 배척될 정도로 중요성이 강조되고 있다.

■ 의사결정 프로세스의 혁신

모방할 수 없는 경쟁력 요소가 바로 기업 내부에서 축적된 모든 의사결정 과정의 프로세스이다. 프로세스는 단순한 생산 과정 뿐만 아니라 업무프로세스, 의사결정 프로세스 등을 포함한다. 좋은 프로세스를 갖추기 위해서는 경영자의 철학, 시장경쟁 상황, 내부 정보

[기업경영혁신의 성패를 좌우하는 요인]

구 분	성공기업의 특성	실패기업의 특성
혁신 프로그램 도입	문제의 정확한 진단과 회사 사정에 맞는 혁신 프로그램 도입	다른 회사가 도입한 프로그램을 검토없이 도입
위기감	변화가 필요한 이유를 설명하며 조직에 위기감을 불어넣음	왜 경영혁신이 필요한지 직원들에게 설명도 없이 일방적으로 진행
최고경영자	경영혁신 성공에 대한 확신과 열정적 참여	혁신과정에 스스로 참여하지 않고 성과만 재촉
조직내 저항	합리적인 지적은 수용하지만 과거 관행만 고집할 경우 제재	저항을 효과적으로 극복하지 못하고 과거로 회귀
커뮤니케이션	상하 구분없이 끊임없이 경영혁신에 대해 토론	혁신에 관심있는 직원 끼리만 대화

통신 시스템, 조직 등 모든 분야를 고려하여 재구성하는 작업이 필요하다. 만약 목표를 성취하는데 방해가 된다면 모든 시스템을 뜯어 고치고, 모든 방법을 폐기하고 기존의 모든 이론을 던져버려야 한다.

▣ 조심스러움은 전략이 아니다

시카고 소재 스트라테고스 컨설팅의 최근 연구 결과 축소전략과 원가절감에만 초점을 맞춘 경영에는 한계가 있다고 분명히 말한다.

이 연구소에 따르면 원가절감을 실시한 기업은 3년 가량은 이익이 매출보다 5배 이상 늘어나는 효과를 거둘 수 있지만, 이는 결국 성장 둔화로 이어진다고 결론짓고 있다. "원가절감은 회사를 작게 만들 수는 있지만 좋게 만들지는 못한다."는 메시지인 셈이다.

4 | 성공하는 기업에는 비전이 있다

사장이 앞날에 대한 명확한 비전을 제시하지 못하면 기업의 성장은 물론 현상 유지도 기대하기 어렵게 된다. 사장은 미래에 대한 통찰력과 직원들이 가지고 있는 열망을 모아 기업의 미래상을 도전적으로 제시하고 강력한 리더십을 통해 조직 내에 만연하는 혼돈을 걷어내어야 한다.

실제로 성공적인 성장 기업들은 도전적인 비전과 기존 시장 우선적인 사고방식에서 탈피하여 자신들의 사업 영역을 확대함으로써 새로운 성장 기회를 끊임없이 모색한다. 직원들의 마음 속에 살아있지 않는 기업의 비전이란 없는 것과 다를 바 없다. 개인이나 조직의 미래와 연결되지 못한 비전은 이미 가치가 없는 것이다.

미국의 걸출한 금융인 모건은 에디슨이 백열등에 가지고 있던 비전에 강력하게 이끌려 신기술에 동참하고 1878년 에디슨 전기회사를 합병하였다. 에디슨과 그의 직원들이 일련의 기술적인 문제에 부딪쳐 개발 일정이 지연되고 비용이 눈덩이처럼 불어났을 때, 모건의 꾸준한 재정지원은 빛을 발했다. 모건의 다른 협력자들과 에디슨의 수많은 투자자들은 갈수록 초조한 기색을 보였지만 모건은 신뢰를 저버리지 않았다.

　마침내 뉴욕 시의 펄스트리트에 발전기가 가동되었을 때, 드럭셀 모건은행의 지점들은 106개의 전등으로 인류 최초의 전기를 밝힐 수 있었다.

　60~70년대 우리 나라는 '잘 살아보세'라는 국가적 목표가 있었다. 그것은 당시 빈곤하였던 우리 국민에게 큰 공감대를 형성케 하였으며, 이러한 정신을 바탕으로 기업이건 국민이건 밤낮없이 일하였던 기억이 우리에게 남아있다. 그러나 오늘날 '잘 살아보세'라는 목표는 어느 정도 달성하였지만, 그 다음 국가와 사회적 목표가 희미하여 경제적으로 한 단계 더 높은 도약을 머뭇거리고 있는 것이 우리의 현실이다. 기업은 사회에서 어떤 가치 있는 일을 수행하고 있는가?

　기업의 정당성은 곧 그 기업의 철학이며 기업 이념의 바탕이 되는 것이다. 기업 이념은 내부적으로는 모든 직원에게 공통의 방향, 공통의 달성의식, 공통의 목적과 비전을 향해 앞으로 나아가게 하는 원동력이 되는 것이다. 그러나 기업의 목표나 비전이 너무 추상적이거나 지나치게 미화되면 목적의식이 없어져 막연한 혼동을 초래할 뿐이다.

　세계적으로 잘 정의된 기업의 이념은 '우리는 10년 내에 인간을 달에 착륙시킨다.'는 60년대 나사(NASA)의 기업 이념이다. 이 기업 이념은 명확하고 단순하며, 원대한 비전을 설정해 준 훌륭한 이념이라고 평가 받고 있다. 이것 대신에 '우리는 우주를 탐험하고 세계일류 기업이 된다.'라고 하였으면 목표가 막연하여 도움이 되지 않는 기업 이념이 되었을 것이다.

　기업의 성공 포인트를 감안하더라도 성장전략과 비전을 수립하는 일은 쉬운 일이 아니다. 그러나 변화를 거부하고 성장에 대한 열정을 가지지 않는다면 경쟁에서 뒤처질 수밖에 없다. 특히 90년대 들어 시작된 세계화 흐름의 가속화로, 다른 한편으로는 그 결과 나타난 10년

간의 변화와 부작용에 대한 수정과 조정이라는 두 가지 양상이 교차
할 것으로 보인다. 산업 구조의 트랜드는 경쟁의 양태가 산업 내 기
업간에서 산업간으로 변화하고, 수평·수직형 통합에서 가치 사슬형
통합, 재화중심·효율중시·자원절약에서 인간중심·인간중시·환
경친화의 흐름이 더욱 거세어질 전망이다.

이와 같은 상황은 다음의 4가지 메가 트랜드(Mega Trend)로 요
약할 수 있다.

첫째, 디지털화의 확산이다.

디지털 기술의 발전과 접목으로 기존의 업종과 산업의 개념이 약화
되면서 디지털 기술로 수렴되는 현상은 가속화될 것이다. 방송, 출판,
TV, 영화, 라디오, 통신 등 분리되어 있던 산업들이 디지털 기술을
기반으로 통합되고 있듯이 수렴과 통합은 더욱 뚜렷해질 전망이다.

둘째, 글로벌화이다.

글로벌화의 진전으로 세계표준을 장악하기 위한 경쟁이 격화될 것
으로 예상된다. 인터넷 확장과 기술의 범세계적 확산 등으로 세계가
단일시장으로 통합되는 속도가 더욱 가속화되고 있다. 표준을 주도하
는 기업은 독점적 이윤을 확보하겠지만 표준경쟁에서 패퇴한 기업은
시장에서 퇴출되거나 군소기업으로 전락할 수밖에 없다.

셋째, 소프트화이다.

소비자의 욕구가 다양화, 개성화되면서 제품의 소프트화가 급진전
되고 있다. 제품의 기본기능, 품질 등과 같은 유형가치보다 그것에
부가된 정보 서비스 등의 무형가치가 중요해 진다.

넷째, 인간화의 추구이다.

이는 자원 재생형, 환경친화형 산업의 모색, 바이오 산업의 급성장
으로 대변될 것이다.

세계적인 컨설팅 회사인 맥킨지사가 2년 동안 미국에서 급속히 성장하는 중소기업의 특징을 연구하였다. 그 결과 중소기업의 성공요인은 중소기업의 사장이 영업사원에게 확고한 기업의 미래상을 심어줌으로써 영업사원으로 하여금 신념을 가지고 활동하게 하는데 있었다. GE사의 Welch 회장은 "훌륭한 기업의 사장은 비전을 창안하고 직원들에게 그 비전을 확실히 전달함으로써 직원이 그 비전을 정열적으로 추구하여 마침내 그 비전을 완성하도록 매진시키는 사람이다."라고 말했다.

5|지식경영의 바람이 분다

지식경영에 대한 관심이 확산되고 있다.

정보혁명의 뒤를 이어 21세기에는 지식이 기업의 경쟁력 강화와 가치창조, 부가가치 산출의 중심으로 자리잡는 지식혁명이 본격적으로 전개될 전망이다.

IMF 직전 '부츠알렌 보고서'는 한국경제의 근본적인 문제를 지식격차로 진단하고 경제의 위기요인이 생산성 향상이 결여된 양적 팽창에 원인이 있는 것으로 진단하여 이에 대한 국가적 대응이 필요한 것을 경고한 바 있다.

우리 나라가 지식이 바탕되지 않은 과거 성장 패턴에 안주할 경우 선진국을 따라잡을 수 없을 뿐만 아니라 선진기업들이 하드웨어에 소프트 기술을 추가시키고 독점적인 산업표준을 장악할 경우 국내의 기업들은 설 자리를 잃게 되어, 오히려 그 격차가 확대될 우려가 있다. 앞으로 세계 조류에 뒤쳐지지 않기 위해서는 지식, 지식경영 또는 지식산업에 대한 실천적 개념을 명확히 하여 기업전략을 수립하고 이를 효과적으로 운영하여야 할 것이다.

미래의 기업은 다른 기업에 비하여 얼마나 차별화된 지식을 보유하느냐에 의해서 기업의 생존이 결정될 것이다. 과거에 중요시되었던 첨단설비, 생산방식 등은 자본만 있으면 공개시장에서 얼마든지 구입이 가능하므로 기업은 특유의 지식 또는 지식경영시스템을 창조, 축적, 활용하여 제품개발, 생산, 서비스, 유통에 얼마나 차별화 하느냐가 기업존립의 관건이 된다.

따라서 지식 경영은 기업이 장기간에 걸친 지속적인 노력과 기업제도와 문화풍토의 개선을 통해서 만이 축적되는 무형의 가치인 것이다.

우리 나라의 경제규모가 연평균 5%씩 확대되고 국내 총생산의 3%를 연구개발에 투자한다고 하여도 미국이 지난 2000년 확보한 국가 지식 축적량을 따라 잡는데 50년은 걸릴 것이란 심각한 추정이다.

[지식경영을 위한 개선방향]

구 분	내 용
지식격차 확대	· 선진국과 지식의 창조, 활용 등 엄청난 지식격차가 존재 · 지식경제 기반이 취약하고 제도적 기반이 미흡 · 투자 부족과 운용능력 미흡
지식 창조	· 개인, 조직 차원에서 새로운 지식과 아이디어 창출 능력 부족 · 국가혁신을 주도할 싱크탱크의 역할 미흡
지식 활용	· 창조, 학습된 지식이 사장되는 지식멸실 심각
지식 학습	· 지식 창조 능력뿐 아니라 선진지식을 습득하여 체화하려는 노력 부족
지식 공유	· 정보와 지식공유를 위한 정보화 기반이 취약
지식 축적	· 기록문화의 부재

■ 기업은 인재의 유인 동기를 만들어야 한다

"유능한 사람들은 모두 기업을 시작하라. 국민들은 사장을 존경하라. 빈부격차를 자연스럽게 받아들여라."

리관유 싱가포르 선임장관은 세계의 빠른 변화에 대응하기 위해 기업정신을 최우선시하는 이념변혁지표를 발표하였다.

리 선임장관은 "과거에는 기업가는 길러지는 것이 아니라는 생각이었으나 미국, 대만, 홍콩같은 나라에서 기업을 시작하여 부를 창조하는 것을 목격하고는 생각이 바뀌었다. 사회 환경과 문화가 사람들을 훌륭한 기업가로 만드는데 결정적인 요인이 된다."고 말했다.

그는 기업가 문화를 만들기 위해서는 미국 사회의 4가지 특징인 개인의 자립과 자존, 기업을 시작하는 사람들에 대한 존경심, 실패에 대한 과감한 수용, 소득 격차에 대한 관용 등을 본받아야 한다고 강조했다.

■ 기업의 핵심 역량을 축적된 지식 자산에서 찾는다

경영의 역사는 경쟁기업이 침범할 수 없는 경쟁력의 원천을 찾는 것이라 할 수 있다. 최근 이같은 경쟁력의 원천으로 각광 받는 것이 바로 지식이다. 성능 좋은 기계의 도입이나 값싼 노동력의 확보로는 다른 기업을 앞서기 위한 전략이 못 된다는 인식에 따른 것이다. 다른 기업도 똑같은 기계나 노동력을 시장에서 쉽게 동원하여 경쟁할 수 있기 때문이다.

이에 반하여 기업의 조직이나 직원들에게 경험적으로 축적되어 있는 지식을 베끼기는 여간해서 불가능하다. 남들이 복제할 수 없는 지식과 경험을 경쟁력의 원천으로 삼는 경우, 장기간 시장지배가 가능한 유효한 도구가 될 것이다.

■ 창조적 지식인을 발굴한다

창조적 지식인은 자신이 맡은 일을 개선, 개발, 혁신하는 방법을 알고 있으며 그에 관련된 지식을 기록 및 활용하고 다른 사람과 공유함으로써 부가가치를 높혀 나가는 사람이다.

이와 같은 관점에서 본다면 우리가 위인이라고 부르는 과거 인물들이 대부분 창조적 지식인이었다고 할 수 있으며, 현재 사회 각 부문에서 혁신과 가치 창조를 이루어 주변의 신망을 받고 있는 사람들도 상당수 이러한 부류에 속한다고 볼 수 있다.

창조적 지식인이라면 지식고도화 과정을 잘 수행할 수 있는 마인드(Mind-set)와 습관(Habit-set), 능력(Skill-set)을 갖추고 있어야 할 것이다.

성공한 창조적 지식인들은 어떠한 특성을 보유하고 있는가?

[창조적 지식인의 기본소양]

정신 자세	습 관	기본 능력
· 시간활용 극대화 · 통찰력, 결단력 · 타인을 배려하는 마음가짐 · 외부의견 적극 수용 · 긍정적 사고방식 · 도전정신 · 늘 새로워지려는 노력	· 타인관리 습관 · 대화하는 습관 · 문제해결 습관 · 정보수집, 정리 습관 · 자기개발 습관 · 메모 습관	· 논리적 사고능력 · 언어능력 · 부호화 능력 · 추상화, 범주화 능력 · 관찰과 전달능력 · 창의력 · 지식 원천확인 획득능력 · 외국어 능력 · 정보기술 활용능력

　"저는 이전에 한국의 S그룹의 도꾜 본사에서 일한 적이 있는데, 당시에 다음과 같은 황당한 일을 당한 적이 있습니다. 어느 날 전자제어에 관한 혁신기술이 대대적으로 일본신문에 보도된 적이 있었습니다. 그 기사를 접한 서울 본사의 A전무로부터 그에 관한 내용을 상세히 알아 달라는 요청을 받고 꼬박 3일을 투자하여 이에 관한 정보를 수집, 이를 서울 본사로 전송했습니다. 1주일 후 이번에는 B전무로부터 똑같은 내용을 부탁받았습니다. 그뿐 아니라 얼마 후 C상무로부터 같은 부탁이 이어졌습니다. 동일 그룹의 본사에서 일하면서도 정보공유가 이루어지지 않았습니다. 한국 사람들은 정보공유에 대한 개념이 없습니까?"

6|왜 경영혁신에 실패하는가?

혁신이 우리의 가야 할 길을 말해 준다. 우리가
혁신의 가야 할 길을 말해 주는 것은 아니다.

환경에 적응하지 못하는 생물은 살아남지 못한다. 공룡은 지구를 지배하다가 지구 환경의 변화에 적응하지 못하고 끝내 멸망해 버리고 말았다. 그렇게 먼 이야기가 아니더라도 다윈의 진화법칙은 우리 가까이에서 일어나고 있다.

수 십년 전에 연평도 조기는 새끼가 2년 정도 성장하여 몸길이가 19센티미터쯤 되어야 산란을 했다고 한다. 그러나 요사이 조기는 1년 내지 1년 6개월 동안 자라서 몸길이가 15센티미터인 상태에서 산란을 한다고 하는데, 그렇지 않으면 사람들에게 다 잡혀 종족 보존을 못하기 때문이라고 한다. 다윈의 진화 법칙은 생물에만 적용되고 기업에는 적용되지 않는다는 것인가?

MIT의 폴 그루그만 교수는 수년 전 아시아의 경제 성장이 한계에 부딪쳤다는 논문을 발표하여 파문을 일으킨 적이 있다. 수년이 지난 지금 우리 나라를 비롯한 아시아의 경제가 어려워짐에 따라 그의 주장을 다시 한번 음미할 필요가 있다. 과거 십수 년간 아시아가 성장한 이유는 그 동안 놀고 있던 인력이나 자본이 생산에 투입되어 경제를 부흥케 되었는데, 이제는 놀고 있는 값싼 인력이나 토지 등 생산

요소가 전부 소진되어 지속적인 성장은 어렵고 앞으로도 계속 성장하기 위해서는 경영혁신을 통한 생산성 향상만이 유일한 활로라는 것이다.

MIT의 돈 부시 교수도 이와 유사한 논리를 폈다. 한국은 미국의 경제성장 모델보다는 일본의 경제성장 방법을 택하여 일본과 경제의 궤를 같이 하고 있다면서 한국도 일본의 장기 불황을 닮을 가능성이 있다는 것이다. 더욱 심각한 것은 일본은 기술이 있으나 한국은 기술도 없다는 것이다. 우리 나라의 경제 위기 직후 국내 대기업을 인수한 외국계 회사의 임원들은 기존직원과의 면담 과정에서 상당히 놀랐다고 한다.

"경영기법이 상당히 후진적일 것으로 생각했던 한국 기업이 프로세스 매니지먼트나 전사적 자원관리(ERP) 등 첨단 경영혁신 프로그램이 이미 도입되어 있는 점에 놀랐고, 더구나 거액을 투자한 프로그램들이 모두 별다른 성과 없이 흐지부지 됐다는 사실을 알고 더욱 놀랐다."

■ 경영혁신은 유행상품이 아니다

국내기업들은 벤치마킹 붐이 일던 80년대 말부터 선진국 기업이 시행 중인 각종 경영혁신 프로그램을 앞 다투어 도입하였다. 전사적 품질관리(TQM), 전사적 자원관리(ERP), 고객관계관리(CRM), 6시그마, 프로세스 매니지먼트, 신인사제도, 활동기준 원가회계(ABC), 지식경영 등이다.

그러나 이런 노력이 성공을 거둔 기업은 손에 꼽을 정도이다. 한국 기업의 경영혁신이 용두사미에 그치는 이유는 개별기업의 특성을 감안하여 프로그램을 도입하지 않고, 경영혁신을 유행하는 패션처럼 생각하는 것과 개별기업의 특성과 단계를 무시하고 일사분란하게 따라가는 병폐가 심한 때문이다.

■ 사장의 의지가 성패를 좌우한다

경영혁신이 성공하려면 성공에 대한 전 임직원의 확신, 변화에 대한 저항극복, 전 직원의 자발적인 참여가 선결조건이며 사장이 이를 주도하여야 하지만, 우리 나라의 사장들은 혁신 작업에 대한 이해 부족으로 성공적 추진에 한계를 보이고 있다. 스웨덴의 볼보사가 삼성중공업 기계사업 부문을 인수한 후 "과거 삼성 계열사 시절 도입한 경영기법들이 성공하지 못했던 것은 사장들이 현장에 밀착하지 못했기 때문"이라며 "볼보의 경우 사장이 끊임없이 현장에 내려와 경영혁신 진행 상황을 점검하고 혁신을 이행하지 못했을 경우 엄하게 책임을 추궁하는 등 변화를 주도했다."고 밝혔다.

■ 이젠 사고와 행동의 혁명이다

국내 기업의 구조조정에 대해 "아직 갈 길이 먼 데 구조조정이 마치 마무리되는 것처럼 생각하는 풍조가 퍼져가고 있다."는 경고의 목소리가 나오고 있다.

특히 80년대 미국과 유럽 기업의 구조조정 역사에 대해 잘 알고 있는 컨설팅 업계 관계자들은 "부채를 줄이고 부실자산을 파는 형태의 축소 지향형 재무구조조정이 끝나가면서 기업의 경영시스템과 전략에 변화가 일어나야 하는데, 한국 기업에서는 이런 움직임이 아직 미약하다."고 말한다.

모든 변화 프로그램이 성공하기 위해서는 혁신의 결과가 조직의 말단직원까지 침투하여야 하는데 사장의 확신과 리더십 부족으로 경영혁신 운동이 한때의 유행에 그치고 말았다는 것이다. 결론적으로 재무구조 건전화보다는 직원들의 사고와 행동방식을 바꾸는 경영혁신은 몇 배나 어려운 것이 사실이다.

사장이 확신을 갖고 경영혁신에 대한 의지를 장기적으로 주도하지 않으면 좋은 결과를 기대하기 어렵다.

과거 40여년 동안 외국기업을 모델로 배울 만큼 배웠으니 이제는 우리 고유의 가치(Indigenous Value)를 경영에 도입해 보는 시도가 필요한 때라고 본다.

소기업도 급변하는 시대적 흐름을 외면만 할 수 없다면 대기업이나 선행업체 경영시스템의 장단점과 자사의 적용 가능성을 벤치마킹하여 역동적인 사내 분위기로 개선하여야 할 것이다.

🔓 이카루스 패러독스

이카루스(Icarus)는 그리스 신화의 인물로서 밀납 날개를 달고 다니다가 너무 높이 올라서 태양열에 밀납 날개가 녹아버려 바다에 떨어져 죽었다는 신화 속에 나오는 인물이다. 기업도 기업을 성공하게 한 전략, 조직구조, 문화, 기업 사명 등의 특성을 지나치게 강조한 나머지 새로운 변화에 적응하지 못하고 쇠퇴, 멸망한 경우가 많다.

봄이 오면 겨울 외투는 벗어야 한다.

7 | 창조적 긴장(Creative tension)을 촉진한다

미국 미네소타 주의 슈피리어 호에 면하여 있는 투하버스(Two harbours)에서 1902년 설립된 세계 최대의 산업소비재 생산업체인 3M은 전 역사를 통하여 "조직이 개인으로 하여금 스스로 알아서 하도록 장려하는 것이야 말로 진화론적 발전의 원동력이 되는 '기대하지 않은 변화'를 낳게 할 수 있다."는 일관된 신념을 가지고 있다.

이러한 전통적인 접근 방식은 3M 사람들에 의해 다음과 같이 표현되고 있다.

"처음에는 멍청하게 들리더라도 아이디어를 가진 사람의 얘기를 경청하라."

"격려하라, 이것저것 간섭하지 말라. 아이디어가 있으면 그것을 발전시키도록 배려하라."

"유능한 사람을 고용하라. 그리고 그들을 혼자 내버려둬라."

"만일 주변에 울타리를 친다면 우둔한 사람만 남게 될 것이다. 그들이 필요로 하는 공간을 제공하라."

"실험적이고 시간 소모적인 일을 장려하라."

"한 번 해보게 하라. 그것도 지금 당장……"

휴렛 팩커드의 빌 휴렛은 정말로 존경할 만하고, 보고 배울 만한 모델기업이 있느냐고 누구인가 휴렛 팩커드의 빌 휴렛 사장에게 물었다. 그는 주저없이 대답하였다.

[발전을 자극하는 3M의 메커니즘]

15% 원칙	기술직 직원들에게 자신이 선택하고 고안한 프로젝트에 근무시간의 15%를 투자하도록 하는 오랜 전통이다.	예기치 않은 혁신적인 제품을 발견하여 성공으로 이끌어 줄 계획하지 않은 실험과 변화를 자극하는 것이다.
30% 원칙	각 부서는 최근 4년 동안 시장에 내놓은 신제품과 서비스로부터 연간 총매출의 30%를 얻어낸다.	끊임없이 신제품을 개발하도록 자극하는 것이다.
위대한 전진상	성공적으로 신규사업을 일으킨 사람에게 수여되는 상이다.	기업 내부에서 기업가 정신과 위험감수를 자극하기 위한 것이다.
신규사업 기금	연구진들의 신제품 개발을 돕기 위해 5만 달러까지 내부자금을 제공한다.	새로운 아이디어를 시험해 보고 기업가 정신을 자극하기 위한 것이다.
기술개발상	새로운 기술을 개발하고 그 기술을 타부서와 공유하는데 기여한 사람에게 수여된다.	기술과 아이디어를 기업내부에서 확산시키는 것을 자극하기 위한 것이다.
자기사업 기회	성공적으로 신제품을 개발하여 그것을 자기의 프로젝트, 부서 또는 본부에서 운영할 수 있는 제도이다.	기업내부의 기업가 정신을 자극하기 위한 제도이다.
신상품 시사회	모든 부서의 사람들이 부서별로 신규제품을 소개한다.	부서간의 새로운 아이디어를 자극한다.
수익배분의 조기 실시	1916년 주요 직원에게 도입되었으나 1937년 전 임직원에게 확대되었다.	각 개인이 회사에 투자하고 있어 회사 전체가 벌어들이는 수익에 동참할 권리가 있다는 인식을 자극하기 위한 것이다.

"3M이다. 3M이 무슨 상품을 가지고 나올 지 아무도 모른다. 3M조차도 그들이 무엇을 개발할지 모른다는 점이 3M의 매력이다. 당신은 3M이 계속하여 성공하리라는 점을 알고 있을 것이다."

우리들은 그의 말에 동감한다. 만약 향후 50~100년 동안 지속적인 성공과 적응력을 지닌 기업 하나를 꼽으라면 3M이다. 그러나 3M의 진정한 매력은 그들이 3M이라는 돌연변이 기계를 창조하였다는 점이다. 그 돌연변이 기계는 누가 사장이 되든 상관없이 지속적으로 성장하여 왔다. 비록 3M의 지도자들이 앞으로의 갈 길을 예측할 수는 없었지만, 그들 역시 3M은 계속 전진할 것이라는 사실에 대해서는 믿어 의심치 않았다.

3M이야말로 진화론적 발전을 지속하기 위해 잘 고안된 수만 가지의 메커니즘을 지니고 있는 절묘하게 동작하는 요술시계가 되었다.

위와 같은 메커니즘에 의해 3M은 약 6천 종류의 제품을 생산하고 있다.

예를 들면 고속도로 반사표시판, 비디오 녹음테이프, 오버헤드 프로젝트, 컴퓨터용 디스켓, 생명 공학적 전자귀, 3M 포스트 잇(POST IT) 등이다.

현재 여러 가지로 쓰이고 있는 3M의 포스트 잇은 무엇인가를 해야만 우연하게라도 얻을 수 있다는 철학에 따라 3M이 회사를 경영하였다는 점을 보여주는 대표적인 경우라 할 수 있다. 포스트 잇을 공동 개발하였던 아트 플라이(Art Fly)는 다음과 같이 말했다.

"1974년 어느날 교회에 앉아 노래를 부르고 있는데 창조적인 생각이 떠올랐다. 나는 일요일 예배를 볼 때 노래를 쉽게 찾을 수 있도록 조그만 종이 쪽지를 끼워 놓곤 했다. 그렇지만 종이 쪽지가 자꾸 삐져 나와 곤란해지는 일이 자주 발생하였다. 그래서 나는 '책에 표시를 하기 위한 접착용 쪽지가 있었으면' 하고 생각했다. 그래서 나는 스펜서 실버(Spence Silver)가 발견한 접착물을 확인해 보기로 했다.”

스펜서 실버는 이를 다음과 같이 설명하였다.

“포스트 잇을 개발한 것은 실험이 주된 원인이었다. 만약 내가 미리 생각해서 뺄 것을 빼고 심사숙고했다면 나는 아마 실험조차도 하지 않았을 것이다. 또 내가 실험도 하기 전에 책을 찾고 문헌을 뒤졌다면 거기서 끝났을 것이다. 문헌에는 온통 그와 같은 것을 절대로 만들 수 없다고 예시되어 있기 때문이다.”

만약 아트플라이가 15%의 시간을 자기만의 아이디어를 위해 사용하라는 실험적인 환경에 있지 않았다면 그와 같은 제품을 개발하지 못하였을 것이다. 더욱이 3M이 시장 조사 후 그 제품은 실패할 것이라고 결론을 내려서 창조적인 실험을 계속하지 못하도록 하였다면 3M의 포스트 잇은 상품화되지 못하였을 것이다.

▣ 고습도치와 여우

교활한 여우가 갈림길에서 고습도치를 기다린다. 고습도치는 몸을 동그랗게 말고는 가시를 세워서 방어태세를 갖춘다. 비슷한 싸움이 벌어지지만 이기는 건 늘 고습도치이다. 많은 것을 아는 여우에 비해 고습도치는 큰 것을 하나 알고 있기 때문이다. 이렇게 복잡한 세계를 하나의 원리로 집약하는 것을 '고습도치 컨셉'이라 한다. 기업과 사장이 판단하여 '세계 최고가 될 수 있는 부분' '열정을 가지고 일할 수 있는 부분' '현금흐름과 수익성을 효과적으로 유발할 수 있는 부분'이 교집합을 이루는 사업과 전략을 선택하고 고습도치 같이 우직하게 밀고 가야 경영의 성과를 맺을 수 있다.

8 | 일본의 명암과 잃어버린 10년

일본 경제가 여전히 불황의 터널에서 빠져 나오지 못하고 있다. 주가는 버블붕괴 이후 바닥을 헤매이고 개인들은 불안한 미래 때문에 지갑끈을 동여매고 있다. 장기간의 디프레이션으로 자산가치는 폭락했고 경제성장률은 과거 10년간 1%에 그쳤다. 실업률도 사상 최악의 수준을 기록하고 올해 최고의 개인 파산 건수는 여전히 일본 경제의 앞날에 어두운 그림자를 길게 드리우고 있다.

하지만 이같은 긴 불황의 경제지표에도 불구하고 일본 경제는 쓰러질 기색이 없다. 활력은 많이 줄었지만 미국과 함께 세계 경제를 이끄는 주요한 동력임은 부정할 수 없다. 그 힘과 저력은 어디에서 나오는 것일까?

일본 전문가들은 기업에서 그 해법을 찾는다. 정치, 경제시스템의 낙후 속에서 분투하고 있는 기업이 일본 경제를 떠받치는 원천이라는데는 아무도 이의를 제기하지 않는다. 물론 일본의 모든 기업이 불황의 폭풍에서 안전지대에 있는 것은 아니다. 과거 10년 동안 일본 기업들에 대한 승자와 패자를 구분하는 선별작업이 진행되어 왔으며 최근 들어 그 속도가 더욱 빨라지고 있다.

일본 기업의 대명사 도요타 자동차는 지난해 무려 1조 엔의 경상 이익을 올렸다. 혼다 자동차도 올해 가장 많은 돈을 벌어들였다. 소니의 브랜드 가치는 138억 달러에 달하며 샤프는 액정표시장치 세계 1위 자리를 여전히 고수하고 있다. 적자의 닛산은 올해 중간 결산에서 부활을 선언했고, 가전 왕국 마쓰시다도 불황을 헤치며 분투하고 있다. 이들 기업이 장기 불황에도 승승장구하는 비결은 어디에 있을까?

가장 먼저 세계화를 꼽을 수 있다. 불황에서도 엄청난 이익을 올리고 있는 캐논은 '세계화가 불황에서도 이익을 올리는 최대의 무기'라고 단언한다. 캐논의 지역별 매출 구분은 매우 흥미롭다. 일본 국내와 아시아, 미주지역, 유럽지역의 매출이 각각 30%씩 3등분 되어있다.

올해 사상 최고의 수익을 올린 도요다와 혼다의 활동무대도 세계다. 혼다는 160개국에서 사업을 전개하면서 12만 명의 종업원이 각국 소비자의 동태와 기호를 살피고 있다. 도요다는 미국에서 일본차의 이미지를 불식시킬 만큼 현지화에 성공하였다. 지난해 4천억 엔이 넘는 적자를 기록했다가 올해 흑자로 돌아선 마쓰시다는 녹화 중 재생이 가능한 DVD기기를 출하하여 가전 왕국의 저력을 입증했다. 이 제품을 개발한 연구자의 논문 인용 건수는 노벨상 수상자의 논문을 웃돈다고 한다.

나카무라 구니오 마쓰시다 사장은 "다른 나라, 다른 회사가 흉내낼 수 없는 제품, 일본의 기술자만이 만들 수 있는 것 이외에 공동화를 막을 수 있는 방법은 없다."고 기술 개발을 통한 불황 해법을 강조한다.

최근 도요다와 혼다는 연료전지 자동차를 일본 정부에 시판하여 해외 자동차 업계의 부러움을 사고 있다. 자사의 고도기술로 불황은 남의 얘기로 돌리는 기업이 샤프이다. 샤프에 있어서 가격경쟁은 남의 일이다. 세계 액정부문 시장에서 점유율은 2위지만 독특한 제품으로 이익을 올려 일본 가전업체 가운데 매출은 꼴찌지만 이익은 최고인 점이 이를 증명하여 준다.

장기 불황 속에서도 높은 이익과 고용안정을 유지하고 있는 가오(花王)의 고토 다쿠야 사장은 "문제의식이나 위기의식이 없으면 새로운 지혜가 나오지 않는다. 가오의 최대 자산은 불만족 정신이다."라고 말한다.

일본의 장기불황을 '잃어버린 10년'으로 표현한다. 하지만 성공인자를 이끌어내면서 불황을 극복하고 있는 이들 기업과 최고의 기술개발에 몰두하는 구성원의 노력으로 일본은 빠른 시간 내에 잃어버린 10년을 확실히 되찾을 것이다.

[불황을 넘는 일본기업의 공통점]

구 분	사 례
지구는 넓다 '세계화가 최적해법이다'	• 캐논 : 매출을 아시아, 미주, 유럽으로 3등분 • 도요타 : 미국인을 사로잡는 현지화 전략 • 혼다 : 160 개국에서 사업전개
우리만이 만들 수 있다 '가격경쟁 탈출'	• 샤프 : 매출은 꼴찌, 이익은 1등 • 마쓰시다 : 신형 DVD는 노벨상 수준
과감히 버린다 '선택과 집중'	• 닛산 : 자동차 외 사업부문 폐기처분 • 마쓰시다 : 수익을 못 내면 사업퇴출 • 산요 : 업계 2위의 자판기 사업 포기
공격이 최대의 방어 '현상 불만족주의'	• 가오 : 공격적인 신상품 개발전략
소비를 이끈다 '고객지향주의'	• 소니 : 5년을 내다보는 제품 만들기 • 세븐일레븐 : 스스로 소비자가 되어보는 판매 전략

일본 도쿄의 아카사카(赤坂) 거리는 고급 술집과 특급 호텔이 밀집한 곳으로 유명하다. 그 중에서 베루비(belle vie)란 백화점의 명성은 대단했다. 우리 나라로 따지면 강남의 유명 백화점 명품관에 해당하는 곳으로 전 세계 최고급 브랜드 의류와 액세서리 등이 즐비했다. 가격이 무척 비싼데도 언제나 사람들로 붐볐다. 적어도 10년 전까지는 그랬다. 하지만 최근에 다시 찾은 이곳은 예전의 모습이 아니었다. 지하에는 저가 할인점이 들어서고 대부분의 의류매장도 큼지막한 특별할인을 알리고 있었다. 백화점뿐 아니라 한 그릇에 1천 엔이 넘지만 줄을 서서 기다리던 고급 라면집 들도 자취를 감추었고 조금 떨어진 곳에 '라면 570엔 밥 한 그릇 공짜로 드립니다'라고 써 붙인 허름한 가게가 들어서 있었다. 이유는 비싸면 도저히 장사가 되지 않는다는 상인들의 하소연이었다. 혹시나 하는 마음에 찾아간 아카사카 번화가의 문방구에는 20년 전의 문방구집 아들 기요타 도시아키(喜代田敏昭)가 문방구집 주인이 되어 나를 반겼다. 바로 옆의 이발소집 아들이었던 사세 아키라(佐瀨明)도 마찬가지였다. 그는 가위를 손가락에 낀 채 '난 지금 아카사카 최고의 이발사'란 자랑을 배놓지 않았다. 서점집 아들 구로사와 오사무(黑川修)도 어느 사이 서점주인이 되어 손님들을 반기고 있었다. 이들은 모두 가업을 이어받아 분수를 지키며 착실히 살아가는 일본사회의 기둥들이다. 계속되는 불황 속에 일본의 많은 사람들이 잃어버린 10년을 얘기하며 한숨짓고 거리의 활기도 예전만 못한 것이 틀림없다. 그러나 자신의 자리에서 변하지 않고 꿋꿋이 사회를 떠받치고 있는 보통 일본인들의 모습에서 묵직하고 믿음직한 일본 사회의 저력이 느껴졌다.

제2장

성공은 예측이 가능하다

무엇을 최초로 한다는 것은 바로 우리가 세상을 만들어 가는 일에 참여한다는 것이다.
아주 작은 일이지만, 나로 인하여 인간이 한 번도 겪어보지 못한 새로운 무엇을 인간사회에 더 한다는 것을 의미한다.

9│사장은 창조의 중심이다

사장, 그는 참으로 고독한 입장에 서 있는 사람이다. 또한 그 자리는 냉엄하고 쓰라린 고통이 따르는 직책이기도 하다. 24시간 사장이어야 하는 무한의 스트레스와 긴장은 인간적으로 크게 수지 맞는 일이라 할 수는 없다. 그러나 달리 보면 그 이상 보람 있고 즐거운 직무가 어디 또 있겠는가?

사장이란 책임과 의무보다 더 사회적으로 가치있고 명예로운 직무도 없을 것이다. 사장은 자기의 회사를 자신과 직원들을 위한 이상향으로 가꾸겠다는 마음만 있으면 불안함과 고독은 모두 그 미래는 가꾸기 위한 산고에 지나지 않는다.

기업은 기회(Opportunity of gain)와 위험(Change of loss)이 동시에 존재하며 사장에게 무한한 능력과 심각한 스트레스를 요구한다. 사장은 잠시도 여유를 주지 않는 한계적 판단과 걱정거리의 다양성으로부터 절대로 자유스러울 수 없는 위치의 특성 때문에 성격상의 독단에 이르기 쉽고 경영이 어렵거나 상당한 난관에 봉착되면 이외로 쉽게 허물어지는 불쌍한 역할의 피에로일 수도 있다.

그러나 뉴 비즈니스의 사장은 거래처에 운명을 기대는 형태가 아니다. 뉴 비즈니스의 근본은 고객으로부터 시작하고 소비자의 변화욕구를 남보다 일찍 파악함으로써 기존의 사업시스템에 혁신을 일으키는 것으로부터 출발한다.

이제까지 우리 사회에서 사업에 적당하지 않다고 생각되는 유형의 사장들이 앞으로 속속 탄생될 것으로 지금도 늦지 않았으니 스스로 충격적인 자기 변신을 시도해야 할 것이다. 미래지향적 사장의 역할은 이윤의 극대화보다는 기회의 극대화이며 기업의 정신은 과학도, 예술도 아닌 실천이라고 정의할 수 있기 때문이다.

드럭커(Drucker)는 "기업가는 뭔가 새롭고 이질적인 것을 창조해야 한다. 변혁을 일으키고 새로운 가치를 창조하지 않으면 안 된다. 따라서 기업가란 변화를 탐구하고 변화에 대응하며 또한 변화를 기회로서 이용하는 사람이다."

워싱턴 대학교의 베스퍼(Vesper) 교수는 "다른 사람들이 찾아 내지 못한 기회를 발견한 인간, 또 사회의 상식이나 권위에 사로잡히지 않고 새로운 사업을 추진할 수 있는 인간이야말로 기업가다. 가장 중요한 것은 기업가 정신이 행복을 추구하는 수단이라는 점이다. 어떻게 살 것인가? 무엇이 행복한 것인가? 를 진정으로 이해하고 있는 인간이야말로 기업가다"라고 규정하였다.

1986년 미국 기업가협회는 기업가 신조를 발표하였다. 이는 기업활동에 과감하게 참여하고자하는 모든 사람들에게 보내는 용기 있는 선언문이다.

"나는 평범한 사람이 되는 것을 거부한다. 나의 능력에 따라 비범한 사람이 되는 것은 나의 권리이다. 나는 안정보다는 기회를 택한다. 나는 계산된 위험을 단행할 것이고 꿈꾸는 것을 실천하고 건설하며 또 성공하고 실패하기를 원한다. 나는 보장된 삶보다는 삶에의 도전을 선택한다. 나는 유토피아의 생기 없는 고요함이 아니라 성취의 전율을 원한다. 나는 어떤 권력자 앞에서도 굴복하지 않을 것이며, 어떤 위협에도 굽히지 않을 것이다. 자랑스럽고 두려움없이 꿋꿋하게 몸을 세우고 서는 것, 스스로 생각하고 행동하는 것, 내가 창조한 결과를 만끽하는 것, 그리고 세상을 향해 하느님의 도움으로 '내가 이 일을 달성했다. 이것이 기업가다'라고 힘차게 말할 수 있는 것이다."

사장에게 가장 중요한 가치는 돈이나 물질보다는 개인적인 정열, 독특한 경험과 지식이다. 그래서 사회적으로 성공한 사람들과 보통 사람들과의 차이는 자신만의 지식과 정열, 경험을 자산으로 하여 기회를 자신만의 것으로 만드는 실현과정이 존재한다는 것이다. 따라서 기업가란 어디에 기회가 있는가? 기회를 어떻게 활용해야 하는가? 어떠한 자원이 필요한가? 그러한 자원을 어떻게 확보할 것인가? 어떤 조직구조가 바람직한가? 등에 대하여 끊임없이 살펴야 한다.

기업가는 투입자원의 규모나 양을 이익의 크기와 비교하거나 위험도에 비추어 결정하기보다는 사업기회의 발전, 성취 가능성을 염두에 두고 타이밍을 고려하는 사람이라고 할 수 있다.

세상에서 가장 위대한 상인

하피드는 잠자코 늙은 주인의 말을 듣고 있었다.

"무엇보다 너는 네가 택한 상인생활을 참고 견딜 수 있다는 것을 보여 주어야 한다. 너는 성공을 하면 커다란 대가를 받을 것이라는 내 말을 여러 번 들었을 것이다. 하지만 대가가 크다는 것은 성공하는 사람이 극히 적음을 의미한다. 부자가 될 수 있는 모든 조건을 구비한 사람도 그것을 실현하지 못하고 절망과 실패로 좌절하는 경우가 많다. 또한 성공을 가로막고 있는 수많은 장애물을 두려워하고 주저하는 사람도 많이 있지, 사실 장애물이야말로 성공하는 사람들의 친구이며 동반자인데 말이야. 승리는 반드시 많은 투쟁과 패배 뒤에 얻어지는 거야. 또한 싸워서 패배를 맛볼수록 기술과 힘을 연마하게 되는 법이야. 용기와 인내, 노력과 확신, 그리고 하나 하나의 난관이 인간을 성공으로 이끌거나 또는 포기하도록 만드는 것이란다.”

　　이때 하피드가 고개를 꺼떡이며 말을 하려고 하자, 파트로스는 손을 들어 저지했다.

　　“너는 세상에서 가장 외로운 직업을 가지게 되었다. 세금 징수 관리자도 해가 지면 집으로 돌아가고 로마군단도 숙소가 있지만, 너는 수많은 밤을 모든 친구들, 그리고 사랑하는 사람들과 멀리 떨어져 있어야 하는 거야. 어둠 속에서 낯선 집을 지나칠 때 식구들과 단란하게 모여 식사하고 있는 것을 보면 극도의 외로움을 느끼게 되지, 이러한 외로움과 시련의 시기에 반드시 유혹이 너를 찾아오게 된다. 그리고 그러한 유혹을 어떻게 처리하느냐에 따라 네 인생에는 커다란 변화가 찾아오게 되는 거야. 먼 길거리에 홀로 있을 때는 가끔 이상하고 무서운 생각이 들때도 있지, 그때 순간적으로 자신의 안전과 사랑에만 골몰한 나머지 먼 장래와 가치관을 망각한 채 어린애처럼 굴 때도 있지, 훌륭한 상술과 가능성을 지녔다고 생각하던 사람이 도중에 낙오된 예는 얼마든지 있어, 그리고 장사가 잘 되지 않을 때를 생각해 보거라, 모두들 너에게서 돈을 훔쳐가려고 할뿐 너를 위로해 줄 사람은 아무도 없을 거야.”

10|우수한 사장은 열정이 만든다

열정은 기쁨을 전파시킨다. 열정은 힘이다. 누가 무엇을 하고
있건, 그 일을 잘할 수 있다는 감정이 존재하는 조직이 있다.
그 속에 들어가면 우리는 빠르게 감염된다.

일본의 도요토미 히데요시(豊臣秀吉)는 매우 미천한 신분이었는데, 그는 신발을 만들 때는 최고의 신발기술자가 되었고, 숯을 구울 때는 가장 높은 능률을 올렸다. 그리고 주인의 말을 돌보는 일을 맡자 쥐꼬리만한 자신의 월급을 털어 말에게 당근을 사 먹였다.

이것은 자신의 장래에 대한 성의있는 투자였을 뿐만 아니라, 그 정도의 정성이 있었기 때문에 미천한 신분에서 오다 노부나가(織田信長)에 이어 일본을 통일한 영웅이 될 수 있었던 것이다. 이를 현대적 개념으로 해석하면 열정적인 기업가 정신의 실현이라 말할 수 있을 것이다.

마쓰시다 회장은 어렸을 때 조그만 회사에서 사환으로 일하였는데 당시 주인으로부터 들은 이야기를 평생 가슴 속에 간직했다.

"장사라는 것이 대단히 어렵고 냉혹해서 장사꾼이 제대로 되려면 두 번이나 세 번쯤 소변이 피로 물드는 경험을 해야 한다."

사장은 그 만큼 심로를 거듭하지 않으면 안 된다는 뜻이다. 요즈음 우리 주변에서는 경제 발전의 원동력인 기업가 정신이 실종된 것이

아닌가 하는 걱정을 하는 사람들이 많다. 최근 들어 무역적자가 다시 발생하고 수출이 어려워진다는 얘기가 곳곳에서 들려오고 있다. 무엇을 가지고 국내 경기의 활력을 재점화하고 도처에서 밀리고 있는 국제경쟁력을 강화하여야 하는가? 해결 방법은 딱 한 가지이다. 자본주의의 명예로운 전사들인 기업인들의 실종되어 버린 기업가 정신을 다시 찾아야 하는 것이다.

기업가 정신이란 무엇인가?

기업가 정신이란 위험을 무릅쓰고 과감한 투자를 행하는 기업가의 도전력으로 정의된다. 그러나 이러한 정의는 기업가 정신을 단편적으로 조명한 것에 지나지 않는다. 기업가 정신이란 단기 수익성에 목적을 두지 않고 미래지향적이고 거시적인 사고를 가지고 위기를 기회로 반전시키는 혁신력과 도전정신을 의미하는 것이다. 즉 주어진 환경을 그대로 받아들이는 것이 아니라 적극적이고 거시적인 시각을 갖고 불리한 환경을 오히려 유리하게 변경시키는 정신적 작용과 능력을 말한다.

일본의 속언(俗言) 중에 사업에서 크게 성공하려면 부도와 전과와 이혼을 경험해 보아야 된다는 말이 있다. 이것은 성공하는 경영이 그만큼 어렵고 힘들며 결단과 고통, 그리고 남과 다른 농축된 인생의 경험이 있어야 실패를 뛰어 넘을 수 있는 위기관리 능력을 기대할 수 있다는 것이다. 늘 성공하는 것처럼 보이는 사람과 늘 실패하는 것처럼 보이는 사람의 차이는 단 한 가지이다. 바로 자신의 경험과 열정으로부터 창조의 가능성과 부활의 지식을 뽑아낼 수 있느냐의 여부에 있으며 성공하는 사장은 실패를 강력하게 지배한다.

고대 지중해의 해상무역을 한 손에 쥐었던 페니키아 상인에게는 열정과 용기가 있었다. 그들은 바다를 두려워하지 않았다. 항해 기술에도 자신이 있었다. 그래서 지중해의 동쪽 페니키아의 여러 도시는 세계 각지에서 밀려든 재화와 상품으로 지상의 왕들을 풍족하게 만들었다고 한다. 시든 항구를 본거지로 용감하게 국제무역에 도전한 페니키아인은 멀리 북아프리카, 스페인 나아가서 영국과 북해에까지 진출하였다. 구실은 필요 없다. 상인에게 필요한 것은 정열과 용기와 모험심이다. 편안하게 앉아서 무슨 돈을 벌겠다고 하는가?

존 호킨스는 전쟁과 무역과 해적은 삼위일체라고 주장하면서 16세기의 상혼을 열어간 사람이다. 단 한 번의 항해로 프리머드 제일의 부자가 되고 두 번째 항해로 영국 제일의 부자가 되었다. 이 무렵 드레이크는 개인적으로 나포선을 이끌고 멀리 서인도제도까지 진출하여 큰 돈벌이를 했다. 출자자에게 수십 배의 이익을 안겨주고, 엘리자베스 여왕도 몰래 투자했다는 소문이다.

16세기의 리용은 파리에 버금가는 프랑스의 문화도시였다. 이탈리아로 통하는 길목에 위치하여 일찍부터 르네상스의 빛을 받았고 상업이 왕성했다. 종교나 사상문제로 쫓기는 사람들도 자유로운 상인사회에서는 받아들여지므로 그 세계는 자유 천지였다. 누구에게도 의지하지 않고 지배되지도 않는, 스스로 모든 것을 개척해 나가는 상인정신, 그리고 여기에 깃들여져 있는 그들의 자유정신을 우리는 간과해선 안 된다.

상인정신은 학대 받고 고통 받더라도 절대 굴복하지 않는다. 그리고 그 근성은 억세고 아름답다. 4세기 말의 중국 상인은 도성 1천 리 안에서는 마차를 타서는 안 되고, 금은 비단을 패용해서도 안 된다는 제약을 받았으나 그토록 압박을 받고 학대 받아도 그들의 상인 근성은 끝내 무너지지 않았다.

중국학자들이 인도로 유학 갈 때나 인도에서 불교문화를 받아 중국에 전파할 때도 파미르 고원을 왕래하던 상인들이 도움을 주었기에 가능한 일이었다.

  1945년 이전에 일본의 어떤 대기업이 미국에 지사를 설립하였다. 미국에서 영업활동을 해야 하므로 영어를 능숙하게 구사하는 사람을 중심으로 직원을 뽑아 보냈으나 매출이 좀처럼 늘지 않았다. 그래서 어디 한번 하는 심정으로 영어를 못하지만 영업에 열정을 가진 직원을 보냈더니 이번에는 대성공이었다. 영어는 못하지만 어떻게 해서라도 성공하겠다는 열정이 현지 지사의 기초를 다졌다고 한다. 성공하는 사람의 마음 속에는 늘 열정이 있다.

11 | 프로는 간단하고 명쾌하다

프로는 늘 표면 뒤에 숨어 있는 것을 파악하고
해석할 수 있어야 한다. 그러나 애정과 관심을 쏟지
않고는 이면에 숨은 부호와 신호를 해석할 수 없다.

바야흐로 프로의 시대다. 사람들은 누구나 프로가 되겠다고 말하고 사회는 터놓고 모든 사람에게 프로가 될 것을 주문하고 있다. 툭툭 쉽게 말하는 것처럼 누구나 프로가 될 수 있는 것일까?

과연 프로란 무엇인가? 한마디로 정의하기는 어렵지만 목숨을 걸면 프로, 그렇지 못하면 아마추어, 잘못을 용서 받지 못하는 것이 프로, 용서 받을 수 있는 것이 아마추어, 끝까지 해 내면 프로, 적당히 끝마치면 아마추어 등 프로에 대한 정의는 다양하다.

프로의 경지란 무엇인가? 그것은 남들과 차별화된 전문성을 말한다. 인간적으로는 땀과 눈물의 사연을 뛰어넘은 인간 완성이 프로의 길이요, 프로의 세계이다. 골프선수 김미현은 10원짜리 동전을 쌓아 놓고 퍼터를 휘둘러 그것을 하나씩 쳐 내는 연습을 했다. 그 얇은 동전을 말이다.

전 해태 타이거스의 타자 김 종모는 양팔 배팅이 아니라 오른팔 따로 왼팔 따로 타격연습을 했다. 농구의 이 충희는 연습을 다 끝내고 혼자 남아 매일 1,000개씩 추가로 슛 연습을 하였고, 허 정무는 아침마다 이른 새벽에 일어나 골목의 가로등 불빛 아래서 드리블 연습을 했다.

탐험가 허 영호는 고교시절 학교까지 왕복 32킬로미터를 하루도 빼놓지 않고 뛰어 다녔으며, 골프헤드로 제기 차기하는 타이거 우즈는 누구나 해보면 알겠지만, 가히 신기에 가까운 경지에 이르렀다.

미야모도 무사시(宮本武藏)는 "처음으로 상대와 승부를 겨누었던 것이 13살 때이다. 그 후 여러 지방을 돌며 수많은 고수와 목숨을 건 승부를 겨누기 60여회, 나는 한 번도 져본 적이 없다."고 큰 소리를 쳤다.

사실 만년을 호소카와(細川)가의 식객으로 62세의 천수를 누렸으니 단순히 큰 소리만 친 것으로 볼 수는 없다. 무사시의 불패신화를 가만히 들여다보면 강하기 때문에 승리한 것만은 아닌 듯하다. 거기에는 무사시의 강인한 합리주의 정신이 작용하고 있었던 것이다.

무사시의 합리주의 정신은 두 가지이다. 즉 자신보다 강한 상대와는 싸우지 않는다는 것이고 만부득이 싸울 경우에는 이길 수 있는 조건을 만든다는 것이다. 아주 단순한 원칙 밖에 없었지만 이긴다는 것은 이 두 가지 원칙을 지키는 일에 지나지 않을 뿐이다. 이러한 간단한 원칙에도 투철하지 못한 참을성 없는 인간만이 정신론에 의지하는 것이다.

기업도 마찬가지이다. 이 두 가지 원칙을 잘 고수하면 대개는 살아남을 수 있다. 공연히 허세나 체면 때문에 강한 상대와 부딪치거나 경쟁이 심한 분야에 뛰어들었다가 공중 분해되는 경우가 많다. 그렇다고 피하기만 하는 것이 경영은 아니다. 아무래도 싸우지 않으면 안 될 때가 있기 마련이고, 어떤 경우에는 먼저 싸움을 걸지 않으면 안 될 때도 있을 것이나 어떤 경우에도 이길 수 있는 여건을 조성한 후 결전에 임해야 하는 지혜와 용기가 필요하다.

타잔이라 하더라도 느닷없이 악어의 등을 공격하지는 않는다. 어떤 경우에도 가장 부드러운 복부를 공격하는 것이다. 적의 강한 곳을 아무리 부딪쳐 보았자 영원히 이길 수 없다. 악어의 등은 매우 딱딱하지만 뒤집어 놓은 배는 부드러워 그 곳에 집중적인 공격을 가하면 능히 활로를 개척할 수 있게 된다. 적을 안다는 것은 바로 이를 말한다. 규모가 큰 상대에게는 소기업의 주무기인 기동력으로 대항하면 얼마든지 승리를 거둘 수 있다.

■ 프로는 누구인가?

프로가 되기 위한 사람이나 분야는 따로 있는 것이 아니다. 특정 분야에 오래 종사하였다고 프로가 되는 것도 아니다. 자기 일을 수행함에 있어 애정과 관심을 가지고 꾸준히 노력하여 좁은 영역에서라도 자신의 세계를 개척하여 전문성을 인정 받은 특화된 사람들을 말한다. 비록 다른 것은 모르더라도 한 분야에서는 신뢰하고 믿을 수 있는 신념을 파는 사람을 말한다.

■ 프로는 실용적 전문성이 중요하다

어떤 문제를 풀기 위하여 전문가를 찾게 될 때 어떤 사람이 전문가로 인정 받게 될까? 누가 진정한 전문가이며 누구에게 일을 맡기고 자문을 구해야 할까? 전문가를 판단하는 건강하고 효과적인 기준은 무엇일까?

이러한 질문에 지금까지 인정된 폭넓은 기준은 대개 '학벌과 자격증 또는 이에 준하는 증거물'일 것이다. 예를 들어 훌륭한 대학의 박사학위, 그 동안의 경력, 전문출판물의 발간 등이 그것이다. 정말일까?

미국의 배심원 컨설팅을 전문으로 하는 Decision Quest의 조사결과에 의하면 수천 명의 배심원들이 가장 믿을 수 있는 전문가로 생각하는 선정기준은 학벌과 간판이 아니었다.

또한 그들의 상당수는 오히려 번지르르한 간판에 부정적인 반응을 보이고 있었다. 그들이 선정한 전문가는 자신의 전문성을 명쾌하게 표현할 수 있는 사람이었다.

커뮤니케이션 능력은 자신의 전문성을 명료하게 입증할 수 있는 가장 적절한 방법이다. 학벌과 자격증이 증명할 수 있는 것은 대부분 이·과거의 지식체계이다.

아인슈타인은 "문제를 만들어 낸 사고체계로는 문제의 해답에 이를 수 없다."고 말했다.

■ 프로는 전문성을 표현하는 능력이 필요하다

실용적인 전문성이 필요한 이유 중에서 가장 중요한 것은 변화가 극심한 사회 속에서 당면한 문제를 해결하고 미래의 문제를 예방하기 위해서이다. '명확히 설명할 수 있다면 그 일을 잘 알기 때문'이라는 단순한 원리가 훨씬 실용적이다.

• 해당 분야의 핵심을 놓치지 않는다. 핵심은 늘 간단하고 명료하다.

• 평범한 일상의 용어를 사용한다. 나는 전문용어를 쓰는 사람을 절대로 믿지 않는다. 전문용어의 남용은 그들이 잘 모르고 있다는 확실한 증거이거나 내가 존중 받지 못하고 있다는 뜻이다. 잘 모르는 사람들 만이 전문용어의 뒤로 숨고싶어 한다.

• 상대방이 지금 안고 있는 문제를 해결할 수 있도록 구체적이고 실용적인 대안을 제시할 수 있어야 한다.

⊟ 단순한 것의 집합

"아마추어는 사물을 복잡하게 한다. 프로야말로 간단하고 명쾌하게 설명할 수 있다." 데카르트는 생각하는 방법에 관하여 쓴 『방법서설』이라는 책에서 "복잡한 것은 단순한 것의 집합이다."라고 말하였다.

12 | 경쟁의 두려움을 피하지 않는다

대부분의 기업들은 경쟁자가 존재하는 것을 불리하다고 생각한다. 따라서 어떻게 하면 경쟁자보다 더 많은 시장점유율을 확보할까, 또는 경쟁자의 진입을 어떻게 초기에 저지할까 하는데 관심을 집중시키게 된다. 경쟁자는 분명히 위협적인 존재이다. 하지만 반드시 나쁜 영향만 미치는 것은 아니다. 올바른 경쟁자의 존재는 기업의 경쟁적 위치를 촉진시킬 수 있다. 경쟁자가 줄 수 있는 전략적 이점을 유형별로 살펴본다.

첫째, 경쟁기업은 소비자의 비교 대상이 되기 때문에 시장에서 자신을 차별화할 수 있는 기준이 된다. 파스퇴르 우유는 고온살균법으로 생산되는 우유가 있기 때문에 저온 살균된 우유로 고객에게 어필할 수 있는 것이다.

둘째, 경쟁자가 기업에 주는 전략적 이익 중 중요한 것이 동기부여자로서의 역할이다. 경쟁자가 원가를 절감하고 품질을 개선하여 기술변화에 적극적으로 대응하면 새롭게 경영전략을 가다듬을 수밖에 없다. 라면업계도 삼양과 농심으로 대표되는 경쟁업체들의 치열한 경쟁 덕분에 용기면, 쌀라면 등 신제품 개발이 지속적으로 이루어졌다.

셋째, 경쟁자가 존재함으로써 시장규모가 확대될 수 있다. 예를 들어 제품에 대한 수요가 특정산업에서 내보내는 총광고량에 의해 결정된다면 경쟁기업 광고의 덕을 볼 수도 있다. 동원산업은 사조산업의 진출로 처음에는 상당한 시장을 잠식당하였으나 두 기업이 내보낸 엄청난 광고 덕분에 참치 통조림 시장이 매년 70% 이상 성장하였다.

네째, 자사와 똑같은 기술을 사용하는 경쟁기업이 존재한다면 그 기술을 쉽게 표준화할 수 있는 이점도 있다. 비디오 테이프 산업에서 마쓰시다와 소니가 각각 개발한 VHS와 Beta방식 기술을 다른 주요 기업들에게 사용하도록 유도하였다. 기업이 올바른 경쟁자를 선택하는 원칙이 항상 같은 것은 아니다. 상황과 경쟁자들의 특성에 따라 선택하는 기준과 방법은 다를 수밖에 없다.

80년대 중반 동서식품은 국내 커피시장의 약 80% 이상을 차지하고 있었다. 문제는 동서식품이 약 10% 정도 시장을 차지하고 있던 MJC 등 약한 경쟁사들을 몰아세우는 바람에 이들은 시장에서 퇴출당하였지만 두산과 대상그룹이 커피시장에 뛰어드는 역풍을 맞게 되었다. 만약 동서식품이 약간의 시장을 빼앗기더라도 MJC를 이로운 경쟁자로 키웠다면 최소한 두산이나 대상그룹의 시장 진입은 막을 수 있었을 것이다.

경쟁자는 악이기도 하고 독이기도 하다. 자신에게 축복일 수도 있고 불행일 수도 있다. 따라서 경쟁자가 존재한다는 사실만으로 이를 무조건 나쁘다고 생각하는 것은 옳지 않다. 사장이 개척하여야 할 성공의 길에는 숱한 위험과 난관이 도사리고 있다. 예상치도 못할 어려움과 위험의 강도조차 측정하기 어려운 공포가 존재한다. 대개의 사람들은 이런 두려움에 접하게 되면 쉽게 두려움과 타협하려고 한다.

2차대전의 영웅으로써 전쟁터의 불사신으로 통하던 전차전의 명장 패튼도 "자신도 역시 두려움에 직면할 때가 많았다."고 솔직히 고백

하였다. 패튼의 생애는 온갖 도전의 연속이었다. 그는 때로 상급 지휘자들과 불화를 일으키면서, 어떤 때는 군복을 벗어야만 할 갈등 속에서도 그 두려움과 타협하지 않았다. 만약 그가 타협을 했다면 역사는 그를 전쟁터의 불사신이라 부르지 않았을 것이다.

두려움은 행위를 위축시키며 가야 할 우리들의 길에 장애물을 만들어 놓는다. 인간의 사고는 쇠사슬처럼 연결되어 있어서 한번 그 매듭을 부정적으로 풀어나가면 계속 부정의 함정에 빠지게 된다. '어렵다'는 생각은 '힘들다'로 발전하고 이는 '다시 할 수 없다'는 결론으로 귀결되기 마련이다.

그러나 이런 두려움과 타협하지 않겠다는 강한 신념을 가지면 오히려 정신력은 두려움을 느끼기 전보다 더 적극적으로 바뀌어진다. 두려움과 타협하는 것은 성공의 길을 포기하는 것과 같다. 안일과 합리화가 정신력을 해이하게 만든다. 두려움이야말로 당신의 강력한 욕망에 제동을 거는 최대의 방해자이다.

두려움이란 성공에의 집착이 강할 때 나타나는 반발력이다. 두려움의 감정이 있음으로 당신의 행동은 강한 채찍을 받게 되는 셈이다. 두려움을 성공의 당연한 반발로 인식하려는 사장, 당신의 용기가 필요하다.

일점돌파(一點突破)

이 말은 '적의 방어 진지의 한부분을 뚫고 들어가서 적을 분단하고 격파하여 목표를 탈취하는 공격기동의 한 형태'를 의미한다. 일점돌파의 가장 전형적인 예는 일본 전국시대의 오다 노부나가(織田信長)가 이마가와 요시모도(今川義元)를 상대로 벌인 오케하자자마(桶狹間) 전투로 알려져 있다. 오다는 병력의 열세에도 불구하고 적의 정보를 잘 파악하여 당시 소나기가 그치기를 기다렸다가 정예병 2천 명을 데리고 한순간에 적진을 돌파하여 3만 명의 이마가와 군을 궤멸시키는 대승을 거두었다. 1560년 5월 19일의 일이었다.

13 | 인간적 매력이 카리스마의 원천이다

카리스마적 리더십은 부하 직원들이 그들 자신이
기대하는 것 이상으로 성취하도록 고무한다. 경영자가
도덕적이라는 믿음이 역동적 움직임의 중심을 이룬다.

사장에 대한 직원들의 신뢰감과 존경심이 강할수록 그 회사는 강력한 힘을 가지게 될 것이다. 사장의 카리스마와 인간적인 매력이 사람의 마음을 강하게 사로잡기 때문이다. 회사의 사장으로서 지녀야 하는 카리스마와 매력이란 무엇인가?

회사를 성장시키는 경영수완과 정열, 인간으로서 품위있고 안정감 있는 인품, 풍부한 전문지식과 교양, 친근한 대화방법과 매너, 언제나 직원의 문제를 우선하는 인간미, 자신의 신념을 관철시키는 엄격함, 원칙적이고 합리적인 성품 등 모든 요소가 자연스럽게 혼합되어 한 사람의 아름다운 인격이 형성되는 것이다.

중국 최고의 병법서인 『손자병법』과 쌍벽을 이루는 것이 오기의 『오자병법』이다. 이를 한데 묶어 '손오병법'이라고 하는데, 후세의 병법가는 물론 일반인 사이에도 널리 읽히는 실용적인 내용으로 구성되어 있다. 오기는 자신의 승리를 달성하기 위해 부하들과 함께 행동했다. 그는 항상 말단의 병졸과 같은 옷을 입고, 같은 음식을 먹었다. 취침할 때도 돗자리를 깔지 않았으며 행군 시에도 병차를 타지 않고 부하들과 함께 걸었다. 자기가 먹을 음식도 병사에게 운반시키지 않고 자신이 휴대했다. 그는 병사의 등에 난 고름을 입으로 빨아주면서 고통을 함께 나누었다. 오기가 수십 차례의 전투에서 단 한번의 패배도 없었던 것은 당연했다.

강력한 조직을 만들기 위해서는 조직원의 마음을 확실하게 사로잡아야 한다. 우리 나라 컴퓨터 업계의 산 증인인 삼보컴퓨터의 L회장은 한때 회사의 핵심기술 개발자들에게 그 사람의 직책과 상관없이 사장과 똑같은 금액의 월급을 주었다. 그럼으로써 자긍심이 강하고 우수한 인재를 모을 수 있었고, 대기업과의 경쟁에서도 언제나 선두의 자리를 지킬 수 있었다. 그러나 우수한 엔지니어들이 단지 돈을 많이 준다고 삼보에 모인 것은 아니다. 말단 엔지니어에게도 사장월급을 줄 만큼 기술자를 소중히 여기는 기업, 그리고 무엇보다도 L회장에 대한 신뢰가 있었기 때문이다.

미국의 남북전쟁 당시 북군은 병력과 군수에서 우위였음에도 불구하고 남군의 리 장군에게 계속 수세에 몰렸는데, 링컨 대통령이 그랜트 장군을 신임사령관으로 임명함으로써 일시에 전황을 역전시킬 수 있었다. 그 이전에 링컨 대통령은 인간적인 약점이 없는 원만한 장군을 임명했다가 고전을 면치 못했는데, 신임사령관인 그랜트 장군이 술고래라는 주위의 의견을 가차없이 묵살하였다.

다시 말해 인재를 발탁하고 배치함에 있어서 그 사람의 강점을 기준으로 해야지 인간적인 약점으로 판단해서는 안 된다는 것이다. 사장의 인간적인 카리스마는 대단히 중요하다. 카리스마는 사장으로 하여금 회사의 강점과 약점 그리고 전략수립을 위한 기회를 명확히 꿰뚫어 볼 수 있도록 해 주기 때문이다. 용기도 없어서는 안 된다. 용기가 없다면 사장은 요구되는 시기에 대담한 행동으로 지혜를 사용할 수 없기 때문이다. 성실성과 인간성도 상당히 중요하다. 회사를 이끌어간다는 것은 결국 사람을 통하여 성공을 달성한다는 의미가 되기 때문이다. 또한 규율도 필요하다. 왜냐 하면 전략이 성공적으로 실행되도록 보장하기 위해서이다. 이런 모든 특성들은 강하고 긍정적이며 잘 발달된 인격을 뚜렷하게 나타내 주는 것이다.

회사조직의 발전을 위하여 사장의 매력과 카리스마를 촉진해야 한다면 우선 마이너스 요인을 충분히 인식하여 이를 없애는 것이 훨씬 효율적인 방법이 될 수도 있다. 어떤 요인이 회사의 발전적인 탄력을 저해하는 사장 인품의 마이너스 요인인지 생각해 본다.

첫째, 말과 행동이 다르다.

둘째, 욕심쟁이는 누구나 싫어한다.

셋째, 차갑고 타산적인 성격은 사장 부적격이다.

넷째, 사람을 의심하면 스스로 무너진다.

다섯째, 사람을 키우지 않는다.

🖿 '3개의 열쇠' 이야기

S섬유는 한때 호황을 만나 큰돈을 벌어 곧바로 딸의 결혼식을 올렸는데 신랑은 의대를 나와 인턴으로 있는, 이른바 3개의 열쇠를 줘야 하는 호화판 결혼식을 올렸다. 이 결혼식에 참석했던 S섬유의 몇몇 여공들은 결혼식이 끝나고 호화로운 신혼여행을 떠나는 그들의 뒷모습을 보면서 눈물이 솟아나는 것을 진정할 수 없었다. 이런 저런 얘기로 화제를 모으던 그날은 모두가 일손을 놓고 밤새 술을 마시고 그 후유증으로 3~4일씩 결근하기도 했다. 화가 난 공장장은 이들에게 욕설을 퍼부었다. 하지만 이에 분노한 다른 여직원까지 가세하여 공장을 옮겨가는 바람에 S섬유는 큰 곤욕과 피해를 입었다.

14 | 성공하는 사람은 시간을 경영한다

사람은 지혜가 부족해서 실패하기보다는 대개
성실함의 부족으로 실패한다.

서울 구로동에서 작은 공장을 경영하는 A사장(50)의 하루 일과는 오전 5시 30분부터 시작한다. 러닝머신으로 15분 정도 아침 운동을 한 뒤 출근 준비와 아침을 먹는데 소요되는 시간은 1시간 20분 정도, 인터넷에 접속하여 교육방송 영어강좌를 20분간 듣고 아내와 함께 차 한 잔을 마시면서 조간신문을 읽는다. 7시 30분쯤 집을 나서 전철역으로 향한다.

A사장은 전철 안에서 6달째 마케팅 관련 서적만 읽고 있다. 출퇴근 시간을 이용하여 그가 한 달 동안 읽는 책은 평균 5권 정도이다. A사장의 이러한 생활은 99년 12월 말경부터 시작되었다. IMF로 어려운 상황에서 언제 도산으로 내몰릴지 몰라 전전긍긍하던 때였다. 이래서는 안 되겠다 싶어 무조건 일찍 일어났다. 이때부터 운동, 인터넷 공부, 지하철 독서 등 하나 하나 자기관리를 해 나가기 시작했다. 지금은 정신없이 시간에 끌려가는 과거의 생활이 아닌 시간을 끌고 가는 의미 있는 생활을 영위하고 있다.

영국의 사상가 아놀드 베네트는 아침 경영이 가능하려면 이를 실행하는 사람으로부터 정신적인 충격을 받아야 한다며 모든 것을 하루 아침에 이루려고 하지 말라고 충고한다. 아침을 경영하는 방법에 특별한 것은 없다. 건강한 육체와 정신을 만드는 토대를 아침에 다지는 것, 단 몇 분만이라도 자신만의 시간을 만들어 경영에 필요한 지적소양과 전문성을 키우면서 사생활의 절도와 건강을 살려나가는 것이다. 이러한 것이 하루를 경영하는데 큰 자신감이 되고, 이러한 아침이 모이면 달라진 자기의 인생을 발견할 수 있을 것이다.

카르로스 곤은 닛산자동차의 사장으로 취임이 결정되고나서 일본어 공부를 시작했다. 처음에는 당연히 더듬거렸으나 일본에 머문 지 2년이 지나면서 상당한 일본어를 습득했다. 그 뿐만 아니라 일본 문화, 관습, 역사도 공부하고 있으며 그의 타고난 학구열은 식을 줄 모른다. 어학에 재능이 있는 그는 포르투칼어, 스페인어, 영어, 프랑스어, 이탈리아어의 5개국어를 거의 자유자재로 구사할 수 있다. 여기에 일본어가 추가된 것이다. 현재 직원에 대한 훈시나 기자회견 등에서도 가장 중요한 핵심 내용은 일본어로 하는 세심한 배려를 잊지 않고 있다.

자기가 선택한 분야에 관하여 배우고 업무능력을 신장시키는 데에 있어서 능력의 한계라는 것은 존재하지 않는다. 당신이 스스로를 개발하려고만 한다면 지금까지 보다 훨씬 많은 능력과 지혜를 얻을 수 있다. 당신은 스스로 생각하는 것보다 훨씬 영리하다. 당신이 극복하지 못할 장애는 없다. 풀지 못할 문제도 없다. 최선을 다한다면 달성하지 못할 목표는 없다.

세계 최대의 유통기업 월 마트의 샘 월튼 회장은 오클라호마의 빈곤한 가정에서 태어났다. 샘 월튼은 잡화를 취급하던 작은 백화점 JC페니에서 주급 75달러를 받고 사회생활을 시작했다. 그는 이곳에서 일하는 동안 소매업이야말로 자신이 한평생을 걸만한 일이라고 생각하였다. 관리자로 진급한 그는 상점운영에 관한 노하우를 하나씩 익혀 나갔다. 그러는 동안 그에게는 평생 동안 지닐 한 가지의 습관이 생겼다. 그것은 소매업에 관한 서적을 탐독하고 경쟁업체를 찾아 다니며 그들의 장점을 자신의 것으로 취하는 일이었다.

비번인 날에는 도서관에 찾아가서 소매점 관련 서적을 모조리 읽었다. 그는 도서관에 가지 않는 날은 근처 백화점이나 유통업체를 돌아다니며 공부를 하며 시간을 보냈다. 월튼은 자신이 직접 얻는 경험뿐 아니라, 독서와 다른 사람들에게서 얻는 배움까지도 가볍게 생각하지 않았다. 사실 월 마트의 셀프 서비스 방침도 그가 만든 창작품이 아니었다. 그가 밴 프랭크린을 운영하고 있을 무렵 체인점에 관한 책을 읽고 이를 적용한 것 뿐이었다.

월마트란 이름도 페드 마트에서 따 온 것이며, 프라이스 클럽을 모방하여 샘스 클럽을 만들었고, 심지어는 거래 장부조차도 다른 사람의 것을 모방하였다. 그는 경쟁업체의 혁신적인 경영방법을 받아들임으로써 비로소 세계 최대의 유통업체로 성공할 수 있었다.

아침 4시에 출근하는 사장

'새벽 4시'가 아닌 '아침 4시'라고 표현하는 말은 S정공의 Y사장이 회사에 출근하는 시간이다. 잠실 집에서 성수역 인근 회사까지 걸리는 출근시간은 불과 8분이다. 이른 아침 시간이기에 가능한 일이다.

"남들처럼 9시에 맞추어 출근하면 40분이 걸립니다. 32분의 시간이 절약되는 것이지요. 교통에 시달리지 않아도 되고 부랴부랴 회사에 뛰어들어와 숨가쁘게 일을 시작하지 않아도 됩니다."

이 회사에서는 말단 직원도 오전 7시 이전에는 모두 회사에 도착해 있다. 그렇다고 남들보다 더 많은 근로를 하는 것도 아니다. 오히려 주당 근로시간이 43시간으로 다른 기업의 주당 근로시간보다 5시간이 적다. "얼마나 많은 시간을 일하느냐가 아니라, 어떻게 일하느냐"가 더 중요하다는 Y사장의 설명이다.

15 | 양보할 수 없는 사장의 권한

모든 위대한 권력의 댓가는 책임이다. 하지만 모든
위대한 권력의 댓가는 명예이다.

사장이 아랫사람에게 물려주어서는 안 되는 것이 상벌의 권한이다.

한비자(韓非子)는 "우수한 지도자는 두 개의 자루만으로 부하를 다스린다. 이 두 개의 자루란 형(刑)과 덕(德)으로, 형은 벌을 주는 것이고, 덕은 상을 주는 일이다. 부하는 형을 두려워하고 상을 기뻐한다. 그렇기 때문에 사장이 벌과 상의 권한을 갖고 있으면 부하를 효율적으로 관리 할 수 있다."고 말했다.

상벌의 권한이야말로 사장의 책임과 권한을 유지하게 하는 유일한 방법이다. 그런데 사장이 가끔 상벌의 권한까지 중간 관리자들에게 물려줌으로써 직원들로부터 경시되어 로봇 취급을 받거나 자리 보전까지 못하는 경우가 많다. 대개는 인사권, 즉 상벌의 권한을 잃은 결과이다. 또한 직원들에게 상을 주는 것은 즐겁게 행하지만 벌이나 주의 등 미움 받을 일은 남에게 맡기는 사장도 가끔 있다. 이 역시 큰 잘못이다.

이러한 태만은 직무유기에 가까우며 직원들에게 미움을 받지 않으려는 지나친 자기애로부터 연유된다 할 것이다.

최하급의 말단직원까지 상벌 권한이 미치게 하라는 뜻은 아니다.

적어도 관리직 이상의 직원에 대해서는 신상필벌을 직접 관리하여야
한다는 것이다.

어떤 회사를 방문하여 사장에게 이렇게 물은 적이 있다.

"이 정도 자회사를 갖고 계시면 몸이 열 개라도 모자라겠군요?"

그러자 사장이 대답하였다.

"아닙니다. 너무 한가해서 탈입니다. 저의 일이란 2~3년에 한 번,
자회사 사장들을 교체만 하면 됩니다."

상과 벌이라는 두 자루의 칼을 쥐고 몇 십 개의 회사를 제어하고
있는 것이다. 너무 바빠서 직원의 상벌까지 신경 쓸 수 없다는 사장
들은 대부분 자신이 하지 않아도 좋은 일까지 모두 맡아 하느라고 꼭
필요한 일을 태만히 하는 것이다. 공이 있는 직원에게 상을 주는 것
은 사람을 부리는 철칙이며 잘못한 직원을 벌 주는 것이 합당치 않으
면 엄격함을 잃어 규율이 어지러워지는 것을 막지 못한다.

인간만큼 영리에 예민한 동물은 없다. 다른 동물은 배고프면 먹을
것을 찾지만 그 이상의 것은 바라지 않는다. 그러나 인간은 만족을
모른다. 더욱이 이익이 연루되면 욕심은 끝이 없게 마련이다. 옛날
무사들이 전장에서 목숨을 걸며 싸운 것은 그들이 공적을 높이 세워
높은 녹봉을 바랐던 것이었다.

나라에 충성을 하고 싶을 뿐 포상은 바라지 않는다던 충의의 신하
중에는 전쟁 후 논공행상에 불만을 품고 떠난 사람이 많았다고 한다.
이러한 인간의 공통점을 헤아려 공이 있는 사람에게 적절한 상을 내
리는 것이 사람을 통솔하는 사람의 기본적인 상식이며 역량이기도
한 것이다.

서한의 삼걸(三傑)로 불리는 한신이 처음에는 항우의 부하였지만,
그 밑을 떠난 이유 중 하나는 항우는 공을 세운 부하에게 상을 주는
것을 망설인다는 것이었다.

그와는 반대로 한신이 유방의 신하가 된 후 도망을 계획한 적이 있었다. 유방은 되돌아 온 한신을 대장군으로 발탁하여 중책을 맡겼다. 공에 앞서 상을 미리 내린 것이다. 절묘한 조직의 통솔력이란 개개인의 힘을 모아 결집된 힘을 목적을 위하여 발휘하도록 하는 것이다. 이 결집된 힘의 기폭제가 상이라 할 수 있다.

옛날에는 전쟁에서 승리하면 최초의 행사가 논공행상이었다. 어떤 경우에는 전쟁터에서 직접 상을 주는 경우도 있었다. 상의 효과를 더욱 높이는 것은 그 시행의 신속함에도 있다 할 것이다.

진정한 사장은 민주주의자여야 한다. 민주주의 원칙을 가슴으로 받아들여야 하며, 스스로를 다른 사람보다 우월한 존재라 여겨서는 안 된다. 민주주의적인 태도를 취하는 것만으로는 부족하며 모든 면에서 실제적인 민주주의자가 되어야 한다. 직원들을 오랜 시간 속이는 일은 불가능하며, 진실하지 않은 말은 설득력이 없다.

사장은 원칙적으로 가지고 있는 권력을 축소하여서는 안 되며 단지 이를 신중히 활용하여야 한다. 실행 명령을 내리는 권력은 언제나 사장의 손에 있어야 하며 조직의 기강이 엄격하고 상벌이 바르게 서야 기업이 흔들리지 않는다. 진정한 사장의 리더십은 직원들의 잠들지 않는 영혼까지 지배하여야 한다.

자신감의 중요성

히딩크 감독은 감독의 자질 중 가장 중요한 요소에 대해 "스스로에 대한 자신감입니다. 자기 능력과 자기 믿음이 분명하고 강해야 합니다. 또 하나 주어진 목표를 향해 매진(Proceed)할 수 있는 추진력입니다. 물론 전제가 있습니다. 마땅히 감독의 귀가 열려 있어야 한다는 것입니다. 주변에서 하는 말들을 모두 성실하게 귀담아 듣는 자세가 필요합니다. 그렇지만 그것들은 전부 참고 사항일뿐 입니다. 감독은 자신이 판단한 소신이 흔들리면 안 됩니다."라고 답변하였다.

16 | 사장의 자기관리 능력을 점검한다

외부조건이 변하기를 기다린다면 당신은 자신이 할
수 있는 일의 절반 밖에 하지 못할 것이다.

스스로를 통제할 수 있는 사장만이 자기 자신의 주인이 된다.

물론 당신도 예외는 아니며, 자신이 생각하는 자신의 모습보다 실제가 더욱 잘났다는 사실을 당신에게 확신시켜 줄 누군가가 필요하다. 당신을 지도해 주고, 당신이 꿈꾸는 높이까지 올라가도록 가르쳐 주고, 지쳐서 쓸어졌을 때 일으켜서 새로운 기운을 충전시켜 주고, 퇴조한 것에 실망했을 때, 그것에서 벗어나도록 결심을 만들어 주는 누군가가 필요하다.

거울 앞에 서 보라. 당신이 가장 필요한 사람은 바로 당신 자신이다. 야망도 있고, 재능도 있고, 열심히 일을 했는데도 성공에는 실패한 많은 사람들을 우리는 알고 있다. 그들은 하는 일을 숙련하는 데만 온 힘을 기울이고 그들 자신을 숙련하는 중요한 일은 게을리 했기 때문이다. 사장은 오랫동안 성공적으로 일할 수 있도록 도와 줄 자기관리 전략이 필요하다.

첫째, 부를 창출하기 위해서는 건강하여야 한다.

자기 자신이 주인이 되기 위한 가장 중요한 규칙은 건강의 중요성을 깨닫는 것이다. 자신의 건강을 희생해 가면서 돈을 벌고서 그 다음에 건강을 되찾느라고 그 때까지 벌어둔 돈을 쓰는 사람들이 이외로 많다. 건강을 잃게 되면 돈을 벌 수 있는 능력도 잃게 된다. 그 보다 중요한 것은 돈을 벌어도 그것을 즐길 수가 없다는 것이다. 건강하다면 당신은 이미 부자이다.

둘째, 삶을 균형있게 이끈다.

일중독자들은 자신들이 가장 생산적인 사람이라고 생각하겠지만 실제로는 그 반대이다. 그들은 너무 긴 시간을 일하기 때문에 비능률적인 일습관을 가지게 되고 사소한 일에도 어쩔 줄 모르는 경향이 있다.

일중독자들에게는 일이 목적이다. 그러나 가장 생산적이며 성공한 사람들은 일은 물론 그 이상의 것을 추구하며 산다. 일이 아닌 활동을 위한 시간을 늘 충분히 남겨두어야 한다. 그 시간은 가족과 친구들을 위해 또 새로운 취미활동을 위해 꼭 필요하다. 충분히 쉬고나서 사업을 성장시킬 참신한 시각과 아이디어를 재충전하여야 한다.

셋째, 장기적인 목표를 세워 조금씩 나아간다.

당신의 장기적인 목표에 대하여 규칙적으로, 자주 생각하는 습관을 가진다. 그 다음 단계는 당신이 달성하고자 하는 장기적인 목표에 보다 가까워질 수 있는 일을 매일 행하는 일이다. 한 번에 크게 다가설 필요는 없으며, 장기적인 목표를 향해 매일 계속해서 다가가면 된다. 골프를 칠 때와 같이 공을 빨리, 멀리 칠 필요는 없다. 그냥 똑바로 치기만 하면 된다.

넷째, 자기 자신과 경쟁하라.

다른 사람과 경쟁하지 말고 자신을 스스로 창조하라. 세상 어디에도 당신의 두뇌와 재능, 지식, 경험이 합쳐진 또 하나의 당신은 없다. 당신이 가진 고유한 장점들을 이용해서 소비자가 기꺼이 돈을 지불할 만한 것을 만들어라. 당신을 다른 사람과 비교하거나 당신이 이룩해 놓은 것을 다른 사람의 그것과 비교하는 것은 시간만 낭비할뿐 비생산적이다. 당신이 하루하루를 나아진다면 언젠가는 최고의 자리에 설 수 있으며 그와 함께 돈과 자유, 그리고 성공을 얻게 될 것이다.

다섯째, 변화의 희생양이 되지 말고 그것을 정복하라.

변화를 처음 받아들일 때는 누구에게나 어렵다. 일반적으로 사람들은 변화에 저항하는 경향이 있다. 그러나 우리는 어쩔 수 없는 변화의 시대에 살고 있다. 변화를 인식하는데 있어서 중요한 점은 당신은 선택권을 가지고 있다는 사실이다. 변화를 무시한다면 당신은 변화의 희생물이 될 수도 있다. 아무것도 받아들이지 않는 태도로 항상 해왔던 일을 계속한다면 세월은 그냥 지나가 버리고 말 것이다.

특히 성공을 즐기고 있을 때는 이런 식으로 살고 싶은 유혹이 더 커질 것이다. 변화를 정복하기 위해서는 용기를 갖고 안락한 생활에서 뛰쳐나와 스스로 변화에 적응하여야 할 것이다. 모든 변화에는 위험이 도사리고 있다. 그러나 이것은 사장으로 성장하기 위해 통과하여야 하는 필수적인 과정이다. 유연한 적응력을 가진 사장만이 기업을 지배할 수 있다.

🗗 펩시콜라 사장의 예측

펩시콜라의 사장은 콜라업계의 장래는 경쟁이 심해지고 매출도 더 이상 증가하지 않을 것으로 생각했다. 미래에 대비하여 조직을 대대적으로 개편해야 하는데 펩시의 직원들은 열심히 일하고, 현재 회사의 경영상태는 매우 양호하여 3만여 명의 임직원을 설득하는 것이 문제였다. 펩시콜라 사장의 결단은 위기감을 조성하는 것이었다. 한 가지 예를 들면 큰 판매처인 월마트의 불평을 공식화하였다.

"펩시와는 의사소통이 잘 못되는 경우가 많고, 주문한 것과 다른 물건을 배달하며 상품의 종류도 소비자의 기호에 맞게 다양하지 못하다. 이러한 소비자의 불평을 없애려면 우리가 변해야 한다. 변하지 않으면 다른 기업이 우리 사업을 완전히 빼앗아가 우리 회사는 노쇠한 기업으로 전락하고 말 것이다."

이렇게 위기감을 조성한 후 모든 업무를 다시 검토하고 수행방법을 다시 디자인하여 조직을 대대적으로 개편하는데 성공하였다.

17 |사장은 꿈을 만드는 사람이다

리더십의 기본은 스스로 열정이 넘쳐야 한다. 그리고
그 열정은 구성원에게 고루 감염되어야 한다.

사장은 조직과 자기 세계를 지키겠다는 마음의 여유와 기상을 통하여 직원들이 사장을 신뢰할 수 있는 꿈과 믿음을 만들어 주어야 한다. 사장의 이러한 능력은 '상황에 눌리지 않는 힘'의 다른 표현이기도 하며, 이것은 자기가 지켜야 할 세계가 분명할 때 만들어지는 것이다.

잘 알려진 이야기지만, 현대그룹의 J회장이 조선소 건립을 위하여 버클레이 은행의 해외담당 총책임자인 부총재와 차관도입 상담을 하게 되었다. 버클레이 은행의 부총재는 자리에 앉자 대뜸 "당신의 전공은 무엇입니까?"하고 물었다. 소학교 밖에 다니지 못했지만 그 동안의 사업을 통해서 많은 지식과 경험을 가지고 있다고 해 봐야 우문우답 밖에 안될 것이다. J회장은 되물었다.

"부총재, 당신은 나의 사업계획서를 보았소?"

"물론 면밀히 검토하였소, 아주 완벽하고 훌륭하였소."

"그 사업계획서가 나의 전공이오. 내가 옥스퍼드 대학에 그 사업계획서를 들고 가서 학위를 달라니까, 한 번 척 보고는 두말없이 학위를 주어서, 나는 어제 경제학 박사 학위를 받았소. 그 사업계획서는 나의 학위 논문이요.”

좌중이 웃음바다가 되었다. ‘옥스포드 유머’는 일시에 분위기를 바꾸어 놓았다.

“옥스포드 대학 경제학 학위를 가진 사람들도 이 사업계획서는 못 만들 거요, 옥스퍼드 대학에는 석학들이 많군요.”

다시 한번 웃음이 터졌고 J회장은 면접이 끝났다고 생각했다.

“당신의 전공은 유머 같소. 우리 은행은 당신의 유머와 함께 당신의 사업계획서를 수출보험국으로 일단 보내겠소, 행운을 빌겠소, J회장.”

J회장은 그의 회고록에서 “남들은 내가 승승장구했다고 하지만, 그 동안 나도 정변 때마다 곤욕을 치르고 수사기관 출입도 수시로 하였다. 그러나 나는 그런 와중에서도 한 번도 비관하거나 절망하지는 않았다.”라고 말하면서 성공적인 경영을 위해서 사장은 어떤 경우에도 쾌활하고 긍정적이어야 한다고 강조하였다.

제갈 공명이 기산전투에서 마속의 실책으로 사마 중달에게 대패하여 퇴각작전을 진행하던 중 불과 2천 명의 병력으로 사마 중달의 15만 대군을 맞이해야 할 때였다. 이런 절대 절명의 위기 속에서 제갈 공명은 오히려 여유를 보였다.

“성문을 활짝 열어라. 물을 뿌려 깨끗이 청소를 하고 모닥불을 피워라. 적이 가까이 오더라도 각자의 깃발 밑을 떠나지 말라. 떠나는 자는 베리라.”

그리고 그는 머리에 쓰던 윤건을 다른 것으로 바꾸고 옷도 깨끗한 것으로 갈아입었다. 그리고 성루의 가장 높은 곳으로 올라가 향불을 피워놓고 거문고 앞에 단정히 앉았다. 15만 대군을 이끌고 당도한 사마 중달은 제갈 공명의 뜻밖의 행동에 공명이 자기를 유인하는 계략을 쓰는 것이라 생각하고 퇴각명령을 내렸다. 공명이 거문고 하나로

사마 중달의 15만 대군을 물리쳤던 것이다. 제갈 공명은 자기가 지켜
야 할 분명한 세계가 있었다. 그러기에 기상을 잃지 않고 극도의 위
기 속에서도 상황을 주도하는 여유를 발휘할 수 있었다.

　사장의 리더십은 상황에 따라 매우 다양하게 정의되고 있다. 그러
나 그 내용을 종합하여 보면 '리더십이란 일정한 상황에서 공동의 목
표 달성을 위하여 개인이나 집단의 행위에 영향력을 행사하는 과정'
으로 요약할 수 있다. 즉 리더십의 요체는 영향력 행사의 과정이며
그 궁극적 목적은 기업의 목표이다. 따라서 훌륭한 사장은 구성원들
에게 영향력을 행사하여 기업의 공동목표를 달성하도록 직원들의 마
음 속에 꿈을 담아주는 사람이라고 할 수 있다.

　요즈음과 같은 저성장, 고경쟁의 시대에는 새로운 시장의 창출, 고
부가가치의 추구라는 질의 개념으로 승부하여야 하며 이때 경쟁의
원천은 창조성, 감성, 정보, 지식 등과 같은 눈에 보이지 않는 자산을
바탕으로 한 새로운 가치의 창출 능력이다. 이와 같은 가치창출 능력
은 대규모 설비나 기계장치보다는 구성원 개개인의 능력에 의해 좌
우된다. 앞으로는 기업 활동이 개인에 대한 의존도가 점점 커질 전망
이다. 기술의 발전 속도가 빨라지고 지식의 전문화가 더욱 심화되고
있기 때문이다.

　따라서 앞으로는 직원 개개인이 문제를 파악하고 해결할 수 있는
능력을 갖추지 않으면 그 기업은 경쟁에서 성공할 수 없을 것이다.
유능한 사장은 직원 각자가 조직 내 위치에 따라 다양한 기능과 역할
을 효과적으로 수행하도록 도와주는 역할을 하는 것이며 꿈과 희망
의 메시지를 만들어 조직이 열정에 넘치도록 하는 것이다.

1) 열정이 열정을 낳는다

- 부하는 사장의 행동을 보고 그대로 행동하므로 사장은 솔선
  수범하여야 한다.

- 부하의 인격과 능력을 존중하여 스스로 자기 통제할 수 있는 분위기를 조성 한다.
- 공로가 있는 직원을 포상한다.
- 부하의 업무에 지나친 간섭을 하지 않는다.
- 공사를 혼동하지 않는다.
- 때로는 긴박감을 조성한다.

2) 귀를 기울여서 듣는다.

- 부하의 업적 부진은 반드시 원인이 있으므로 무조건 질책하지 않는다.
- 부하의 가정적인 면도 자상하게 보살핀다.
- 학력에 대한 열등감이나 우월감은 조기에 해소시킨다.
- 여직원의 능력을 정당하게 평가하고 선입견을 가지지 않는다.

3) 타고난 재능을 이끌어 낸다.

- 감수성·유연성이 창조력의 원천이다.
- 이용가치가 없는 아이디어라도 아이디어로 받아들이는 아량이 필요하다.
- 집단의 지혜를 평가하고 효과적으로 활용하여야 한다.
- 메모하는 습관을 가지도록 한다.

4) 넘어야 할 목표를 제시한다.

- 부하의 자기 실현 욕구를 존중한다.
- 미래지향적 비전을 개발한다.
- 연공이나 경험만을 중시하지 않는다.

5) 아름다운 승리를 가르친다.

- 전략이 없는 조직은 싸우기 전에 패배한다.

- 미래와 세계화 추세를 예측하고 이를 근거로 전략을 수립한다.
- 리더의 능력은 결단력으로 좌우된다.

세련된 유머를 잘 구사했던 루즈벨트 대통령은 재임 시절에 단 한 번도 초조해하거나 낙담하지 않은 것으로 유명하다.

다음은 어느 신문기자와의 대화 내용이다.

"걱정스럽다든가 마음이 초조할 때는 어떻게 마음을 가라앉히십니까?"

"휘파람을 붑니다."

"그렇지만 대통령께서 휘파람을 부는 것을 들었다는 사람이 없던데요?"

"당연하지요, 아직 휘파람을 불지 않았으니까요."

자금은 왜 항상 부족한가?

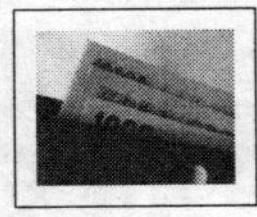

손익계산서 분석보다 대차대조표 분석에 시간을 투자하라.
대차대조표 분서보다 현금흐름 분석에 시간을 투자하라.
현금흐름 분석보다는 비즈니스 모델 분석에 시간을 투자
하라.

18│자금은 왜 항상 부족한가?

바둑의 고수는 이길 것을 생각하지 않고 오직 지지
않도록 노력한다. 장사도 마찬가지이다. 오직 손해를
보지 않는 것이 진짜 돈벌이라고 생각하여야 한다.

■ 사업초기에는 자기신용이 없다

소규모의 기업이라도 자금의 소요량과 회전속도는 정확히 예측하
기가 상당히 어렵고 자금소요 예상은 늘 부족한 쪽으로 빗나가기 마
련이다. 원인을 분석해 보면 사업초기에는 원천적인 자금과 경험부
족, 그리고 자기신용이 형성되지 않아 관련업계와의 신용거래가 원활
하지 못한 것이 원인인 경우가 대부분이다.

사업이 개시되면 기본적인 점포 대책이나 설비투자는 제외하더라
도 판매거래처에 대한 미수금 발생은 필연적인 것이며 매입거래처에
대한 외상거래는 상당기간 바랄 수 없으므로 제조업의 경우, 운영자
금의 평균적 일회전 기간을 4~5개월로 추산하고 거래조건 등의 불
균형을 고려하면 당초 예상보다 훨씬 많은 운전자금이 추가 소요되
는 것은 당연한 결과이다.

따라서 운영자금의 소요규모는 오래 전부터 기업을 경영하여 거래
처 상호간에 매입·매출의 규모, 신용거래 범위 등이 관행으로 안정
된 기존의 사업자에 비하여 훨씬 많은 초기자금 투입이 요구되는 것

은 당연한 이치이며, 이것은 피할 수 없는 매듭이기도 하다. 창업 초기의 초보 사장이 분별치 못하는 부분은 바로 경험과 신용창출이 가능한 동업계 또는 관련업계의 거래 신뢰도가 곧 자금이라는 인식이다.

이러한 상황을 이해한다면 초보 사장의 사업자금은 누가 고의로 등쳐먹지 않아도 경험부족과 자금조달의 초조함에 기인하여 단 한번의 판단착오가 즉각 자금부족으로 이어질 개연성이 매우 높아지게 되는 것이다.

■ 운영자금은 재고와 회전율이 문제이다

1) 자금운용은 대응원칙에 따라 운용한다.

자금은 대응원칙에 따라 장기투자가 목적인 경우는 장기차입금, 단기투자 목적인 경우는 단기차입금으로 조달·운용되어야 한다. 이러한 대응의 원칙이 지켜지지 않으면 자금운용상 다음과 같은 위험이 나타난다.

이자율에 관련된 위험	운전자본의 조달은 흔히 변동이자율에 의해 이루어지기 때문에 차입금의 연장 시에 이자율이 높아질 수 있다.
연장 위험	단기차입금의 연장은 일반적으로 금융기관에서 인정하고 있는 것이 관행이지만, 기업은 항상 금융기관이 대출금의 연장을 해주지 않을 경우를 대비하여야 한다.
독자성 침해에 따른 위험	일반적으로 채권자가 급작스럽게 대출을 중단하고 대출조건을 강화하여 추가담보 제공이나 연대보증인 또는 대출금의 감액을 요구하기도 한다.

2) 자금이 증가되는 방향으로 운용한다.

· 자산의 감소는 자금을 증가시킨다. 외상채권의 회수, 재고자

산의 감축, 투자자산이나 유휴고정자산의 처분 등이 여기에
해당된다.

- 부채의 증가는 자금의 증가와 직결된다. 외상매입금. 지급어음
  의 증가나 기일 연장, 장단기 차입금의 증가가 이에 해당한다.
- 자본이 증가하면 자금도 증가한다. 이것은 현금으로 증가하
  는 경우가 대부분이다. 그러나 현물출자에 의하거나 각종 준
  비금의 자본전입에 의한 경우는 그러하지 아니하다.
- 이익준비금 등 각종 준비금의 적립도 자금을 증가시킨다.
- 감가상각충당금, 대손충당금, 퇴직급여충당금 등 현금지급이
  없는 비용인 이들 충당금을 최대한 설정하는 것은 자금 유보
  액을 증가시키게 된다.

■ 자금의 원천을 감안하여 자금을 운용한다

금융수단	자금의 원천	자금의 사용용도
내부금융	손익계산에 따른 재무자원	장기투자의 지속적인 자금필요에 대한 금융
증자	기존 주주의 출자, 신규 주주의 출자	장기투자의 지속적인 자금필요에 대한 금융
장기차입	금융기관	장기투자 : 부동산, 건설, 내용년수가 장기인 설비
중기차입	금융기관	기계류, 운송수단 등 투자
단기신용	외상매입과 기타 채권자들, 어음 할인, 팩토링, 은행의 일정 한도액까지의 무담보 금융	자금관리 등 단기적 금융
리스금융	특수 금융기관	장기와 단기투자 : 건설, 기계류, 운송수단 등

1) 고정자산 투자를 위한 자금의 원천은 내부유보이익, 감가상각충당금, 증자 및 장기차입금 등에 의하지 않으면 안 된다. 유보이익과 감가상각비는 그 금액만큼 현금·예금이 증가하며, 그 범위 내에서 고정자산 투자를 하면 별도의 신규차입이나 지급채무가 늘지 않는다.

2) 레버리지 효과 때문에 지나친 부채의 사용은 수익의 변동폭을 확대하게 되어 부채 의존도가 클수록 호황일 때는 순이익의 증가효과가 커지지만, 지나치게 부채를 많이 사용하면 필요한 시기에 유리한 조건으로 자금을 조달하기 어려운 경우도 있다.

■ 자금관리의 개선방법

개선분야	실시할 활동 내용	기업에 미칠 수 있는 영향
외상매입	·지불기일을 연장한다. ·보다 작은 주문을 한다. ·다른 공급업자를 찾는다.	가격, 인도기간, 서비스, 공급의 안정성 등을 잃지 않도록 주의한다.
외상매출	·외상매출을 판매자의 자유의사에 맡기지 않는다. ·외상매출의 절차를 확립한다. ·고객의 신용확보를 위한 서비스에 중점을 둔다.	고객을 잃지 않도록 유의한다.
재고	·생산부 책임자의 요구를 통제한다. ·주문이 생산주기에 따르도록 노력한다. ·과다한 재고를 갖지 않는다.	계약파기에 주의한다.
송장	·송장을 신속히 작성한다.	불만이 있는 거래처에 유의한다.
은행계좌	·한 은행 계좌는 부채상태이고 다른 은행계좌는 이의 반대 상태가 되지 않도록 한다. ·평소에 은행거래에 필요한 조건을 익힌다.	은행이 당신을 싫어할 수도 있으므로 이에 따른 대처 방안을 준비한다.

   K사장은 일거리가 밀려들어 공장이 바쁘게 돌아가면서 자금 여유도 생기고 금융기관의 신용평가도 호전되면서 자기 능력에 대한 과신과 쌓여가는 부와 명예를 바라보며 자기 세상을 만난 듯 흡족해졌다.

   업무처리에 불편함이 없었던 20평 남짓의 사장실을 옆방까지 헐어 60평으로 개조하고 고급집기에 비서실을 마련하고 호화판으로 꾸몄다. 여직원 한 명을 신규로 채용하여 비서실에 배치하고 가끔 가까운 친척, 친구들을 초청하여 호화 사장실을 자랑하곤 했다. K사장은 내친김에 자기 주택을 수리하기 시작했다. 건물도 증축하고 마당을 넓혀 값비싼 정원수를 심으면서 주택 단장에 열을 올리느라 약 두 달간은 오후 늦게 회사에 출근했다. 공장의 직원들은 공장을 창업하여 같이 고생하다가 이제 숨 좀 돌리려는데 사장이 쓸데없는 곳에 자금을 낭비하는 것에 대해 수근거리기 시작했다. K사장은 사업에는 별 관심이 없어 보였고 이러는 사이 직원들도 제멋대로 공장을 운영하기 시작했다. 공장은 매일같이 바쁘게 돌아갔으나 능률이 오르지 않았고 직원들도 여러 가지 구실로 지출을 증대시켜 사리사욕을 채우는 부정이 늘어갔다. 이러는 동안 원청회사 납품에 클레임이 발생하여 뒤늦게 정신을 차리고 직접관리에 나섰으나 회사는 이미 기울어져 있었다.

19 | 자금조달의 원천은 회사 내부에 있다

손익계산서와 자금흐름만으로 재무관리를 하고 있지 않은가? 종합적인 재무관리에 의한 자금계획이 없으면 겉보기만의 이익에 속는 수가 있으니 주의해야 한다.

자금조달은 사장의 능력이나 기업의 여건에 따라 세부적인 내용이 달라질 수 있는데, 조달의 원천에 따라 장기자본과 단기자본, 조달 방법에 따라 내부금융과 외부금융으로 나눌 수 있다.

■ 자본조달의 원천

구 분	내 용
장기자본	· 주식자본 : 창업자본, 증자 · 자기금융 : 충당금, 적립금 등 · 장기차입금 : 사채, 금융채, 외국차관 · 리스금융
단기자본	· 지급어음 · 외상매입금, 미지급금 · 어음할인 · 단기차입금

■ 자금조달 방법

구 분	내 용
내부금융(자기금융)	이익잉여금, 사내 유보이익금, 감가상각충당금
외부금융	· 직접금융 : 주식공모, 유상증자, 회사채 발행 · 간접금융 : 은행차입, 제2금융기관 차입

■ 원천별 자금조달 방법

조달방법	내 용	장 점	단 점
외상매출 채권의 감축	· 외상매출금의 조기회수 · 받을 어음의 기간단축 · 외상매출 기간단축 · 팩토링 활용	취지를 잘 설명하면 쉬운 방법임	거래처로부터 가격인하 등의 요청과 신용불안의 불씨를 제공할 가능성
외상매입 채권의 확대	· 현금지급을 어음지급 · 지급어음 기간연장 · 외상매입 기간연장 · 지급어음을 지급유예	별도의 자금 유출은 없음	거래처로부터 가격인하 등의 요청과 신용불안의 불씨를 제공할 가능성
재고 처분 · 감축	· 제품, 상품, 원재료, 저장품 등 재고 처분 · 구입 억제	창고 보관료 절감	과도한 감축은 기회손실, 조업률 저하와 연결됨
유가증권 매각	· 주권, 채권 회원권 등 매각	환금이 용이함	
고정자산 매각	· 불요불급 자산매각 · 사옥 매각	조달금액이 큼	· 처분에 시간이 걸림 · 매각대금이 실질입금 되지 않음
경비감축	· 인건비 삭감 · 잔업을 규제	사내에서 실시 가능	사원의 사기 저하

증자	· 신주 발행	상환의무 없음	주주의 형편에 좌우되 며 시간이 걸림
은행차입	· 받을 어음 할인 · 단기 어음으로 차입 · 차용증서로 차입	대출과 동시 조달가능	절차가 복잡
거래처로 부터차입	· 거래처와 직접 교섭	조건이 엄격 하지 않으며 시간이 빠름	신용 불안의 불씨가 됨
사채발행	· 회사채를 발행	이자를 지급 하지만 비용 처리가 가능함	발행에는 법령상의 제 약이 있음

⊟ 뼈를 깎는(bare-bone) 저가정책

Wal-Mart가 저가정책을 써서 할인점으로 성공한 것은 모두 아는 바이다. 그러나 그 저가정책은 누구보다도 철저하다. Wal-Mart는 상품을 구입할 때 중간도매상을 철저히 배제하고 생산자로부터 직접구입하며, 그것도 대량으로 구입하여 가격을 대폭적으로 저렴하게 한다. 그리고 임대료와 인건비를 절감하기 위하여 대도시 중심지보다는 도시 외곽에, 대도시보다는 소도시에 판매장을 설치한다. 또한 수개의 할인판매점이 있는 근처에 소규모의 창고를 두어 물류비용을 절감하여 신속히 배달이 되도록 한다. 상품의 회전율을 높이고 팔리지 않는 상품의 재고 부담을 줄이기 위하여 재고관리의 전산화를 철저히 한다. Wal-Mart 자신만 전산화하는 것이 아니고 Wal-Mart에 판매하는 제조업체까지 전산화하여 Wal-Mart에서 어떤 제품이 얼마나 팔리고, 재고가 얼마나 있는지 즉시 알 수 있도록 하여 적시에 적량을 생산 공급할 수 있도록 한다. 이를 위하여 Wal-Mart 전용 인공위성을 통한 통신수단이 있을 정도이다.

20 | 자금운용은 수익성과 유동성의 조화이다

기업에 투자되는 자금은 일반적으로 현금·예금인데, 이 현금·예금으로 생산요소인 고정자산과 원재료 등을 구입하거나 인건비를 지급하며, 제품을 판매함으로써 매출채권이 되었다가 다시 회수되어 현금·예금으로 변환하게 되며 최종적인 자금운용의 목표는 수익성과 유동성의 균형적인 조화에 있다.

자금운용이란 자금을 중심으로 기업 활동을 계획·통제·조정함으로써 기업 목표인 기업가치의 극대화와 유동성의 유지를 꾀하고자 하는 활동을 말한다. 자금운용 활동에는 기업 내의 자금계획과 통제, 자금조달 및 적절한 운용을 위한 기업 활동과 분석·투자의 이점과 비용에 대한 분석 등이 포함된다.

기업을 경영하다가 보면 장부상의 손익계산으로는 이익이 났다고 해도 자금 상태가 원활치 못한 경우가 있고, 반대로 손익계산상으로는 적자가 되더라도 일시적으로 자금 상태가 원활할 수도 있다.

즉 기업이 적자라 해도 자금운용에 차질이 없으면 단기적으로 기업은 유지되는데 반하여 흑자가 발생해도 자금 운용상 수입과 지출에 차질이 생겨 자금이 부족하게 되면 기업은 유지할 수가 없다. 자금 운용에는 다음과 같은 함정이 있음을 명심하여야 한다.

첫째, 순이익의 증가가 자금의 여유는 아니다

우리는 흔히 결산 결과 '손실이 발생하면 자금이 부족하겠구나.'라고 생각하고 '이익이 나면 자금에 여유가 있겠구나.'라고 생각하기 쉽다. 그래서 사장 중에는 결산서에는 순이익으로 표시되는데, 자금은 부족한 현상을 이해하지 못하여 결산자료를 불신하는 경우가 있다. 그러나 결론적으로 말하여 결산상의 수치가 순이익으로 나타나거나 매출이 증가한다고 자금 상황이 곧바로 좋아진다는 생각은 틀린 것이다.

업종과 영업 여건에 따라 차이는 있으나 자금 회수 사이클은 자금 회수에 상당한 시간이 소요됨을 의미한다.

즉 이익의 실현과 자금 회수에는 상당한 시간적인 간격이 존재함을 알아야 한다. 더욱이 판매가 증가 추세에 있으면 매출채권과 원자재, 제품 등의 재고자산에 자금이 묶이게 되어 이러한 부담은 자금 부족을 심화시키는 요인으로 작용하는 것이다.

둘째, 자금 상황의 호전이 순이익의 증가를 의미하는 것은 아니다.

앞에서 매출이 증가할 때 자금 부족 상황이 초래될 수 있다는 것을 설명하였다. 마찬가지로 자금 상황의 호전이 순이익의 증가로 연결되지 않으며 매출이 감소되거나 정체되고 매출 원가율이 높아져도 자금은 일시적으로 여유가 발생할 수 있다.

자금회수 사이클이 장기인 사업을 영위하는 경우에는 매출이 격감하여도 자금은 여유가 있는 기현상이 발생되기도 한다. 장기의 자금 회수 사이클을 가진 설비엔지니어링의 경우를 가정하면, 현실적으로 수주가 완전히 정지되었다 하더라도 제작 중인 플랜트는 작업이 진행된다.

물론 진행 중인 플랜트가 취소되거나 연기되어 대금회수가 어려워지면 문제가 다르지만 엔지니어링 사업은 대금회수가 각 단계별로 분할되어 이루어지기 때문에 전체 금액을 한꺼번에 수금하는 경우보다 자금의 충격이 완화될 수 있다. 여기에 진행 중인 프로젝트는 입금이 계속되고 새로운 수주는 없으므로 신규 수주비용이 없게 된다. 그러나 매출이 감소하면 장기적으로 비용감소의 폭보다 매출감소의 폭이 커지게 되므로 결과적으로 자금부족에 시달리게 된다.

셋째, 가랑비에도 옷이 젖는다.

기업의 자금부족 상황이 오래 지속되면 부족금액은 차입으로 충당하여야 하고 이자비용까지 고려하면 상황이 매우 어려워질 수 있다. 자금부족이 장기화되면 자금운용의 측면을 떠나 사업의 기본 전제나 계획 등 전반적인 문제를 기초부터 재검토하여야 한다.

사업이 당초 계획과 크게 어긋나고 그런 상태가 지속되면 사업에서 철수하던가, 최소한의 비용으로 견딜 수 있도록 조직을 축소하는 결단이 필요하다. 자금부족의 상황은 오래 지속되어서는 안 된다. 가랑비에 옷이 젖는 데는 그렇게 많은 시간이 걸리지 않기 때문이다.

■ 자금운용과 손익관리

구 분	자금 운용	손익관리(이익관리)
목적	지불능력의 강화	체질의 개선
목표	일정시점의 총수입이 총지출을 상회해야 함	일정기간의 매출액이 총비용을 상회해야 함
관리성향	안전제일로 관리	의욕적 · 도전적으로 관리
실패 시 성향	부도발생 →회사의 파산	이익배당의 감소
활용도구	· 자금수지계획 · 자금운용표(현금주의)	· 손익계산서 · 손익분기점 공식(발생주의)

1) 정보가 돈이다.

워터루 전투가 끝났을 때 사람들은 '영국이 졌다'고 실망하며 주식을 마구 내다 팔았다. 주식의 대폭락 시기에 로스차일드는 반대로 주식을 사들였다. 이미 그는 영국이 이겼다는 정보를 움켜쥐고 있었다. 200년 전, 사업의 패러다임을 바꾼 정보의 힘을 알았던 로스차일드에게 정보는 곧 돈이었다.

2) 인맥이 힘이다.

가난한 아빠 마이어는 다섯 아들을 유럽 중심지로 보내 그 지역 인맥 만들기에 총력을 기울인다. 다섯 아들을 통해 프랑크부르트, 빈, 런던, 나폴리, 파리 등이 네트워크화된다. 인맥은 곧 돈이며 사업의 기본이다. 신중하고 전략적인 인맥 만들기로 하여 로스차일드는 대성공을 이끌었다.

3) 위기는 찬스다.

로스차일드는 전쟁마저 사랑했다. 불황은 곧 찬스다. 돈을 벌 확률은 평소의 10배 이상이다. 대재벌의 기틀을 마련한 워터루 전투, 세계금융가를 장악케 한 세계제1, 2차대전을 절호의 돈벌이 찬스로 살렸다.

4) 조직이 단결하여야 산다.

세계금융을 장악한 로스차일드의 모든 정보와 자금은 유대 패밀리가 독점 운영한다. 자신들 이외에는 아무도 믿지 않는다. 뭉치면 살고 헤어지면 죽는다. 그들은 강철같이 결속된 금융제국이다.

5) 지식으로 지혜를 발휘하라.

탈무드의 황금률은 지혜를 살찌운다. 위기에 빠졌을 때 탈무드에 충실하였다. 어려운 때 일수록 역전의 아이디어로 뚫고 나갔다.

21 | 현금흐름은 경영성과의 질적 지표

기업은 계속 이익을 내지 않으면 안 된다. 그리고 그
이익은 건전한 경영상태에서 나와야 한다.

90년대에 들어와서 우리 경제는 성장 속도가 서서히 둔화되어 최근에는 성장 자체가 의문시되는 극심한 경제적 어려움을 맞이하고 있다. 과거 경제 성장을 예상하며 수립한 기업의 경영계획은 일차적으로 판매부진이라는 심각한 문제에 직면하여 팔릴 것을 예상하고 생산된 제품이 영업이 부진하게 됨에 따라 재고부담을 안게 됨으로서 기업의 자금부담과 수익성 악화 요인으로 작용하게 된다. 이는 고도성장기에서 안정성장기로 전이되는 과정에서 경제성장률이 둔화됨에 따라 필연적으로 발생하는 현상이라고 볼 수 있다. 이런 추세라면 기업은 앞으로 현금흐름(Cash Flow) 경영에 큰 관심을 두어야 하며, 요즈음 같은 금융의 불안기에 주목하여야 할 경영지표는 현금흐름이며 기존의 외형 중시에서 현금흐름 중시로 경영의 틀을 전환하는 것이 시급하다.

현금흐름이란 일정기간 동안 기업에 유입된 자금으로 기업의 생산활동과 필요한 투자 및 비용을 쓰고 남은 자금을 말하는 것이다. 현금흐름은 시장점유율이나 이익만이 아니라 설비투자나 판매성장에 따른 재고 등 운전자금 수요까지 밝혀 주며 기업의 경영 성과를 종합적으로 표시하는 질적인 지표이다.

현금흐름표를 통해서 미래의 현금흐름, 이익의 질, 영업활동 수행 능력, 투자활동과 재무활동 거래가 재무상태에 미친 영향 등에 관한 정보도 알 수 있다. 이익은 회계방식의 차이에 따라 다를 수 있으나 현금흐름은 실제로 확보된 현금을 나타내므로 경영의 진정한 실상을 표현한다.

이익은 겉모습, 현금은 진실이란 말이 있다. 실제 회계상으로는 이익이 났지만 현금흐름(현금유입-현금유출)은 마이너스 실적을 달성할 수도 있다. 현금흐름은 저절로 관리되는 것이 아니며 의식적이든 무의식적이든 간에 사장의 의사결정에 따른 결과로 관리되어진다는 것이 정설이다.

글로벌기업으로 성장한 삼성그룹도 국내기업의 총체적인 외환위기에서 예외가 아니었다. 97년 말 절박한 경영위기에 직면한 삼성은 이 위기를 적극적인 위기극복 경영으로 벗어날 수 있었다. 삼성이 경영위기를 극복할 수 있었던 이유는 신속한 구조조정, 부가가치 극대화 등 여러 가지가 있었으나 그 중 가장 중요한 원인 중의 하나가 현금흐름을 중시하는 경영정책이었다.

삼성그룹은 현금흐름을 중시하는 경영체제를 도입하여 총 차입금 21조 9천억 원을 감축하였으며 이 과정에서 28억 달러의 외자를 유치하였고, 6조원 규모의 자산을 매각하였다. 또한 이러한 여세를 몰아 9조원에 이르는 유상증자를 단행하여 최근에는 순차입금이 7조 8천억 원으로 감소하였다. 이에 따라 부채비율 역시 97년 말 366%에서 68% 수준으로 대폭 줄였다.

이와는 반대로 국내의 벤처기업들은 무리한 지분출자와 사업다각화로 최근까지 현금흐름 악화에 시달리고 있으며 소기업들도 현금흐름 측면에서 벤처기업과 큰 차이가 없는 것으로 드러났다.

최근의 캐시플로우 현황을 살펴보면 소기업은 증자, 차입 등의 재무활동을 통해 현금을 조달하고 있는 반면, 대기업은 현금을 상환하고 있는 것으로 나타났다.

이에 따라 소기업은 재무구조 건전성 유지와 현금유출입 관리에 더욱 주의가 요망된다는 지적이다. 대기업들의 자금수요가 줄어들어 은행들이 상대적으로 소기업에 적극적인 대출활동을 벌릴 것으로 예상되나 은행대출이 능사는 아니다.

은행의 단기자금 대출에 자금조달이 편중될 경우 금리급등 등 금융시장 환경변화에 효율적으로 대처하기 매우 어렵다. 또한 소기업은 매출액 증가와 이에 비례한 운전자금의 조달, 운용에 신중한 관리가 요망된다.

■ 현금흐름 검토

현금흐름의 이해를 돕기 위하여 S기업의 1년간 현금흐름 사례를 검토하여 본다. 투자자본 등의 변수는 없다고 보며 이 기업이 생산에 필요한 자금은 100억 원이다. 동 소요자금을 자기자본 25억 원, 타인자본 25억 원과 생산에 필요한 원자재 등의 구입은 현금 지출 50%로 충당하고 나머지 50%는 매입채무로 해결한다는 경영전략을 수립하고 생산 활동을 개시하였다.

이를 현금흐름 기준으로 본다면 유출액은 50억 원이 되며 생산제품을 130억 원에 판매하였으나 매출채권이 60억 원이므로 현금유입은 70억 원이다.

최종적으로 이자지급과 세금납부 배당을 실시한 결과 당해 년도의 실제 현금유입은 50억 원이 된다. 따라서 현금유입(50억원) − 현금유출(50억원)으로 순 현금흐름은 0이다.

이런 경우를 현금흐름의 균형상태(Square Cashflow Position)라고 하며 S기업은 순 현금 유입금액 50억 원을 다음 연도 생산 등에 활용할 수 있다.

현금흐름 모델에서 양(+ Positive)의 현금흐름을 만들려면 매출채권을 조기에 회수하는 전략이나 매입채무의 비율을 높이는 전략을 추진하면 된다.

현금흐름과 손익계산서와의 차이를 확인하려면 위의 사례를 가지고 S사의 손익계산서를 작성하여 본다. S사의 매출액 130억 원, 매출원가 100억 원(원 재료비 30억 원, 간접비 20억 원, 가공비 10억 원, 노무비 30억 원, 운송비 10억 원)이며 매출 총이익은 30억 원이 된다.

매출 총이익 30억 원에서 은행이자 5억 원을 차감하면 경상이익 25억 원이며 법인세 10억 원을 제한 당기순이익은 15억 원이 된다. 현금흐름과 당기순이익을 비교하면 S기업의 경우 15억 원의 이익이 발생하였으나 현금흐름 기준으로 보면 50억 원의 현금이 창출되었다.

이 기업이 1년간 생산에서 매출까지 창출한 현금은 전년도와 같은 수준인 50억 원으로 균형상태를 유지하고 있으며 당기순이익은 회계상의 이익일뿐 재생산에 기여한 현금 창출과는 무관하다고 볼 수 있다.

우리 나라의 기업은 회계(Account)와 재무(Finance)를 혼돈하여 쓰고 있다.

회계는 장기플랜이 중요하지만 재무는 현금흐름을 따라 잡는 것으로 전혀 다른 의미로 해석되어야 할 것이다.

[제조업체의 현금흐름 모델]

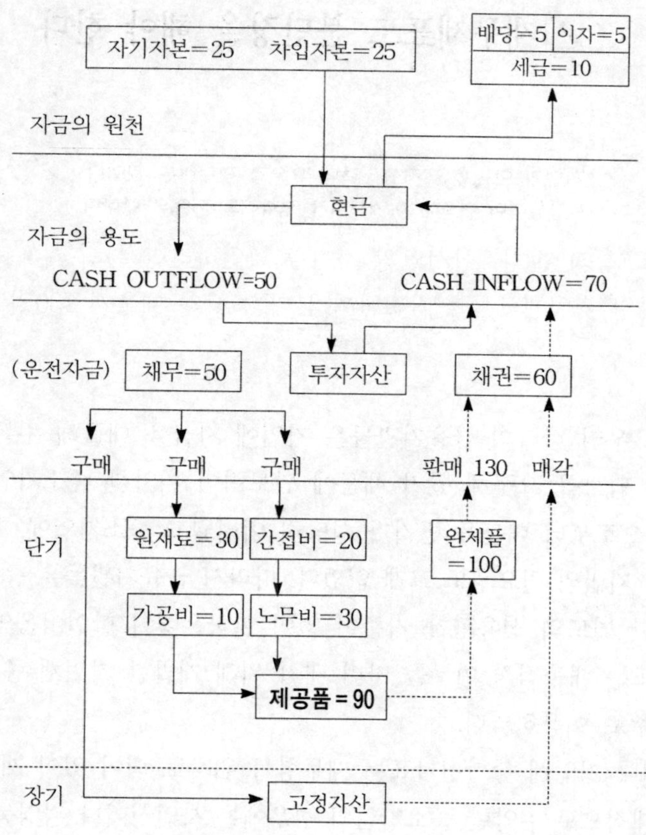

사업은 확률로 판단하지 못한다

　　사실의 중요성이 크면, 예를 들어 번개, 비행기 추락, 공습 등의 경우에는 확률적 기대감이 중요하지 않다. 경영의 위험이 가지고 있는 인생적 공포감은 몇 %의 도산이라는 통계적 속성으로는 개인적 불안을 치료할 수 없다.

　　리스크의 평가와 반응은 인간의 욕구에 따라 다양하게 표출되는 개별적인 속성을 지닌다.

22 | 재무제표도 분단장을 해야 한다

기업의 안정성은 자금능력의 유무로 진단하는 것이다.
지급능력이 없으면 회계처리가 정확해도 기업은 망한다.

과거 우리 나라의 금융기관들은 기업에 자금을 대출해 주는 경우 대부분 담보를 요구해 왔기 때문에 담보력이 미약한 중소기업은 금융기관으로부터 대출을 받기가 상당히 어려웠고 중소기업에 대한 신용평가 기법의 필요성도 크게 없었다. 따라서 금융기관들은 중소기업에 대한 별도의 신용평가 기준이 없이 한국은행이 할인어음의 적격 여부 또는 대출적격 여부를 가려 내기 위해 개발한 기업체 종합평가표를 주로 이용하였다.

그러나 기업체 종합평가표는 재무항목 위주로 되어 있어 재무구조가 상대적으로 취약한 중소기업의 경우에는 사업성이나 경영능력, 비재무적 평가비중이 낮아 신용평가가 제대로 이루어질 수 없었으며 동 평가결과의 대출 반영률도 극히 부진한 실정이었다.

이에 금융기관의 대출관행이나 기업체 평가기준이 급속히 혁신되어 기업에 대한 신규대출 지원시 재무제표, 현금흐름과 사업전망, 차주의 신뢰성과 경영능력, 동종 산업의 경쟁관계, 상환능력 등을 고려해 실제적인 기업의 신용평가가 가능하도록 대출 관련 취급 규정이 대폭적으로 개정되었다.

앞으로는 금융기관의 지원을 받으려는 기업은 차입금 총액을 국내·국외별, 기간별, 부채 형태별, 상환 계획별로 구분 제출하여야 하며 은행은 기업에 대해 정기적으로 사업의 전망, 현금흐름 등을 분석하여 상환능력 여부를 판정하게 될 것으로 기업의 대출지원 요건 강화를 통한 퇴출기업 선별제도가 확립될 것으로 보인다. 자금난을 겪고 있는 중소기업에서는 필요한 소요자금을 금융기관으로부터 적절히 지원 받기 위하여 개별기업의 특성에 맞는 대처 방안을 찾기 위하여 다각적인 노력이 필요할 것이다.

중소기업의 신용등급을 높이는 간단한 테크닉을 소개한다. 주의해야 할 것은 금융기관을 속이는 일을 하지 않는 것은 기본사항이다. 적자를 내고도 이익이 난 것처럼 결산조작을 했다가 은행대출 담당자에게 발각되면 그 기업의 신용도는 곤두박질치고 거래중단의 위험을 불러올 수도 있기 때문이다.

첫째, 자기자본을 늘리고 총자산을 줄인다.

우선 불량채권 등 총 자산을 줄이는 것이 중요하다. 은행의 대출심사 항목 중 거래처의 재무안전성은 중요한 평가기준이다. 자기자본 비율을 높이는데 주력하고 총 자산은 줄여야 한다.

둘째, 단기차입금을 낮추고 장기차입금 비중을 높인다. 재무제표상에 일년성의 원칙에 따라 분류된 부채의 내용을 분석하여 대환, 조기 상환 등 적절한 조치를 취한다.

셋째, 설비는 리스 등을 이용하여 고정자산을 줄임으로서 재무 안정성을 강조한다. 이러한 조치는 은행에서 대출금의 상환지표로 판단하는 유동비율을 향상시키기 때문에 재무구조상 안전성이 높아져 신용등급도 올라간다.

넷째, 예금과 차입금을 일부상계 한다. 차입금이 많으면 상환능력 평점이 낮아지므로 예금과 차입금의 일부를 상계하는 것도 써볼 만한 방법이다.

다섯째, 회사와 사장간의 채권채무는 청산하도록 한다.

회사와 오너와의 채권 채무관계를 청산하는 것도 신용등급을 높이는 지름길이다. 대여금 또는 가지급금 거래가 있으면 사유화한 회사라는 인상을 준다.

여성이 화장을 진하게 하면 평상시와 전혀 다른 사람으로 보일 때가 있듯이 손익계산서와 대차대조표에도 진한 분식이 가해져서 세밀한 분석에 의하지 않고는 위장된 내부를 알 도리가 없는 경우가 많다.

실제로는 이익을 내지 못하고 적자이나 금융거래를 원활히 하기 위한 목적이나 주식가격의 안정을 위하여 흑자로 보이도록 재무제표를 허위로 작성하는 경우가 자주 있다면 반대로 세금부담을 줄이기 위해 이익을 적게 표시하거나 적자 재무제표로 역분식(逆粉飾) 결산을 행하는 경우도 있다.

전술한 바와 같이 자사 재무제표의 합리적 분석과 평가를 토대로 자사의 신용평점을 높여보자는 것은 재무제표를 허위 작성, 또는 분식 결산을 하자는 것이 아니라 재무제표와 기업신용 평가기준의 상관관계를 유기적으로 분석 관찰하여 기업의 재무운용이 대외적으로 유리하게 평가되어 질 수 있도록 그 기준과 적용방법, 내부 관행상의 잘못된 점을 기업 스스로 터득하여 평가의 경쟁력을 높여보자는 것이다.

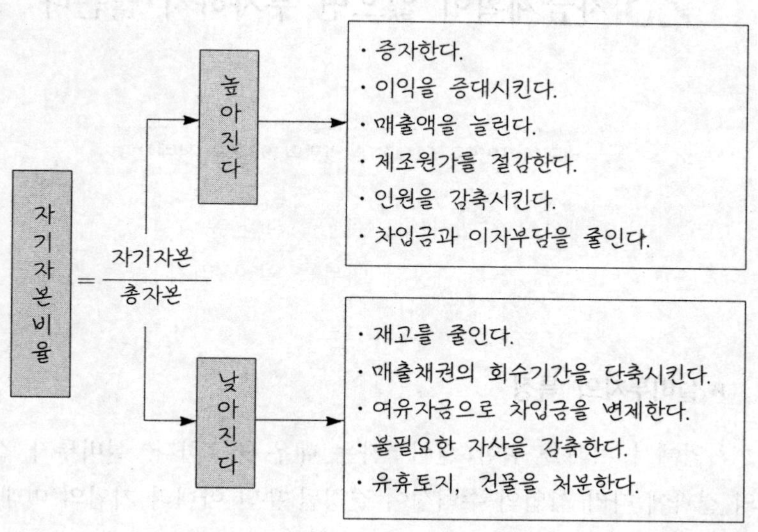
자기자본비율 = 자기자본 / 총자본
높아진다
· 증자한다.
· 이익을 증대시킨다.
· 매출액을 늘린다.
· 제조원가를 절감한다.
· 인원을 감축시킨다.
· 차입금과 이자부담을 줄인다.
낮아진다
· 재고를 줄인다.
· 매출채권의 회수기간을 단축시킨다.
· 여유자금으로 차입금을 변제한다.
· 불필요한 자산을 감축한다.
· 유휴토지, 건물을 처분한다.

23 | 자금계획이 없으면 투자하지 않는다

■ 설비투자의 특징

기업에서 미래를 위한 설비투자는 매우 중요하다. 설비투자 결정의 결과에 따라 기업의 수익성이 결정될 뿐만 아니라 기업의 미래 위험도 결정된다.

설비투자의 특징은 다음과 같다

첫째, 설비투자는 유동적인 화폐자본을 고정적인 생산설비나 경영시설에 대해 장래의 장기간에 걸쳐 결합하고 매장하는 것이다.

둘째, 설비투자는 고정비용의 증대를 불러일으켜 손익분기점이 높아지며, 이로인한 수지균형을 위협한다.

셋째, 설비투자는 기업금융이 핍박되고 지불능력이 저하했을 경우에는 특히 경영압박 요인이 된다.

이와 같은 설비투자의 중요성에 비추어 기업은 설비투자를 관리하기 위한 유효한 방법 또는 시스템을 갖추고, 장기적·전략적 경영계획에 입각하여 투자가 결정되어야 하며, 적절한 설비계획안을 결정하기 위한 합리적인 투자절차가 규정되어져야 할 것이다.

이어 설비투자의 종류는 설비의 질적인 향상을 위한 대체투자

(Replacement investment), 생산능력을 증대하기 위한 확장투자 (Expansion investment), 신제품투자 또는 제품계열투자(Product investment), 전략적투자(Strategic investment)로 분류된다.

[투자 목적의 복잡도 및 수익성 평가의 난이도]

투자의 목적	복잡도의 정도	수익성 평가의 정도
대체투자	낮다 ----→ 위험도가 적다	쉽다 (예상 현금흐름)
확장투자	↓	↓
신제품투자	↓	↓
전략적투자	높다 ----→ 위험도가 크다	어렵다 (계량적 예측)

■ 설비투자의 원칙

고정자산투자의 기본이 되는 것은 설비투자이다. 일반적으로 설비투자가 이루어지면 이에 따라 감가상각비나 자본코스트 등의 고정부문이 증대하여 손익분기점이 상승하게 되고 필연적으로 높은 조업도의 유지를 요청하게 된다.

최근의 설비투자는 일반적으로 장기적이고 대형적인 것을 특징으로 하며 이것은 한계자본지수(Marginal Capital- output Ratio)를 상승시키는 한편, 투자효율을 저하시키는 요인이 된다. 따라서 기업의 입장에서는 고정자산투자에 대한 투자비중이 높아짐에 따라 투자의 규모를 적정하게 정하는 것이 투자결정의 매우 중요한 요소가 되므로 다음과 같은 원칙이 필요할 것이다.

① 자본 확대와 설비대체는 매출액에 대응하여야 한다.

② 자본 확대의 년차 계획은 철저한 계획에 입각하여야 한다.

③ 투자자본에 대한 수익성은 장기적인 관점에서 평가하여야 한다.

④ 건설계약이나 설비에 필요한 제반권리 등이 사전에 계약되어야 한다.

⑤ 자본투하는 기업의 자금계획과 일체화되어 내부자금, 외부자금의 원천을 결정하여야 한다.

⑥ 대규모의 설비투자는 경기의 침체기에 실시하는 것이 유리하다. 왜냐 하면 가격 하락에 의한 자본지출의 절약과 호황기에 대비하여 설비를 유효하게 가동시킬 수 있기 때문이다.

설비투자 계획의 입안과정은 일반적으로 설비투자의 전제가 되는 생산 및 판매계획의 수립, 설비에 관한 각종의 정보와 아이디어의 수집, 설비투자 대체안의 평가 및 선택, 실행과 사후 재평가의 4단계를 거친다.

■ 설비투자의 시기

설비투자의 가장 유리한 타이밍을 결정하기 위해서는 무엇보다 기업의 설비수요를 장기간에 걸쳐 예측하여 투자계획을 수립할 필요가 있다.

이를 위해서는

① 전사적이고 장기적인 관점에서 전략적 경영계획을 수립한다.

② 매출의 장기예측에 기초한 전략적 마케팅 계획을 수립한다.

③ 자본의 조달이나 운용과 기업이익의 극대화를 위한 구체적 재무계획을 수립한다.

이러한 경영 각 부문의 전략적 계획이 수립되면 설비투자의 규모와 타이밍이 결정된다. 사장이 확신을 가지고 설비투자의 시기를 결정하기 위해서는 이러한 합리적이고 체계적인 투자계획에 근거하여야 하는 것이다. 설비투자가 결정되면 먼저 당면하게 되는 단기적인

문제로서는 신규설비의 도입설치와 수반하여 조직편성이나 요원배치
의 문제가 발생한다.

　신규설비의 건설공사는 기업 내의 다른 공정을 방해하지 않는 시
기를 선택하여 실시하여야 하며, 신규설비의 조업운전을 본격적으로
개시하기까지 준비기간에 대해서도 계획하지 않으면 안 된다. 이 경
우 신규설비의 본격적인 조업운전은 가능한 한 당해 설비에 의해 생
산되는 제품을 조속히 판매할 수 있을 만한 시기에 개시하여야 할 것
이다. 이러한 단기적인 문제 이외에도 장기간에 걸쳐 변동하는 경기
나 물가의 문제에 관해서도 충분한 검토가 필요하다.

무리한 공격은 안 된다

　70년대 세이코 시계는 우수한 제품력을 바탕으로 미국의 시계시장을 정
면 돌파하였다. 세이코 시계는 시계의 모양, 색상, 사용자의 욕구 등 소비자
의 구매를 유도하기 위하여 400여개의 디자인을 제공하였다. 뿐만 아니라
소비자의 구미에 맞게 모델을 수시로 변경하여 전 세계적으로 생산. 판매하
는 2,400개 모델의 뒷받침이 되었다. 이를 통하여 세이코는 수년 만에 세
계시장을 석권하였다. 그러나 경쟁자보다 허약한 기업이 무모하게 강한 기
업을 공격하는 것은 실패를 자초하는 일이다. IBM사의 아성을 공격한 GE
사, 제록스사는 결국 실패하였고, RCA도 70년대 초 컴퓨터 시장에 뛰어
들어 2억 5천만 달러의 손실을 보았다.

24 | 재무진단 체크리스트

아무리 고도한 재무관리시스템이 수립되어 있다고 해도
그것만으로는 가치를 인정할 수 없다. 재무관리란
재무자료의 분석을 말하는 것이 아니라 분석결과에
의거해서 적절한 활동을 함을 뜻한다.

재무관리 진단 체크리스트는 기업의 재무관리 상의 문제점을 발견하기 위한 수단으로 문헌에 의한 방법, 관찰에 의한 방법, 면접에 의한 방법, 서면질의에 의한 방법, 계수분석에 의한 방법, 토의에 의한 방법, 실험에 의한 방법, 측정에 의한 방법 등으로 기업의 환경과 조건에 맞추어 변형시켜 활용할 수도 있다.

■ 재무정책에 대한 체크리스트

진단항목	진단의 체크포인트
재무방침의 설정	재무관리 분야별 재무방침 수립의 적정성 여부 · 자본 구성비율 · 차입처별 구성비율 및 이자율 상한선 · 매출채권의 회수, 관리원칙 · 자금운용 용도별 조달원천
재무계획의 수립	분야별 재무계획 수립의 적정성 여부 · 이익, 비용, 수익계획 · 현금수지계획 · 운전자금 계획 · 고정자금계획

■ 자금의 조달 및 운용관리에 대한 체크리스트

진단항목	진단의 체크포인트
현금수지의 관리수준	제1차적 지급수단인 현금흐름의 원활화 여부 · 현금출납장은 정확히 작성되는가? · 월별 자금수지표 작성은 적정한가? · 기간별 자금수입과 지출추정은 정확한가?
운전자금의 관리수준	운전자본과 고정자본의 구분은 명확하며 자금의 조달원천은 확실한 지 여부 · 운전자금 지출이 재무구조에 미치는 영향분석 · 운전자금 증감 추이분석
설비자금의 관리수준	설비투자는 장기부채나 장기자본으로 조달하는지 여부 · 설비투자자원 조달원천의 합리성 분석 · 설비투자에 따르는 자금유동성 분석 · 설비투자의 경제성 분석
매출채권의 회수, 관리수준	매출채권의 관리는 적절하며 회수는 효율적인지 여부 · 매출채권 관리를 위한 거래처 신용조사 · 불량채권 회수를 위한 관리시스템 · 매출액 대비 외상매출 비율
재고관리의 수준	자금이 재고에 고정화되는 것을 방지하고 있는지 여부 · 적정재고량 유지분석 · 재고제품의 노후화 정도별 분류관리
금융기관 거래의 안정성	적절한 금융기관 거래방침과 신용도 제고 노력 여부 · 거래금융기관의 다양화 노력 · 금융기관 신용도 수준

■ 재무구조관리에 대한 체크리스트

진단항목	진단의 체크포인트
재무구조의 장기적 안정성	타인자본 의존도가 높아 기업 체질약화로 도산위험은 없는 지 여부 · 자기자본율 추이분석
재무구조의 개선노력	재무구조 개선을 위한 장기계획은 적절한 지 여부 · 총자본에 대한 경영자본비율 증대 　(유휴토지 및 건물의 매각, 재고자산 정리, 유가증권 매각)
자본이익율 관리수준	수익성 관리를 위하여 적절한 이익률 관리를 하는 지 여부 · 자본이익률의 분석·관리 실시 　(자본이익율 및 업계 평균치 비교, 자사수준의 추이 분석)
비용·수익관리 수준	불필요한 간접경비가 과다 지출되고 있지 않은 지 여부 · 개별 비용의 구성비 분석 　(원가구성 비율, 영업비 비율, 영업외 손익비용 등) · 비용과 수익과의 종합적 관계(손익분기 도표분석)

■ 회계제도의 확립에 대한 체크리스트

진단항목	진단의 체크포인트
회계담당 부서 의 확립 수준	회계 전담부서를 두고 회계처리와 장부정리를 실시하며 이 에 따라 재무상태의 관리·통제가 가능한 지 여부 · 재무회계 담당 전담부서의 적정한 구분 · 자금관리의 철저 · 회계처리 및 장부정리의 적절성
합리적 회계 제도 확립	원가계산 실시로 원가계산의 기초 자료로 활용하는지 여부 · 기업회계제도의 적절성 · 원가계산 실시 정도

회계처리 및 결산절차의 적절성	기업 회계원칙에 적법한 회계방식을 실시하고 있는지 여부 · 회계처리의 진실성, 명료성, 신속성의 수준 · 결산절차의 적절성
회계자료의 활용	회계자료를 경영분석에 충분히 활용하고 있는지 여부 · 회계자료를 통한 경영상태 분석 · 경영계획 수립에 회계자료 분석 결과 이용

🖯 1997~2002년 경제지표 비교

97년	비교지표(단위)	2003년 6월말
5.5(연간)	경제성장률(%)	2.7
965.0(10.30일)	환율(달러 당 원)	1,193.10
12.6(10.30일)	회사채 금리(연 %)	5.28
2.6(10월)	실업률(%)	3.30
56.6(10월)	실업자 수(만 명)	75.60(8월)
0.43(10월)	어음부도율(%)	0.10
78.0(10월)	제조업가동률(%)	66.90(8월)
4.2(10월)	소비자물가상승률(%)	3.0
223.6(10월)	외환보유액(억 달러)	1,316.59
1,801.6(10월)	총 외채(억 달러)	1,440.0
54.2(10월)	단기외채비중(%)	39.65

25 | 중소기업 신용보증지원제도

담보능력이 미약한 기업의 채무를 보증하여 자금융통을 원활하게 하고 신용정보의 효율적인 관리·운용을 통하여 건전한 신용 질서를 확립함으로써 균형 있는 국민경제 발전에 기여하고자 신용보증기금법에 의하여 설립된 비영리 특수법인으로서 76년 6월 신용보증기금을 설립하였다.

1) 신용보증업무 처리 절차

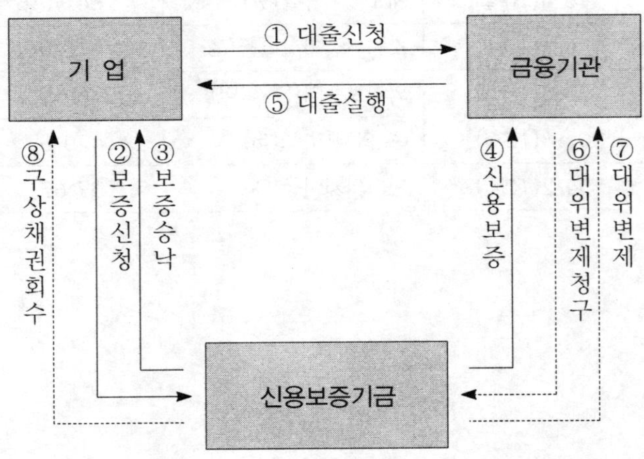

2) 취급 주체에 따른 분류

① 직접보증

② 위탁보증

③ 재보증

3) 보증재원에 따른 분류

① 일반보증 : 정부 출연금, 금융기관 출연금, 이월이익금

② 특별보증 : ADB차관 자금에 의한 출연금

4) 보증한도

신용보증 총액한도는 기본재산의 20배 범위 내에서 운용하며 동일 기업 당 보증한도는 30억원 범위 이내에서 기업의 신용도, 자금용도에 따라 일정 금액을 차감 운용한다.

5) 업무관할 구역

본사 또는 사업장 소재지를 관할하는 영업점에서 보증취급하되 동일 시내는 공통이며 다만, 기업의 거래편의 및 업무처리의 효율화를 위하여 필요하다고 인정되는 경우에는 관할점 이외의 영업점에서도 보증취급이 가능하다(서면에 의한 사전 동의를 요한다).

6) 보증심사

사업성·경영능력·재무상태 등 기업실체를 종합적으로 판단하여 보증지원 여부를 결정하며 보증금액별로 심사방법을 차등 운용한다.

심사구분	소액심사	약식심사	표준심사
금액별	5천만원 이하	5천만원 초과 3억원 이하	3억원 초과
심사사항	소액심사 검토표	약식심사 검토표	경영능력, 경쟁력, 금융거래 상황, 재무상태, 단기 지급능력

7) 보증금지 대상

① 보증채무를 이행한 후 구상채권의 변제를 받지 못한 기업

② 위 기업의 법인기업인 경우 그 기업의 과점주주인 이사 또는
무한책임사원인 업무집행 사원이 영위하는 기업 또는 이들이
대표자로 되어 있는 기업

③ 위 기업이 개인기업인 경우 그 개인이 대표자로 되어 있는 기
업

④ 기금이 재보증 채무를 이행한 후 회수금의 반환을 받지 못한
기업

⑤ 기금의 어음보험계정에서 보험금을 지급한 후 대위변제 채권을
회수하지 못한 기업

8) 보증제한 대상

① 대상 기업
· 휴업중인 기업
· 금융기관의 대출금을 빈번히 연체하고 있는 기업
· 금융기관의 금융거래확인서 기준일 현재 연체중인 기업
· 기업 또는 대표자(실권자를 포함)가 신용불량정보를 보유하고
있는 경우
· 기금이 대위변제한 기업의 연대보증인 및 연대보증인이 대표
자(또는 경영실권자)로 되어있는 기업
· 부실자료 제출기업
· 신용보증기금, 기술신용보증기금, 주택금융신용보증기금 및
산업기반신용보증기금의 보증사고기업

② 대상채무
· 기대출금(지급보증 및 무역어음인수 포함)
· 기대출금 회수를 위한 신규대출금

③ 기타 제한대상

- 최근 1년 이내 당좌부도 발생, 사업장 또는 거주주택에 압류, 가압류, 가처분, 경매신청 사실이 있는 기업
- 국세체납 중인 기업
- 대위변제기업의 주채무연대보증인, 어음법상 채무자, 구상채무 인수인 등
- 신용도가 취약한 기업(예: 부채비율이 높은 기업 등)

  ※ 문의처 : 신용보증기금 ☎ 02-710-4823. www.shinbo.co.kr

자금조달시 체크포인트

1) 필요한 차입금의 규모는 정확히 계산하였는가?
2) 담보제공 능력은 충분히 검토하였는가?
3) 차입자금의 구체적인 상환계획은 수립하였는가?
4) 거래 금융기관 선택은 적절하였는가?
5) 차입 이유를 금융기관에 납득시킬 수 있는가?
6) 차입시기와 차입기간 등 차입조건은 적절한가?
7) 은행대출의 일반적인 절차는 숙지하였는가?
8) 은행대출 상담시 필요한 기본서류는 준비하였는가?

26 기술신용보증지원제도

기술평가에 의한 보증지원이 필요한 기업에 대하여 기술평가센터에서 직접조사·심사하여 보증지원을 결정함으로써 우수한 기술력을 보유하고 있는 기업에 대한 신속한 보증지원이 이루어질 수 있도록 하는 제도이다.

[기술신보의 기술평가보증 흐름도]

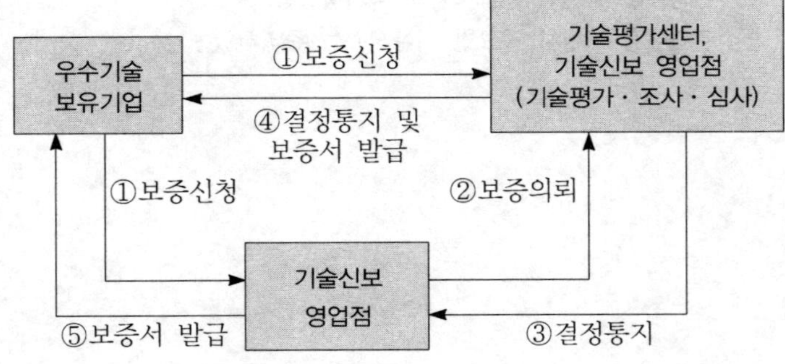

■ 기술우대 보증제도

기술신보 자체선정 우수기술기업, 중기청, 산자부, 과기부, 정통부 등 추천기업과 정부에서 추천한 기술개발 관련자금이 대상이다.

■ 기술평가제도

무형의 기술을 대상으로 그 기술의 기술성·사업성·시장성 등을 평가하여 금액, 등급, 평점, 의견 등으로 표시하는 평가활동으로 기술가치 평가, 기술사업 타당성 평가, 종합기술 평가 등으로 분류하며 평가 목적, 용도 등에 따라 다양하게 운용한다.

[기술평가의 종류]

구 분	내 용
기술가치 평가	기업 또는 개인이 보유하고 있는 당해 기술에 대하여 현재 시현되고 있거나 장래에 시현될 무형의 재산가치를 평가하는 것으로서 보유기술의 상세한 내용뿐 아니라 기술의 가치를 금액으로 표시
기술사업 타당성 평가	기업이 특정기술 또는 아이디어를 신규로 사업화하거나 현재 추진 중인 기술사업의 투자를 확대하고자 하는 때에 당해 사업의 기술성 및 사업 타당성을 평가
종합기술 평가	기업이 보유하고 있는 모든 기술을 경영환경, 사업전망 등 기업의 실세와 연계하여 종합적으로 평가

■ 기술평가센터의 설치

① 기능 및 절차

기업이 보유하고 있는 신기술을 금액 등으로 평가하여 신용보증을 지원하거나 금융기관의 신용대출 및 투자에 참고하도록 하고 기술의 매매 알선시 매매기준 금액으로 활용하도록 함으로써 벤처기업 등 우수기술 보유기업의 육성 발전에 기여한다.

평가대상자에 대한 지원기준, 예상소요 시간, 예비평가료 등에 관한 안내, 신청, 접수, 기술 및 권리에 관한 예비평가, 현장조사 및 본 평가순으로 업무를 처리한다.

② 평가대상
- 특허법 및 실용신안법에 의해 등록되었거나 출원 중인 권리
- 의장법에 의해 등록된 권리
- 컴퓨터 프로그램보호법에 의하여 등록된 프로그램
- 기술력이 인정되는 다음에 해당하는 기술
  - 기술우대보증 대상기업이 보유한 기술
  - 산업자원부가 고시한 첨단기술 및 제품의 범위에 해당하는 기술
  - 기술평가 센터장이 우수하다고 인정하는 기술 등

③ 평가의 주요 내용
- 기술거래용 가치평가
- 산업재산권 가치평가
- 벤처기업의 코스닥 등록용 평가
- 투자 및 융자용 참고용 평가
- 특허기술 평가
- INNO-BIZ 육성사업 지원대상자 선정평가
- 기술창업평가보증
- 벤처기업 확인평가
- 정책자금 및 금융기관자금 지원대상자 선정평가

③ 지원 내용

보증지원시 매출액 한도에 가산, 우수기술보유기업으로 선정 지원, 기술 매매 알선 추천 등이 포함된다.

※ 문의처 : 기술신용보증기금 ☎ 02-789-9200. www.kibo.co.kr

　기업들이 느끼는 체감경기를 보여주는 지수이다.

　기업실사지수는 기업에 대한 설문조사를 통해 현재 경기는 어떻게 느끼는지, 앞으로의 경기는 어떻게 예측하는지를 파악하여 간단한 수치로 보여주는 경기 예측방법이다. 조사대상 기업 가운데 이전보다 경기가 상승 또는 호전됐다고 응답한 기업수에서 경기가 하락 또는 악화됐다고 응답한 기업수를 빼고 여기에 100을 더하는 방식으로 계산한다.

　즉 100 x (긍정적 응답기업수 – 부정적 응답기업수) / 전체 응답기업수 + 100이 BSI가 된다. 기업실사지수는 0에서 200사이의 수치를 갖게 되며 동지수가 100 이상이면 경기는 확장국면을, 100 미만이면 수축국면을 나타내는 것으로 판단할 수 있다.

27 | 소기업, 소상공인 신용보증지원제도(서울지역)

서울특별시에 소재하는 소기업 및 소상공인들의 원활한 자금조달과 성장 발전을 돕고 지역의 경제를 활성화하기 위하여 서울특별시·정부·금융기관의 출연을 받아 특별법에 의해 설립된 공적 보증기관이다.

■ 대상기업

서울특별시에 소재하고 있는 개인 또는 법인사업자로서 사업성이 있고, 신용상태가 양호한 소기업 및 소상공인을 대상으로 한다.

■ 보증제한 기업

① 주점, 부동산업, 대형음식점, 기타 사치향락성 업종을 영위하는 기업
② 신용불량규제자(소유부동산 등에 압류, 경매, 가처분 사실을 포함)
③ 사용 중인 대출금이 연체 중이거나 반복적인 연체 사실 보유자

■ **신용보증절차**

보증상담 : 재단 · 소상공인지원센터

▼

신청서 접수 : 재단 · 소상공인지원센터

▼

현장실사 : 재단

▼

보증서 발급 : 재단

■ **보증의 종류**

① 대출보증 : 금융기관으로부터 운전자금이나 시설자금을 대출받고자 할 때 그에 따른 금전채무를 보증한다.
② 지급보증의 보증 : 금융기관이 중소기업의 채무를 지급보증하는 경우 그 보증채무로 인한 금전채무를 보증한다.
③ 시설대여보증, 이행보증, 납세보증, 어음보증

■ **보증의 운용**

① 보증금액
  · 운전자금은 연간 매출액을 기준으로 하여 벤처기업은 1/3 이내, 제조업 1/4 이내, 기타업종 1/6 이내로 한다.
  · 시설자금은 당해 시설 소요자금의 90% 이내로 한다.
  · 동일기업에 대한 보증한도는 운전자금 및 시설자금을 포함하여 4억원이다.

② 보증기간 및 보증료
  · 보증기간은 금융기관의 대출기간과 동일하다.
  · 보증료는 신용보증금액의 연 1%이다.
③ 소액보증
  · 3천만원 이하의 소액보증은 매출액에 관계없이 보증신청이
    가능하다.
  · 6종의 기본서류와 심사기준을 완화한 약식심사를 통하여 빠
    르고 간편하게 보증서를 발급한다.

■ 기타 보증운용

① 중복보증지양 : 신용(기술)보증기금의 보증을 받고 있는 기업에
   대한 중복보증은 제한한다. 단 서울형 산업 및 정책자금대출 등
   에 한해서는 1개 신용보증기관과의 중복보증은 가능하다.
② 부분보증 : 서울형 산업은 대출금액의 90%, 기타는 대출금액의
   80%~85%로 한다.

■ 보증신청시 구비서류

① 부동산등기부등본 또는 임차계약서
② 대표자 주민등록등본
③ 사업자등록증사본
④ 부가세과세표준신고서
⑤ 금융거래확인서
⑥ 신용보증신청서
   단 법인기업 및 보증신청금액에 따라 신용심사시 추가서류를
   징구할 수 있다.
※ 문의처 : 서울신용보증재단 ☎ 02-563-1400. www.seoulshinbo.co.kr

국내기업	R&D투자액/매출액	선진기업	R&D투자액/매출액
삼성전자	7.5	인텔	14.3
		노키아	9.6
		소니	5.7
삼성전기	3.8	지멘스	7.8
SK텔레콤	1.7	보다폰	0.5
SK(주)	0.5	엑손모빌	0.3
현대자동차	2.5	GM	3.5
LG화학	1.8	듀퐁	6.4
현대중공업	1.2	ABB	2.8
포스코	1.6	신일본제철	1.4
8개사 평균	2.6	10개사 평균	5.2

제4장

사업계획은 성공의 지침서

사업타당성 분석은 사업 실패로 인하여 발생할 손실을
예방하는 등 사업수행의 필수적인 판단요소이다.
사업계획서는 계획사업의 청사진이며 성공사업의 지침서이다.

28 | 사업 타당성 분석의 필요성

현재의 고수익이 장래의 경영안정을 약속하는 것이
아니다. 5년 후에 누가 우리 회사를 먹여 살려 줄
것인가? 그리고 그 대상자는 조준이 되어 있는가?

사업 타당성에 대한 분석은 첫째, 구상하는 사업의 형성 요소를 정확하게 파악하는 기회를 제공하고 둘째, 사업의 적정 규모와 어떤 영업형태가 좋은가를 알게 하여 창업 실패로 인한 손실과 시행착오를 예방하게 한다.

그리고 예비창업자의 사업에 대한 지식기반을 확고히 하여 사업경영에 큰 도움을 준다. 이와 같은 유용성 때문에 사업 타당성 분석은 반드시 정밀하게 실시하여야 하는 것이다.

다음의 표는 점포형 사업의 사업 타당성 분석, 평가항목을 설명한 것이다.

■ 사업타당성 분석, 평가항목

핵심요소	세부 평가 항목
창업자 사업수행 능력 및 적성분석	· 사업적성 및 자질 · 경험과 지식 · 사업수행 능력

시장성 분석	· 사업아이템의 국내외 동향, 잠재수요 · 업계현황 및 실적분석 · 시장규모 추정 및 특성분석 · 유통구조 및 특성분석 · 동업계 판매조직 및 판매전략 · 잠재고객의 특성분석
입지 분석	· 상권분석 · 점포 및 입지여건 · 판매전망
수익성 분석	· 투자비용 분석 · 자금조달능력 검토 · 수익전망 · 손익분기점 분석 · 장단기 채산성 분석
상품성 분석	· 취급 상품에 대한 소비자 기호 · 상품의 품질 · 상품가격의 적절성 · 상품의 조달 및 관리의 편리성 · 상품의 구성 및 구색
위험요소 분석	· 각종 계약관련 분쟁 가능성 · 종업원 갈등 및 문제발생 · 상품조달 위험성 · 고객감소 가능성 · 경쟁 점포와의 분쟁 가능성
영업 및 서비스 전략	· 영업조직 및 판매전략 · 고객유치 행사계획 및 지속성 · 서비스 제공전략, 판매 기획력 및 창의성

■ 사업타당성 분석과정

사업타당성 분석은 실패를 최소화함과 아울러 성공 확률을 높여 줄 수 있기 때문에 소규모 창업일지라도 반드시 거쳐야 할 필요가 있다. 사업타당성 분석의 필요성은 다음과 같다.

첫째, 창업자 자신의 주관적인 사업구상이 아닌 객관적이고 체계적인 사업타당성 분석은 계획사업 자체의 성공률을 높일 수 있다.

둘째, 창업자들이 사업타당성 검토를 통하여 구상하고 있는 기업의 제구성 요소를 정확하게 파악하여 창업기간을 단축할 수 있고 보완할 사항을 미리 확인하여 적절한 조치를 취할 수 있게 함으로써 효

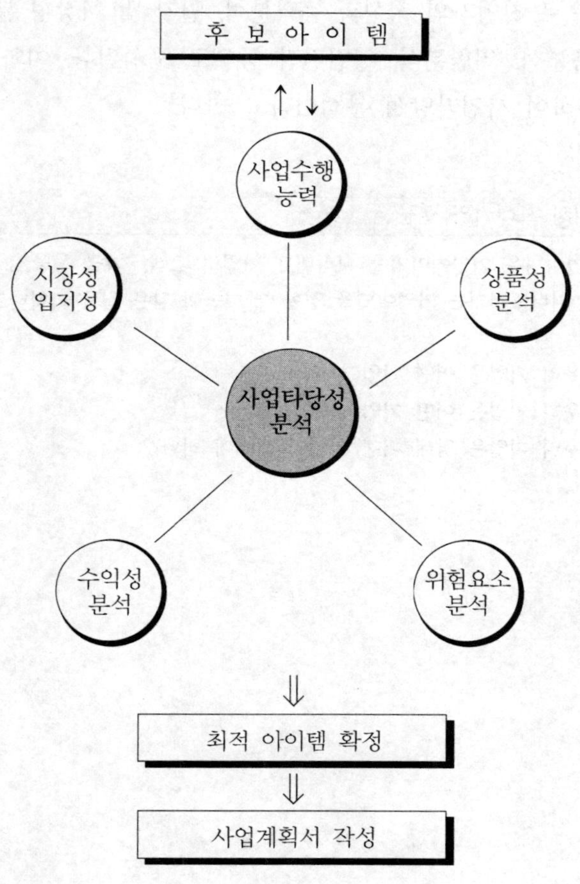

율적인 창업업무를 수행할 수 있다.

셋째, 창업자가 독자적으로 점검해 볼 수 없는 제품의 기술성, 시장성, 수익성, 자금수지 계획 등 세부항목을 분석해 줌으로써 해당 업종에 대하여 창업자가 미처 깨닫지 못한 부분을 찾아낼 수 있다. 사업타당성 분석의 내용은 창업하고자 하는 사업의 특성에 따라 다소 차이가 있을 수 있다.

일반적으로 창업자의 적성과 능력분석, 입지 및 시장성 분석, 재무분석, 상품분석, 위험분석, 영업전략 등으로 구성된다. 이와 같은 분석을 총칭하여 사업타당성 분석이라고 한다.

피터 드러커의 질문

기업이념은 기업이미지를 나타내고 기업의 고객, 기술 등을 표시하기도 한다. 피터드러커는 기업이념을 정할 때 다음과 같은 질문을 하라고 가르친다.

. 우리 기업은 어떤 기업인가?
. 우리 기업은 어떤 기업이 될 것인가?
. 우리 기업은 장래 어떤 기업이 되어야 하나?

29｜사업적성과 능력분석

사장의 사업능력 및 적합성 평가는 사장의 적성과 자질, 창업관련 분야에서의 경험과 지식 및 사업수행 능력 등의 평가요소에 따라 각 항목별로 가중치를 2~5만큼 부여하여 평가항목의 합계가 100점이 되도록 구성되어 있다.

사장 또는 제3자가 평가표상의 구간을 설정하고 10등분된 평가구간의 점수를 가중치와 곱한 후 10으로 나누어 각 항목별 평점을 계산한다.

예를 들면 경험 및 지식평가 요소 중 관련분야에서의 경험을 평가하는 경우 관련분야 근무경력이 8년이라면 8×5(가중치)÷10하여 평점은 4가 된다. 또한 학문과 지식평가 항목 중 사장의 학력이 대졸이라면 평점은 5점 만점(10×5÷10)을 받게 되는 것이다.

이렇게 하여 산출된 평점합계가 50점 이상이면 일단 사장으로서 기본적인 적성과 자질, 경험과 지식 및 사업수행 능력이 있다고 판단되어진다. 사업성공의 확률을 높이기 위해서는 이 평점을 높일 필요가 있으며 부족한 분야가 있으면 이를 보완하는 노력도 필수적이라 하겠다.

평가요소	평가항목	가중치 (A)	평가구간(B) 강(많음) ⟷ (무관심)	평점 (A)×(B)/10
적성 및 자질 (30)	① 모험심			
	• 새로운 것에 대한 호기심	2	(호기심이 강) ────── (무관심) 10 ── 5 ── 0	
	• 가능성에 대한 도전성	2	(도전성이 강) ────── (약하다) 10 ── 5 ── 0	
	② 가능성에 대한 집념			
	• 추진력과 정력	2	(강) ────── (약) 10 ── 5 ── 0	
	• 지구력과 끈기	2	(강) ────── (약) 10 ── 5 ── 0	
	③ 스케일			
	• 외향적 성격, 내성적 성격	2	(외향적) ────── (내향적) 10 ── 5 ── 0	
	• 사업가적 스타일, 샐러리맨 스타일	2	(가업가) ────── (샐러리맨) 10 ── 5 ── 0	
	④ 리더십			
	• 학창시절, 직장생활 중 리더로서의 경험	2	(유) ────── (무) 10 ── 5 ── 0	
	• 상·하 포용 능력	2	(강) ────── (약) 10 ── 5 ── 0	
	⑤ 의지력			
	• 실패에 대한 인내력	2	(유) ────── (무) 10 ── 5 ── 0	
	• 목표 달성의 결단력	2	(강) ────── (약) 10 ── 5 ── 0	
	⑥ 기타 기업가적 소질			
	• 금전선호 사상	2	(유) ────── (무) 10 ── 5 ── 0	
	• 기본 체력	2	(강) ────── (약) 10 ── 5 ── 0	

  소기업 사장의 73가지 성공학

평가요소	평가항목	가중치 (A)	평가구간(B) 강(많음) ←→ (무관심)	평점 (A)×(B)/10
	• 독립심	2	(강) ────────── (약) 10 5 0	
	• 기업가의 경제관	2	(합리적) ────────── (비합리적) 10 5 0	
	• 능동형, 수동형	2	(능동적) ────────── (수동적) 10 5 0	
소 계		30		( )
경험 및 지식 (30)	① 창업관련 분야에서의 경험	5	(10년) (5년) (없음) 10 5 0	
	② 학문과 지식			
	• 학력	5	(대졸이상) (고졸) (중졸이하) 10 5 0	
	• 업종에 대한 지식	5	(풍부) (보통) (부족) 10 5 0	
	③ 창업자의 능력			
	• 창업자가 가지고 있는 자격	3	(기사1급) (기사2급) (없음) 10 5 0	
	• 사회적 지위	3	(상) (중) (하) 10 5 0	
	• 전 직장에서의 신용	3	(양호) (보통) (불량) 10 5 0	
	④ 교제 인물의 폭과 깊이	3	(다양) (보통) (낮다) 10 5 0	
	⑤ 창업 환경을 둘러싸고 있는 인과관계	3	(강함) (보통) (낮음) 10 5 0	
소 계		30		( )

평가요소	평가항목	가중치 (A)	평가구간(B) 강(많음) ←→ (무관심)	평점 (A)×(B)/10
업무수행 능력 (경영능력) (40)	① 가정 유지 능력			
	• 전 가족의 전적인 동의	3	(동의) (반신반의) (불찬성) 10　5　0	
	• 가계비의 사업 의존성	2	(독립성) (50%의존) (의존성) 10　5　0	
	• 사업과 가사와의 조화	2	(조화확실) (보통) (부조화) 10　5　0	
	• 사업 실패시 가계의 타격 정도	3	(타격없음) (50%) (100%) 10　5　0	
	② 창업맴버의 구성 및 통제 능력			
	• 핵심 창업 맴버 확보 용이성	2	(용이) (보통) (곤란) 10　5　0	
	• 창업 맴버 구성 정도	2	(100%) (50%) (불가) 10　5　0	
	• 해당 업종에 필수자격 구비 정도	2	(100%) (50%) (불능) 10　5　0	
	• 생산직 근로자 통제능력(창업자의 기술수준)	2	(100%) (50%) (불능) 10　5　0	
	• 창업자의 관리 통제 능력	2	(100%) (50%) (불능) 10　5　0	
	• 창업자의 영업 통제 능력	2	(100%) (50%) (불능) 10　5　0	
	③ 서비스 및 기술혁신 능력			
	• 해당 업종의 서비스 향상 방향 확립	3	(완비) (불비) 10　5　0	
	• 경쟁사 대비 서비스 수준	3	(200%) (100%) (50%) 10　5　0	
	• 기술개발 시스템 및 인력 확보	3	(100%) (추진) (미확보) 10　5　0	

평가요소	평가항목	가중치 (A)	평가구간(B) 강(많음) ←→ (무관심)		평점 (A)×(B)/10
	④ 경영 및 환경 적응 능력				
	• 경영환경 적응 능력	3	(높음)　　(보통)　　(낮음) ├┼┼┼┼┼┼┼┼┤ 10　　　5　　　0		
	• 경영분석 능력	3	(양호)　　(보통)　　(부족) ├┼┼┼┼┼┼┼┼┤ 10　　　5　　　0		
	• 경영판단 능력	3	(양호)　　(보통)　　(부족) ├┼┼┼┼┼┼┼┼┤ 10　　　5　　　0		
소 계		40			(　)
합 계		100			

🗗 필립스의 약점

필립스는 전통적으로 마케팅에 약점을 보였다. 필립스는 지난 97년 미국에서 평면 TV 광고비로 자그만치 2억 5천만 달러를 쏟아부었다. 결과는 필립스의 참패였다. 그러나 필립스의 홍보 덕분에 평면 TV는 2000년부터 불이 붙었고, 그 열매를 따 먹은 것은 한국의 삼성전자와 LG전자였다. 타이밍을 제대로 맞추지 못한 것이다. 필립스의 마케팅 실패는 평면 TV가 처음은 아니었다. 필립스는 60년대 초 최초로 카세트 테이프를 개발하였고 80년대는 CD를 발명하였다. 그러나 큰 돈을 번 것은 소니를 비롯한 일본계 가전기업이었다. 특히 카세트 테이프는 특허등록도 하지 않은 채 기술을 풀어 '남 좋은 일'만 시켰다.

30│시장성 분석과 재무분석

■ 시장성 분석

사업의 성패는 상품의 판매에 있다.

아무리 우수한 신상품이라 하더라도 판매가 되지 않으면 결코 사업에서 성공할 수 없다. 우리 주위에서 좋은 상품을 만들고도 매출이 제대로 되지 않아 사업이 본 궤도에 오르지 못하고 실패하는 경우를 많이 보아왔다. 이렇듯 사업에 있어 시장성분석은 사업성패를 가름하는 중요한 근거가 되며 사업타당성 분석의 핵심요소이다. 시장성 분석이란 생산할 제품이 시장에서 언제, 어느 정도 팔릴 수 있는가를 분석하는 것을 말한다.

즉 여러 가지 상황변수를 가정하여 판매예측을 실시함으로써 계획사업의 성패를 예측하는 것이 시장성 분석의 주요내용이 된다. 판매예측은 먼저 계획아이템의 전체 시장규모를 추정하여 사업개시 후 점유할 수 있는 시장규모를 추정하는 것이 기본이다. 이러한 원칙 하에 전반적인 시장동향, 시장특성 및 구조, 판매조직, 원가구조 및 가격추세 등을 분석한다.

[시장분석의 요소내용]

구 분	분석 요소
전반적인 시장동향 분석	시장규모 분석, 시장의 구조 및 특성, 소비자 분석
상품성 분석	상품의 강·약점, 상품의 라이프싸이클, 보급률 분석
경쟁적 지위 분석	재무상태, 생산능력. 실적 비교, 경쟁요소 비교
상품의 수익성 분석	상품원가, 마케팅 비용, 마진율, 상품가격 분석
수요예측	시장점유율, 판매량 증감요인, 판매전망, 불황적응도
시장 및 상품환경 분석	자원환경 요인, 기술적 환경요인, 마케팅 환경요인
판매전략	판촉및 광고전략, 영업전략

■ 재무분석

재무적 타당성은 계획사업에 필요한 주요자본의 추정과 수익성 추정, 그리고 이를 기초로 한 경제성 평가가 중심이 된다. 재무적 타당성 분석은 먼저 판매계획과 상품 조달계획을 수립하며, 이익 관리계획에서 나타난 총 소요자금을 추정하고, 그 자금 조달계획을 결정한후에 추정대차대조표와 추정손익계산서를 작성하고, 현금흐름 분석과 계획사업의 경제성 평가를 실시한다.

① 소요자금의 추정과 자금 조달계획

계획사업의 소요자금 추정은 사업성 분석의 중요한 요소 중의 하나로서 대부분 사업 실패의 원인은 자금부족으로 귀결된다는 사실을 감안할 때 소요자금의 추정과 조달계획은 대단히 중요한 의미를 갖는다. 자금은 용도에 따라 운전자금과 시설자금, 사업 초기 소요자금

과 정상운영시의 소요자금 등이 있으며 특히, 사업 초기에는 충분한
자금이 확보될 수 있도록 적절한 자금 조달계획을 수립하여야 한다.

② 추정재무제표의 작성

추정대차대조표, 추정손익계산서(3년~5년)를 작성하여 본다.

③ 현금흐름의 추정

전항의 추정대차대조표와 추정손익계산서를 근거로 3년~5개년
추정 현금흐름표를 작성하여 현금흐름의 충분성·안정성을 검토한
다.

④ 사업의 경제성 평가

계획사업의 경제성, 즉 자본조달 비용보다 투자수익율이 더 클 것
인가의 여부와 투자 후 몇 년 이내에 투자원금을 회수할 수 있는가를
검토한다.

⑤ 미래 경영상태 분석

전항에서 추정된 재무제표를 기초로 하여 안정성·수익성·활동
성·성장성 등의 재무비율을 계산하여 미래의 경영 및 영업상태를
추정한다.

⑥ 감도분석(Sensitvity analysis)

이제까지 분석·검토한 것은 어떤 주어진 가정 하에서 이루어진
것으로 미래 상황은 언제든지 변할 수 있으므로 계획의 전제가 된 가
정치를 변경하여 추정과 검토를 반복하여야 한다.

■ 위험요소 분석

일반적으로 추정할 수 있는 소기업 경영의 위험요소는 각종 계약
관련 분쟁의 가능성, 종업원과의 갈등 및 문제 요인 발생가능성, 상
품조달과 보관 등에 있어 문제 발생의 가능성, 고객감소 위험의 가능

성, 경쟁 점포와의 분쟁 가능성, 관변 기관과의 문제 발생 가능성 등
이 있을 수 있다.

　　로만손(Romanson)은 Romanson이라는 스위스 정밀공업단지 이름
에서 착안하여 개발한 브랜드로 시계의 중심 국가인 스위스를 연상시킨다.
그리고 손목시계의 생명인 디자인 개발에 스위스 디자이너를 활용함으로써
손목시계의 고급화를 시도하였다. 또한 기업 이름도 (주)로만손, 브랜드 네
임도 로만손으로 통일하는 단일화 전략을 채택함으로써 세계시장에서 친숙
하게 받아들여지고 있다. 이러한 전략으로 로만손은 세계시장에서 중소기업
이 자기 브랜드 아이덴티티 요소에서 성공한 브랜드의 대표적인 사례로 꼽히
고 있다.

31 | 이익관리와 손익분기점의 이해

■ 이익관리의 3요소

경영의 이익관리 기본요소는 매출액·이익·판매경비의 3변수를 생각할 수 있다. 이들 3요소는 상호 긴밀한 연관성과 상호관계를 가지고 있다.

매출이 늘면 이익이 늘지만 매출을 늘리려면 판매비용을 더 투자하여야 한다. 따라서 이익 극대화를 위해서는 이 3가지 요소를 얼마나 효율적으로 관리하느냐가 매우 중요하다.

매출액은 판매량과 가격에 의해 결정된다. 단기적으로는 매출을 늘리기 위해서 판매비용을 투자해야 하므로 고정비 부담이 늘어날 수 있지만 매출액이 증가할수록 고정비 부담비율이 오히려 줄어들어 이익이 증대되는 것이다.

판매비용은 고정비와 변동비로 구분되는데 판매량을 늘릴 경우 변동비는 비례적으로 증가하게 되므로 이익 극대화를 위해서는 판매단위 당 변동비를 최대한 절감하는 노력이 필요하다. 판매비용을 절감하기 위해서는 판매량에 알맞은 수준의 고정비 투자가 중요하다. 단위 당 고정비는 판매량의 증대와 비례해서 줄어들기 때문이다.

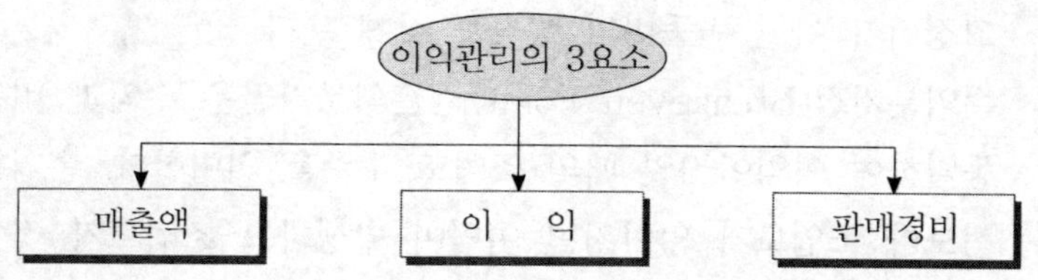

■ CVP(Cost-volume-Profit-Analysis) 분석과 의사결정

현재의 제품 단위 당 마진이 매출이 증가하거나 감소함에 따라 변함이 없이 유지될 것인가? 또 현제품의 손익분기점 매출량은 얼마나 되는가? 특정 수량의 제품을 판매하였을 때 이익은 얼마이고 그러한 추세는 계속 가능한가?

어느 제품에 대해 마케팅 능력을 집중해야 하는가? 새로운 사업을 위한 투자가 과연 수익성이 있는 것인가? 등에 대한 해답은 기존의 원가계산 패러다임으로는 불가능하다. CVP 분석과 관련성 분석을 통해 원가계산과 의사결정을 위한 도구로 활용할 수 있다.

① 원가행태(Cost Behavior) : 원가행태는 원가에 영향을 미치는 변수의 변화에 따라 원가항목이 보여주는 양태를 말하며 이는 변동비와 고정비로 분류된다.

② 조업도(Valume) : 생산량이나 판매량 등 원가에 영향을 미치는 변수량을 의미한다.

③ 관련범위(Releavant Range) : 고정원가가 변화하지 않은 조업도의 일정 범위를 말한다. 대표적인 고정비인 감가상각비를 살펴보면 기존 생산설비로 생산 가능한 생산량의 범위까지는 생산량이 증가해도 감가상각비는 변함이 없다. 그러나 현재 설비의 생산능력을 초과하는 생산량을 추구한다면 새로운 설비 투자가 필요하게 된다. 그럴 경우 감가상각비는 증가하게 되어

고정비가 아닌 변동비의 성격을 갖게 된다.

④ 손익분기점(Breakeven Point) : 손익분기점은 수익과 비용이 동일하여 이익이 0일 때의 조업도 수준을 의미한다. 손익분기점보다 조업도가 많아지면 이익이 발생하고 조업도가 적어지면 손실이 발생한다.

⑤ 공헌이익(Contribution Margin) : 공헌이익은 총수익에서 총변동비를 차감한 값을 의미한다. 단위 당 공헌이익은 단위 당 수익에서 단위 당 변동비를 차감한 단위 당 값을 말한다. 공헌이익으로 고정비를 충당하고도 여분이 있어야 이익이 실현된다. 공헌이익과 유사한 개념인 공헌이익률은 공헌이익을 매출금액으로 나눈 값으로(1-변동비율)과 동일한 값을 갖는다.

- 공헌이익=총수익-총변동비
- 단위 당 공헌이익=(총수익-총변동비)/조업도

  =총수익/조업도-총변동비/조업도

  =단위 당 판매가격-단위 당 변동비
- 공헌이익률　　　　=공헌이익/매출금액

  =(총수익-총변동비)/매출금액

  =총수익/매출금액-총변동비/매출금액

  =1-변동비율

■ 손익분기점 분석

① 어떤 조업도를 달성해야만 최소한 손실을 회피할 수 있는가가 손익분기점 분석의 초점이다. (매출액-변동비-고정비=0)의 기본산식이 손익분기점 분석의 출발점이다.

- 매출액-변동비-고정비=0

- 매출액 − 변동비 = 고정비
- 판매단가 × 손익분기점 판매량(조업량) − 단위당 변동비
  × 조업도 = 고정비
- (판매단가 − 단위 당 변동비) × 조업도 = 고정비
- 손익분기점 조업도 = 고정비 / (판매단가 − 단위 당 변동비)
- 손익분기점 조업도 = 고정비 / 단위 당 공헌이익

② 이때 손익분기점을 금액으로 표시하면 다음과 같다.
- 손익분기점 조업도 = 고정비 / (판매단가 − 단위 당 변동비)
- 손익분기점 조업도 × 판매단가
  = 고정비 × 판매단가 / (판매단가 − 단위 당 변동비)
  = 고정비 × 1/(판매단가 − 단위 당 변동비) / 판매단가
  = 고정비 × 1/ {1 − (단위 당 변동비 / 판매단가)}
  = 고정비 × 1/(1 − 변동비율)
  = 고정비 / (1 − 변동비율)
  = 고정비 / 공헌이익률

③ 여기에 손익분기 즉 이익이 0이 아닌 목표이익값을 대입하면
해당 이익을 달성하기 위한 판매량(조업도)이 산출된다.
- 매출액 − 변동비 − 고정비 = 목표이익
- 매출액 − 변동비 = 고정비 + 목표이익
- 판매단가 × 달성판매량(조업도) − 단위당 변동비 × 조업도
  = 고정비 + 목표이익
- (판매단가 − 단위 당 변동비) × 조업도 = 고정비 + 목표이익
- 달성조업도 = (고정비 + 목표이익)/(판매단가 − 단위 당 변동비)
- 달성조업도 = (고정비 + 목표이익)/단위 당 공헌이익

④ 목표이익값을 실현할 수 있는 매출액을 구하자면 다음과 같다.
- 달성조업도 = (고정비 + 목표이익) / (판매단가 − 단위 당 변동비)

- 달성조업도×판매단가
  = (고정비+목표이익)×판매단가/(판매단가-단위 당 변동비)
  = (고정비+목표이익)×1/(판매단가-단위 당 변동비)/
    판매단가
  = (고정비+목표이익)×1/1-(단위당 변동비/판매단가)
  = (고정비+목표이익)×1/(1-변동비율)
  = (고정비+목표이익)/(1-변동비율)
  = (고정비+목표이익)/공헌이익률
- 달성매출액=(고정비+목표이익)/공헌이익률

[변동비와 고정비의 구분]

구 분		변 동 비	고 정 비
제조업	제조원가	재료비, 외주가공비, 연료비, 소모품비, 수선비, 운임, 기타	임대료, 화재보험료, 감가상각비, 조세공과금, 잡비, 기타
	일반노무비	시간외 수당 등 일부	그 밖의 급여, 복리후생비 등 금액
	일반관리비 판매비	포장. 운임비, 판매수수료 등 일부	그 밖의 금액
	영업외 비용		전액
도소매업	매출원가	금액(구입비 포함)	
	판매원급여	기준 외 임금, 판매원능력제급 장려금 등 일부	그 밖의 금액
	일반관리비 판매비	포장. 하역비, 운임, 판매수수료, 판매원 여비 등 일부	그 밖의 금액
	영업외 비용		전액

■ 민감도 분석

　CVP 분석에서 가정하는 여러 변수들, 판매수량, 판매단가, 변동비율, 고정비 등은 일종의 계획값이다. 그러나 실제로 그러한 계획값이 그대로 유지되지는 않는다. 기대하지 않던 제품의 판매가 증가하고 심지어 품귀현상까지 빚어 판매가격이 상승할 수도 있으며 경기의 변화에 따라 변동비나 고정비도 변화된다. 전력비가 인상되어 변동비나 고정비에 영향을 줄 수도 있고 계획된 임금인상이 실현되지 않아 비용이 감소될 수도 있다. 이러한 계획수치가 변할 때 기업의 공헌이익이나 순이익에 어떠한 줄 것인가는 사전에 예측되어야 할 사항이다. 계획치가 변경될 때 기업이 감당하지 못할 부담이 생길 수도 있고 수정계획을 작성하여 기업환경에 즉시 대응할 필요도 있기 때문이다. 이러한 의미에서 어느 독립적 변수가 얼마만큼 변화할 때 기업의 순이익 등 종족변수 값이 어느 정도의 변화폭을 보이는가를 민감도 분석에 의하여 사전에 파악할 수가 있다.

🗗 원가절감 전략

　원가절감 전략은 이른바 '분모경영'이다. 분자를 그대로 둔 채 분모만 줄여 숫자를 크게 하는 방법이다. 인원수와 재고를 줄이고　지출을 삭감하면 이익은 늘어나는 셈이다. 그러나 원가절감은 기업의 원가구조를 근본적으로 변화시키지 못한다. 단지 새롭고 더 낮은 단계의 수익과 지출의 균형만을 맞추어 줄 뿐이다.

32|투자안의 경제성 분석

자본예산의 기본이 되는 현금흐름을 측정한 다음에는 자본예산에
서 가장 중요한 단계인 투자안에 대한 경제성분석을 하게 된다. 투자
안의 경제성 분석기법에는 전통적인 방법인 회수 기간법, 회계적 이
익률법, 현금흐름 할인방법인 내부수익률법과 순현가법이 있다.

투자안의 특성에 따라 어느 기법을 사용할 것인가를 검토하여 적
절한 기법을 사용하는 것이 중요하며 각각의 기법이 갖고 있는 장점
을 이용하고 단점을 보완하기 위해서 두 가지 이상의 기법을 병행하
는 것도 바람직한 방법이다.

1) 회수 기간법(Payback Period Method)

회수기간이란 투자에 의한 현금유입액으로 투자자금을 회수하는
데 소요되는 기간을 의미한다. 이와 같이 투자자본의 회수기간을 의
사결정 기준으로 하여 투자안을 분석하고 평가하는 기법을 회수기
간법이라고 한다. 의사결정 기준이 되는 회수기간은 다음과 같이 산
출한다. 다만 연간 현금유입액이 일정하지 않을 때에는 순투자액에
서 차례로 현금유입액을 공제하여 순투자액이 전액 회수되는 시점

을 계산해야 한다.

$$\text{회수기간} = \frac{\text{순투자액}}{\text{연간현금 유입액}}$$

의사결정 방법은 투자안의 자본회수기간이 기업에서 설정한 회수기간보다 짧을 때 투자안을 채택한다. 회수기간법은 이해하기 쉽고 계산이 간단하다는 장점이 있는 반면, 화폐의 시간적 가치와 자본회수기간 이후의 현금흐름을 고려하지 않는다는 단점이 있다. 이러한 장단점을 충분히 고려하여 사용해야하며 일반적으로 투자위험도가 높거나 진부한 과정이 빠른 투자안을 평가할 때 유용한 기법이라고 할 수 있다.

회수기간법에 의한 분석 | H공업의 자동화 시설투자에 의한 현금흐름을 중심으로 투자안의 경제성을 분석하고 의사결정을 내려본다. 투자안을 채택하기 위한 자본회수 기간은 5년이며, 자본회수 기간의 순현금흐름은 아래와 같다. 연도별 순현금흐름이 일정하지 않으므로 현금유출액에서 연도별 현금유입액을 차례로 공제하여 투자자본이 완전히 회수되는 시점을 찾아야 한다.

[자본회수 대상기간의 현금흐름표]

연도별	1	2	3	4	5
순현금흐름	67,680천원	70,448천원	73,354천원	76,406천원	79,610천원

① 회수기간 산출

투자자본 2억원이 회수되는 시기는 3년차임을 알 수 있다. 따라서 2년 후 미회수 잔액을 산출하고 이를 3년차 현금유입액으로 나누면 잔여회수기간을 계산할 수 있다.

· 2년 후 미회수 잔액

200,000,000원－67,680,000－70,448,000＝61,872,000원

· 3년차 잔액회수 소요기간

$$\frac{\text{2년 후 미회수 잔액}}{\text{3년차 현금유입액}}=\frac{61,872,000}{73,354,000}=0.84년$$

② 의사결정

위와 같이 회수기간을 산출한 결과 투자자본을 회수하는데 소요되는 기간은 2.84년이다. 따라서 투자의사 결정의 기준인 5년보다 짧으므로 이 투자안은 채택한다.

2) 회계적 이익률법(Accounting Rate Return Method : ARR)

회계적이익률법은 투자로부터 기대되는 연평균 순이익을 투자액으로 나누어 구한 연평균 이익률을 산출하여 투자안의 경제성을 평가하고 이를 의사결정 기준으로 하는 방법이다. 회계적 이익률의 산출방법은 다음과 같다.

$$\cdot\ \text{회계적 이익률법}=\frac{\text{연평균 순이익}}{\text{투자액}}\times100$$

회계적 이익률법은 계산이 쉽고 투자수익성을 간단히 파악할 수 있다는 장점을 가지고 있다. 반면에 경제성 평가에서 중요하게 여기는 화폐의 시간적 가치를 고려하지 않는다는 단점이 있다. 또한 감가상각방법에 따라 순이익이 달라지기 때문에 객관적인 평가기준으로 사용하는데 어려운 점이 있다.

3) 내부수익률법(Internal Rate of Return : IRR)

내부수익률이란 투자로부터 기대되는 현금유출액의 현가와 현금유입액의 현가가 일치되는 할인율을 의미한다. 이때 현가계산에 사용되

는 할인율을 자본비용이라고 한다. 내부수익률법은 투자안의 채택여부를 결정하는 의사결정기준으로 내부수익률을 산출하여 사용하는 기법이다. 투자안의 수익률이 자본비용보다 높으면 투자안을 채택하게 된다. 내부수익률은 다음과 같은 공식에 따라 계산한다.

$$\sum_{t=0}^{n} \frac{Ot}{(1+r)t} = \sum_{t=0}^{n} \frac{It}{(1+r)^{t}}$$

Ot : t기의 현금유출액   It : t기의 현금유입액
t : 기간   r : 내부수익률

내부수익률법에 의한 분석 | 내부수익률의 계산은 절차가 다소 복잡하다. 현금유입액이 일정할 때에는 연금현재가치계수표를 이용하여 시행착오방법(trial and error method)으로 구해야 하며 현금유입액이 일정하지 않을 때에는 현재가치계수표를 사용하여 시행착오방법에 따라 계산하여야 한다.

- 현재가치계수표에서 근사치 할인율의 현가계수를 찾는다.
- 현가계수로 현금유입액과 현금유출액의 현가를 구한다.
- 현금유입액의 현가가 현금유출액의 현가보다 크면 더 높은 할인율, 작으면 더 낮은 할인율에 해당하는 현가계수를 구한다.
- 다시 구한 현가계수로 현금유출액의 현가와 현금유입액의 현가를 구하여 차이를 확인한다.
- 현금유입액의 현가가 현금유출액의 현가와 근사치에 이를 때까지 위의 순서를 반복한다.
- 현금유출액 현가를 포함하고 있는 현금유입액 현가의 범위에서 상하의 할인율을 찾는다.
- 상하의 할인율을 이용하여 보간법으로 내부수익률을 추정한다.

① 내부수익률 산출

현금흐름표는 전항의 표와 같고 회사의 자본비용은 10%이다.

[내부수익률 자료]

연도별	현금유입액	23%		24%	
		현가계수	현 가	현가계수	현 가
1	67,680,000	0.8130	55,023,840	0.8065	54,583,920
2	70,448,000	0.6610	46,566,128	0.6504	45,819,379
3	73,354,000	0.5374	38,980,316	0.5245	38,474,173
4	76,406,000	0.4369	33,381,781	0.4230	32,319,738
5	79,610,000	0.3552	28,277,472	0.3411	27,154,971
6	367,498,000		202,229,537		198,352,181

간편하게 현재가치 계수표를 이용하여 내부수익률을 검토하면 위 표에서 보는 바와 같이 현금유입액 현가와 현금유출액 현가를 일치시키는 수익률(r)은 23%와 24% 사이에 존재함을 알 수 있다. 따라서 최종적으로 보간법을 이용하여 내부수익률을 구한다.

$$r = \frac{202,229,537 - 200,000,000}{202,229,537 - 198,352,181} = 23 + 0.575 = 23.575\%$$

② 의사결정

투자안의 내부수익률은 약 23.6%로 추정되며 이는 사례기업의 자본비용 10%를 상회하므로 이 투자안은 채택한다.

4) **순현가법**(Net Present Value Method : NPV)

순현가란 투자로부터 발생되는 미래의 현금유입액을 자본비용(k)으로 할인한 현금유입액의 현가에서 투자로 인한 현금유출액을 같은 자본비용으로 할인한 현금유출액의 현가를 차감한 금액을 말한다. 이와 같이 순현가를 산출하여 투자의사 결정기준으로 사용하고 있는 자본예산기법을 순현가법이라고 한다. 순현가는 다음의 공식에 따라 계산한다.

$$NPV = \sum_{t=0}^{n} \frac{It}{(1+k)^t} = \sum_{t=0}^{n} \frac{Ot}{(1+k)^t}$$

It : t기의 현금유입액   t : 기간

Ot : t기의 현금유출액   k : 자본비용(기대수익률)

순현가법은 순현가가 0보다 크거나 같을 때 투자안을 채택하게 되고 순현가가 0보다 작을 때 기각하게 된다. 투자금액이 동일한 복수의 투자안이 있을 경우에는 순현가가 큰 순서대로 선택한다. 그러나 투자규모가 다른 복수의 투자안의 경우에는 단순히 순현가만 비교해서는 안 된다. 순현가는 절대치로 표시되기 때문에 투자금액에 따른 수익률을 알 수 없기 때문이다. 따라서 투자규모가 다른 복수의 투자안을 평가하고자 할 경우에는 다음과 같이 수익성지수를 산출하여 우선순위를 결정해야 한다.

$$\cdot\ \text{수익성 지수} = \frac{\text{현금유입액의 현가}}{\text{총투자금액의 현가}}$$

순현가법에 의한 분석

① 순현가산출

$$NPV = \left\{ \frac{67,680,000}{(1+0.10)} + \frac{70,448,000}{(1+0.10)^2} + \frac{73,354,000}{(1+0.10)^3} + \frac{76,406,000}{(1+0.10)^4} + \frac{79,610,000}{(1+0.10)^5} \right\} - 200,000,000 = 76,478,578$$

② 의사결정

투자안의 순현가는 76,478,578원으로 투자가치가 매우 높은 것으로 나타났다. 따라서 이 투자안을 채택하기로 한다.

1990년 미국의 Jhon Moody에 의하여 설립된 투자자문회사로 투자가 들에게 투자에 관한 정보나 조언을 제공하는 국제적인 신용평가기관이다. 이 회사는 채권 등의 등급사정을 하고 있는데 상업어음의 경우에는 Prime-1, Prime-2, Prime-3, no rated로 구분하고 사채와 지방채는 Aaa, Aa, A, Baa, Ba, B, Caa, Ca, C로 구분하고 우선주의 경우에는 aaa, aa, a, baa, ba, b, caa로 구분하고 단기지방채의 경우에는 MIG1, MIG2, MIG3, MIG4로 구분한다.

33 | 사업계획서 작성방법

사업계획은 고려하고 있는 사업을 하기 위해 앞으로 실행할 일련의 활동에 대한 계획이다. 사업계획을 기록해 놓은 서류를 사업계획서라고 하며 사업계획과 사업계획서는 같은 의미로 사용되기도 한다. 사업계획과 사업성 분석의 연관성은 사업의 성공 가능성을 조사하는 일이며, 사업계획은 실행 계획이다.

그러므로 먼저 사업성 분석을 실시하여 그 결과가 긍정적이면 실행계획 즉, 사업계획을 수립하는 것이 순서이다. 사업계획을 수립하자면 사업성 분석에서 수집했던 자료와 획득했던 정보를 많이 사용하게 된다. 따라서 사업성 분석과 사업계획은 서로 다른 것이기는 하지만 실제에 있어서는 대단히 밀접한 관계를 가지고 있다.

사업계획서는 사업의 실현을 위한 행동계획서이다. 그러므로 사업계획서는 조리있게 준비되어야 한다. 아무리 좋은 사업이라 하더라도 그 실행 계획이 잘 짜여지지 못하면 성공하기 어렵다. 또 아무리 짜임새 있는 계획을 구상하였다 하더라도 그것이 사업계획서에 잘 표현되지 못하면 관계자로부터 그 사업의 우월성을 인정받지 못하게 될 것이다.

사업계획서는 사장 자신을 위한 것이다. 사업계획을 타인에게 보이기 위한 것, 실제 내용보다는 형식을 위한 것으로 생각하는 소극적인 태도는 버려야 한다.

사업계획은 자금동원이나 동업자를 구할 목적으로 작성하여 관계기관에 제출하거나 관계자에게 보이는 경우도 많은데, 그런 경우에도 그것은 남을 위한 것이 아니고 자신을 위한 행위라는 점을 인식해야 한다. 아무리 간단해 보이는 사업이라 하더라도 계획을 세우지 아니하고 즉흥적으로 행동하면 성공하기는 어렵다. 그러므로 사장 단독으로 사업을 추진하는 경우라 하더라도 사업계획은 작성하여야 하며, 사업계획은 문서화하는 것이 좋다.

■ 사업계획의 수립

항　목	구　분
계획의 목적	· 무엇이 문제인가? · 성취하려는 최종목적이 무엇인가? · 기회이익과 기회손실은 고려하였는가?
현황의 파악	· 목적 달성에 영향을 미치는 요인은 무엇인가? 　(사람, 물품, 시간, 장소, 경비 방법 등) · 요인의 중요도를 정하고 5W 1H를 활용하여 사실을 수집한다
사실의 분석	· 사실을 구분 정리하고 평가한다 · 사실을 추정하여 보이지 않는 사실을 예측한다 · 정보입수의 비용과 타이밍을 고려한다
대안탐색과 계획 작성	· 몇 가지 안을 세워서 그 중에서 선택한다 · 유연성과 창조력을 작용한다 · 조직화된 계획이 되도록 실행 스케줄을 작성한다

계획 결정	· 회사의 목적, 방침과 최종적으로 합치되는가? · 정확성, 경제성, 신속성, 용이성에 문제는 없는가? · 지나치게 강압적이거나 소극적이 아닌가? · 결단의 시기는 적절한가? · 실행의 시기는 적절한가?

■ 사업계획서의 작성

1) 사업계획서 작성기준

① 결론에 대한 자신감 및 명료성 : 사업계획의 종합 결론으로서 설득력 있는 내용으로 간단·명료하게 작성한다.

② 주요 내용의 강조 및 핵심성 : 주된 생산제품만 기술하며 부수적이고도 다양한 생산제품에 대한 기술은 가급적 피한다.

③ 장래성 : 향후 기술개발 가능성과 사업의 발전 및 잠재력을 강조한다.

④ 사업주체의 경영능력 강조 : 인력 및 경영진의 이력을 기술한다.

⑤ 제품 및 기술의 이해 가능성 : 전문적인 용어의 사용은 피하며 단순하고도 보편적인 설명으로 이해시킬 수 있도록 한다.

⑥ 객관성 기준 : 근거가 불충분한 자료 혹은 비논리적인 추정은 피한다.

⑦ 위험 대처 능력 및 탄력성 : 계획사업의 잠재된 문제점과 향후 발생 가능한 위험요소를 기술하고 그에 대한 대안을 제시한다.

⑧ 정확성과 조달 가능성 : 자체조달 가능 자금의 내역과 규모를 정확히 표현한다.

2) 사업계획서 작성순서

① 작성 목적에 따른 기본 방향 설정

② 소정양식 유무 검토

③ 계획의 체계 및 목차 설정

④ 필요정보 및 자료 수집

⑤ 계획서 서식구상 및 확정

⑥ 사업계획서 작성실무

⑦ 편집, 인쇄 및 완료 제출

3) 사업계획서 검토항목

① 수치의 정확성과 타당성

② 높은 기대수익률

③ 경영능력의 고양(정직과 성실·경험·성취도·정열·사업동기)

④ 차별화된 특수성

⑤ 시장 지향적 이미지

⑥ 자금회수 방법의 명기

🗗 사업계획 정보원(情報源)의 종류

구 분	정 보 원
일반공개 자료	일반지, 경영경제지, 전문기술지, 일반신문, 업계신문, 정부간행물, 백서, 통계자료, 조사보고서, 단행본, 편람, 디렉토리, 인명록, 연감, 사보
한정공개 자료	학회협회지, 기관지(은행, 증권 등), 민간연구기관 조사보고서, 정부간행물, 제품 카탈로그, 뉴스레터, 특허공보, 논문집, 회의록, 사양서, 도면, 영업보고서, 테크니칼브리틴, 기업홍보지, 지역신문, 지역간행물

기업내부 자료	연구보고서, 조사보고서, 영업보고서, 시장조사보고서, 해외출장보고서, 제품보고서, 품질관리보고서, 각종계획서, 클레임처리보고서, 사보
외부인사	정부 각부처, 위원회, 시험연구기관, 지방자치단체, 공공기관, 자재납품업자, 유통업자, 관련기업, 교수, 컨설턴트, 업계타사
기타자료	견본시, 전시회, 기업견학, 강연회, 비디오, 카세트

34 | 소점포 사업계획서 작성

1. 업체개요
2. 조직 및 인력 현황
   (1) 대표자 인적 사항
   (2) 종업원 현황 및 고용계획
3. 상품 및 서비스 구매계획
4. 시설 및 개업 절차계획
5. 점포 입지계획
6. 재무 및 수익계획
   (1) 추정소요자금계산서
   (2) 추정손익계산서

1. 업체개요

업 체 명(예정)			대 표 자	
사 업 장(예정)			전 화	
개 업 일(예정)			업 종	
사업자등록번호			법인등록번호	
프 랜 차 이 즈	브랜드명		가 맹 비	
			보 증 금	
사 업 장 현 황	소유형태	자가 . 임차(월세 : , 전세 :)		
	평 수			
	용도지역			
연 혁	· · · · ·			

【작성방법】

① 업체명 : 개인사업자는 상호를 기입하고 한자를 병기하며, 법인사업자는 법인등기부 상의 상호를 기입하고 한자를 병기한다.

② 대표자 : 개인기업의 경우는 대표, 주식회사의 경우는 대표이사 성명을 기입한다.

③ 개업일 : 개인기업은 실제개업일이나 사업자등록증상의 개업일을 기입하고 법인기업은 등기부상의 설립등기일을 기입한다.

④ 업종 : 업종은 업태, 종목을 말하는데 업태는 도매, 소매, 서비스, 음식숙박, 제조업 등의 사업내용을 말하며 종목은 컴퓨터기기, 제과점, PC방, 안경점, 산후조리원 등 구체적인 사업내용을 뜻한다.

⑤ 사업자등록번호 : 사업개시일로부터 20일 이내에 사업자등록증을 신청하게 되면 부여되는 번호이다.

⑥ 프랜차이즈 : 프랜차이즈에 가맹한 경우 본사 브랜드 명, 가맹비, 보증금을 기입한다.

⑦ 사업장 현황 : 사업장 보유형태가 임대인 경우는 월세, 전세금을 기입하고 자기 소유인 경우는 자가로 표시하며 용도지역은 점포 등 사업장이 위치한 지역의 용도로서 상업지역, 주거지역, 공업지역 등을 기입한다.

⑧ 연혁 : 업체의 개업일, 본사 소재지, 프랜차이즈 가입, 상호변경, 특허출원, 자본증자 등 경영. 기술상의 중요사항을 기재한다.

2. 조직 및 인력사항

(1) 대표자 인적사항

성 명			주민등록번호	
주 소				
연 락 처	☎		휴 대 폰	
최 종 학 력	기 간 ~		학 교 명	전 공
특 기 사 항 (자격증)				
경 력	기 간	근 무 처	근무처업종	담당업무및직위

【작성방법】
① 학력은 최종학력을 졸업. 수료로 구분하고 관련 전공학과를 기입한다.
② 경력은 근무기간, 근무처, 근무처 업종, 담당업무, 최종직위 등을 기입하는데 근무처 업종은 근무회사의 주생산품 또는 주요 아이템을, 그리고 퇴사시 최종 직위 및 근무시 담당한 업무를 기입한다.

(2) 종업원 현황 및 고용계획

구 분	종업원 현황 및 충원 계획		
	창업년도	1차년도	2차년도
생 산 직			
영 업 직			
사 무 직			
기 타			
일용근로자			
종업원합계			

【작성방법】
① 종업원 보유계획을 장단기 3개년 정도 추정하여 기입한다.
② 정규직원을 업무성격에 따라 생산직(제조업의 경우), 영업직, 사무직, 기타 기능직(서비스 관련 전문직), 보조업무 등으로 구분하여 기록하고 일용직 근로자를 고용시 별도기입한다.

3. 상품 및 서비스 구매계획

주상품 및 서비스명	
구　　매　　처	
대 금 결 제 방 법	
주　고　객　층	
아 이 템 선 정 과 정	
사　업　전　망	

【작성방법】

① 주 상품 및 서비스명, 구매처 : 취급 아이템의 주 종목을 기입하고 구입처를 기입한다.

② 대금결제방법 : 대금결제 조건인 현금, 외상비율을 명시하고, 외상의 경우 결제기간을 기입한다.

③ 주 고객층 : 취급 아이템의 주 판매처나 소비층을 기입한다.

④ 아이템 선정과정 : 창업자의 과거 경력과 창업 아이템과의 관계, 아이템 선정동기, 거래처와의 관계 등을 중심으로 기입한다.

⑤ 사업전망 : 향후 시장 동향 및 고객 수요량 예측, 아이템의 사업성 등을 분석하여 향후 전망을 기입한다.

4. 시설 및 개업절차 계획

항 목	세부내용	금 액
시설 및 장치비		
집기비품 구입비		
인테리어 공사비		
간판설치비		
광고비(판촉물 등)		
임차보증금		
점포권리금		
계		

【작성방법】
① 시설 및 장치비 : 제과점을 창업할 경우 즉석 빵을 굽기 위해서는 빵 굽는 기계 일체를
구입해야 하는데, 이는 시설 및 장치비 항목이다.
② 집기 비품비 : 집기 비품비는 냉장고, 의자, 탁자, 정수기, 가스렌지, 싱크대 등이며 음
식업종의 경우 그릇, 쟁반, 솥, 수저, 물컵 등이다.
③ 인테리어 공사비 : 점포의 내외장 공사비로서 바닥공사, 도장공사, 환기시설 공사, 상.
하수도 공사, 가스연결 공사, 주방 공사, 천장 공사, 외장 공사 등이다.
④ 간판 설치비 : 전면간판, 돌출간판, 선팅, 홍보액자 등의 설치비이다.
⑤ 광고비 : 전단지, 스티커, 개업 선물 등의 비용이다. 그리고 개점 이벤트 행사를 할 경
우 이에 대한 추가비용도 계상되어야 한다.
⑥ 임차보증금 : 임차점포 사업자의 경우 임차보증금의 금액은 투자비중이 크므로 이는
시설비와 같은 고정비 항목으로 편성한다.
⑦ 점포권리금 : 점포임차 시 기존에 사업을 하고 있던 점포는 전임차자가 자기 투자비용
회수 및 영업권 보상을 위하여 시설이나 영업 권리금을 요구하게 되는데, 이 경우 상
권이 좋은 경우에는 권리금의 금액도 상당히 높게 책정된다. 권리금을 지급 시는 고정
비 항목으로 편성한다.

5. 점포입지 계획

사업장 주소	
점포 면적	
상업 급지 등급	
입지의 특성	

【작성방법】

① 점포면적 : 점포면적의 평수는 공부상의 면적과 실제사용 가능한 전용면적에는 차이가 있으므로 실 평수를 계산하여 실내 배치계획을 수립하는 것이 중요하다.

② 상업급지 등급 : 점포의 입지가 사업아이템과 비교할 때 상업지로서 최적인지 아니면 어느 정도인지를 분석한다.

③ 입지의 특성

- 입지의 특성이 주택가인지, 상가 지역인지, 역세권인지, 학교. 아파트 지역인지를 구분하여 기입한다.
- 보다 구체적인 분석을 위하여 통행인수를 표본조사하여 하여야 한다. 통행 인수의 변동은 영업에 중요한 변수로 작용함으로 평일과 주말, 중점 시간 대별로 유동인구수 및 연령별(중점직업별) 분포 등을 분석한다.

6. 재무 및 수익 계획

(1) 추정소요자금 계산서

(단위 : 천원)

구 분		금 액
고정자금	임 차 보 증 금	
	권 리 금	
	시 설 및 장 치 비	
	집 기 비 품 비	
	인 테 리 어 공 사 비	
	간 판 설 치 비	
	소 계	
운전자금	급 여	
	소 모 품 비	
	임 차 료	
	전 화 료(통 신 비)	
	사 무 용 품 비	
	전 기 수 도 료	
	차 량 유 지 비	
	잡 비	
	현 금 예 비 비	
	소 계	
개업비용	광 고 선 전 비	
	개 업 비	
	소 계	
총 계		

【작성방법】

① 소요자금은 고정자금, 운전자금, 개업비용으로 구분하여 작성한다.

　구분을 하는 이유는 고정자금의 경우 회전이 되지 않고 자금을 지속적으로 투자해야
하므로 조달과정에서부터 자기 자본이나 장기차입금으로 조달하는 것이 유리하다. 그
렇지 않을 경우 자금의 유동성 부족으로 단기자금의 압박요인으로 작용한다.

② 고정자금은 투자비용을 계산하여 기입한다.

③ 운전자금은 월간 지출액을 추정하여 산출하게 되는데 일반적으로 사업이 정상화되어

자금회전이 원활하여질 때까지 다소의 기간이 필요함으로 업종에 따라 1개월에서 6개월 정도의 자금 확보가 필요하다. 업종에 따라 1개월, 3개월, 6개월 등으로 구분 산정한다.

④ 개업비용은 개업시점에 일시적으로 지출하여야 하는 비용으로서 광고선전을 위한 전단지, 카탈로그, 스티커 등과 개업 시 지출되는 선물대금, 식음료대금, 이벤트 행사비 등이다.

(2) 추정손익계산서

(단위 : 천원)

구분＼연도	년	년	년
매 출 금 액			
매 출 원 가(−)			
매 출 총 이 익			
판 매 비 와 관 리 비(−)			
영 업 이 익			
영 업 외 수 익(+)			
영 업 외 비 용(−)			
경 상 이 익			
특 별 이 익(+,−)			
법인(소득)세 차감전 순이익			
법 인(소득) 세 비 용(−)			
당 기 순 이 익			

【작성방법】

① 추정손익계산서는 기업의 향후 성장 가능성을 타진해 볼 수 있는 가장 중요한 재무제표이다. 년도별 매출규모, 당기 순이익은 어느 정도가 되며 실제로 이의 달성이 가능한지를 예측할 수 있기 때문이다. 그러므로 1개년이 아닌 3개년 정도는 작성하여 장단기 목표를 설정하는 것이 효과적이다.

② 각 항목별 금액은 1년간 합계금액을 기입하되 창업 초 연도에는 연말까지 합계금액을 기입하고 산정 개월수를 별도 표시한다.

③ 매출금액은 연간 추정액을 기입한다.

④ 매출원가는 소매업의 경우에는 상품매입원가＋기초이월상품－기말재고상품이다.

⑤ 매출총이익은 매출금액에서 매출원가를 차감한 금액이다.

⑥ 판매비와 관리비는 영업활동에 필요한 비용으로서 급여, 소모품비, 임차료, 통신비, 차량 유지비, 수도광열비, 복리후생비, 접대비 등의 비용항목이다.

⑦ 영업이익은 매출총이익에서 판매비와 관리비를 차감한 금액이다.

⑧ 영업외 수익은 영업과 관련된 부산물이 있는 경우 관련수입, 영업외 비용의 주된 항목은 차입금 이자비용 등이다.

⑨ 경상이익은 영업이익＋영업외 수익－영업외 비용으로서 부족액이 발생시는 경상손실이 발생한다.

⑩ 특별이익과 특별손실은 경영과정에서 우발적으로 발생하는 손익사항으로서 소기업의 경우는 발생빈도가 낮으며 주요항목은 재해손실이나 채무면제 이익 등이 있다.

⑪ 법인세비용 차감 전 순이익은 경상이익＋특별이익－특별손실 금액으로 부족액이 발생시는 순손실이 발생한다.

⑫ 법인(소득)세 비용은 순이익 발생시 소득에 대한 세금을 부담하는데 이 경우 개인기업의 경우는 소득세, 법인기업의 경우는 법인세를 납부한다.

⑬ 당기 순이익은 법인(소득)세비용 차감 전 순이익－법인(소득)세 금액으로서 세금을 납부한 최종적인 가처분소득이 된다.

제5장 절세를 넘어서 세테크가 필요하다

이익이란 숨쉬기 위한 공기 만큼이나 필수적인 것이다.
그러나 오로지 이익을 위해서만 경영을 한다는 것은
마치 숨쉬기 위해서만 사는 것과 마찬가지로 좋지 않은 것이다.
그러나 기업은 이익을 창출하여야만 사회적으로 부응하는 것이 된다.

35|개인으로 할까, 법인을 설립할까?

기업의 설립형태를 개인기업으로 할 것인지, 법인기업으로 할 것인지는 개인의 사정에 따라 결정할 수밖에 없다. 그래도 어느 유형으로 할 것인지 확신이 서지 않는다면, 일단은 창업하기 쉽고 비용도 적게 드는 개인기업으로 먼저 창업을 하고 나중에 사업 규모가 커지면 그때 법인으로 전환하는 방법을 고려하는 것이 좋을 것이다. 개인기업과 법인기업의 장·단점은 다음의 표와 같다.

■ 개인기업과 법인기업의 장단점

구분	개인기업	법인기업
장 점	·사업이익을 기업주가 독점할 수 있음 ·법적 절차가 비교적 간단하여 기업 설립이 용이함 ·창업비용 및 창업자금이 비교적 적게 소요되어 소자본으로도 창업이 가능	·출자자의 부담이 적고 자금모집이 용이함 ·사회적인 신용이 개인사업자보다 높음 ·법인세가 개인사업자의 납세율보다 낮기 때문에 유리함

장점	· 기업활동상의 제반 정책수립, 집행, 계획변경 등을 자유롭고 신속하게 결정·추진할 수 있음 · 개인기업은 긴밀한 인적조직체이므로 경영방침, 제조방법, 판매정책, 자금운용상의 비밀유지가 가능함 · 개인기업의 기업주는 고객 및 종업원과 직접 접하는 경우가 많으므로 상호이해하기가 쉽고 효과적인 경영을 할 수 있음 · 경리장부 및 결산서의 작성이 간단하며 결산서류는 손익계산서 이외에 다른 것은 필요가 없음	· 회사설립과 운영시 자본조달이 용이하고 대자본 형성이 쉬움 · 회사의 도산시 출자금액 범위 내에서만 법적 책임을 짐 · 주식의 양도에 의하여 출자액을 증감시킬 수 있음 · 소유와 경영의 분리가 가능함 · 주식의 상장 등을 통해 기업의 대중화 및 거대화가 가능함 · 법인의 공신력이 높아 매출, 직원 채용 등 영업상 유리한 점이 많음
단점	· 기업주가 기업경영상 발생하는 부채와 손실에 대해 무한책임을 짐 · 사회적 신용을 얻기까지 시간이 필요할 뿐만 아니라 대출 등의 제한이 있을 수 있음 · 사업주 개인의 신상에 사고가 발생할 경우 폐업 또는 기업운영에 직접적인 영향을 미쳐 사업의 영속성이 결여 됨 · 투자 및 차입규모가 클 경우 자본조달 능력에 한계가 있음 · 혼자서 경영상의 제문제, 즉 생산, 판매, 자금조달, 인사관리 등의 경영전반을 관장할 수 없는 등 경영능력에 한계가 존재함 · 법인납세율은 15~27%이나 개인은 9~36%로 납세에 불리함이 있음 · 기업규모가 커질 경우, 법인전환 등의 부수 절차가 필요함	· 회사설립시 상법의 규정에 따라 설립요건이 엄격함 · 정관의 사업내용을 임의로 변경할 수 없으며 신규사업을 시작하거나 사업변경을 하는 경우, 정관의 기재사항을 변경한 후 변경등기를 하여야 함 · 엄격한 회계와 복식부기에 의한 장부정리가 필요함 · 설립절차가 복잡함 · 경영에 대한 의사결정 체계가 주주총회, 이사회, 대표이사로 복잡하기 때문에 신속한 의사결정이 어려움 · 주주 상호간 이해관계로 인한 대립시 마찰의 소지가 있고 경영 공백이 우려됨 · 대표이사의 무한책임 경영이 여타 주주에 큰 피해를 줄 수도 있음

■ 세금부담이 무거우면 법인전환을 고려한다

개인으로 사업을 하다가 사업규모가 커지게 되면 많은 사업자들이 대외 신인도와 금융·세제면에서 유리한 법인으로 전환하는 것을 검토하게 된다.

세금 측면에서 보면 소규모 사업자의 경우는 개인으로 하는 것이 유리하나 사업이 일정규모 이상이 되면 다음과 같은 점에서 법인이 유리하다.

1) 세율비교

개인사업자의 종합소득세 세율은 9%에서 36%까지 4단계 누진세율 구조로 되어 있으며 법인세율은 15%에서 27%의 2단계 누진세율 구조로 되어있다.

개 인		법 인	
과세표준	세율(%)	과세표준	세율(%)
1,000만원 이하	9	1억원 이하	15
1,000만원 초과	18		
4,000만원 초과	27	1억원 초과	27
8,000만원 초과	36		

예를 들어 과세표준이 1,000만원이라면 개인은 9%의 세율이 적용되지만 법인은 15%의 세율이 적용되므로 개인이 유리하며, 과세표준이 5,000만원이라면 개인은 27%의 세율이 적용되지만 법인은 15%의 세율이 적용되어 법인이 유리하다.

적용세율만으로는 과세표준이 3,000만원 이하인 경우에는 개인사업자가 유리하고 3,000만원을 초과하면 법인이 유리하다.

2) 세무조사

요즈음은 모든 납세자의 신고 성실도를 전산으로 분석하여 조사대
상자를 선정하기 때문에 개인이든 법인이든 같은 업종의 다른 사업
자보다 불성실하게 신고하면 세무조사를 받게 된다. 예를 들어 외형
이 30억원 정도되는 기업의 경우 법인사업자라면 그보다 외형이 큰
사업자가 많기 때문에 소규모사업자로 분류될 수 있으나 개인사업자
라면 대사업자로 분류되어 지방청 조사를 받게 될 확률이 매우 높다.
지방청조사를 받게 되면 아무래도 세무서 조사를 받는 것보다 부담
이 되는 것은 사실이다. 하지만 법인은 세무조사 때 매출누락이나 가
공경비가 발견되면 법인세만 추징 당하는 것이 아니라 누락금액을
대표자가 가져간 것으로 인정되어 소득세를 함께 추징 당한다. 따라
서 장부를 허위로 기재하거나 증빙서류를 제대로 갖추지 아니한 경
우에는 개인사업자보다 훨씬 많은 세금을 추징 당하게 된다. 이와 같
이 개인과 법인은 각각의 장단점이 있으므로 법인으로 전환하고자
할 때는 이러한 점을 충분히 고려하여야 한다.

🗗 법인의 설립비용

구 분	적 요	자본금 5천만원	자본금 1억원
등 록 세	자본금의 0.4%	200,000원	400,000원
교 육 세	등록세의 20%	40,000원	80,000원
채 권	자본금의 0.1%	50,000원	100,000원
공 증 료		100,000원	150,000원
기타비용		200,000원	200,000원
수 수 료		300,000원	300,000원
계		890,000원	1,230,000원

주 1. 법무사 사무실 의뢰시의 비용은 일부 차이가 있을 수 있음.
　　2. 등록세는 기본세율이 적용되는 경우이며 서울특별시를 포함한 수
　　　도권(일부지역 제외)은 등록세가 3배 중과됨.

36 | 일반과세자와 간이과세자

부가가치세가 과세되는 사업을 할 때는 일반과세자와 간이과세자 중 어느 하나로 사업자등록증을 하여야 하는데 일반과세자와 간이과세자는 세금의 계산방법 및 세금계산서 발행 등에 차이를 두고 있으므로 자기의 사업에는 어느 유형이 적합한 지를 살펴본 후 사업자등록을 하는 것이 좋다.

1) 일반과세자

일반과세자는 10%의 세율이 적용되나 물건 등을 구입하면서 받은 매입세금계산서상의 부가가치세액을 전액 공제 받을 수 있으며 세금계산서를 발행할 수 있다.

2) 간이과세자

간이과세자는 2~4%의 낮은 세율이 적용되지만 매입세액의 20~40%만 공제 받을 수 있으며 세금계산서를 발행할 수도 없다. 주로 소비자를 대상으로 하는 업종으로서 연간 매출액이 48백만원에 미달할 것으로 예상되는 소규모 사업자의 경우에는 간이과세자로 하는 것이 유리하다.

3) 과세유형 전환

일반과세자 또는 간이과세자로 등록했다고 하여 그 유형이 변하지 않고 계속 적용되는 것은 아니며, 사업자등록을 한 년도의 부가가치세 신고실적을 1년으로 환산한 금액을 기준으로 과세유형을 다시 판정한다.

즉 간이과세자로 등록했다 하더라도 1년으로 환산한 공급대가가 48백만원 이상이면 등록일이 속하는 과세기간의 다음과세 기간부터 일반과세자로 전환된다.

처음에 일반과세자로 등록한 경우에도 1년으로 환산한 수입금액이 48백만원에 미달하면 간이과세자로 변경되는데 이때 간이과세 포기 신고를 하면 계속하여 일반과세자로 남을 수 있다.

4) 간이과세 포기

당초에 간이과세자로 등록하였으나 거래상대방이 세금계산서를 요구하거나 기타 사정에 의하여 일반과세자로 변경하고자 하는 경우에는 변경하고자 하는 달의 전달 20일까지 간이과세포기신고서를 제출하면 된다.

그러나 간이과세를 포기하면 3년간은 다시 간이과세를 적용 받을 수 없으므로 충분히 검토한 후 결정하여야 한다.

5) 간이과세 배제기준

간이과세 배제기준이란 세금부담을 줄이기 위하여 간이과세자로 위장하는 것을 사전에 막기 위하여 사업의 종류, 규모, 사업장소재지 등을 감안하여 정부에서 정한 기준을 말한다.

[간이과세 배제업종]

업 종	비 고
광업	
제조업	과자점업, 도정업, 제분업(떡방아간 포함), 양복점업, 양장점업, 양화점업은 간이과세 적용가능
도매업	소매업을 겸업하는 경우 포함
부동산매매업	
일정지역의 과세 유흥장소	• 특별시, 광역시 및 시지역 소재 과세유흥 장소 • 국세청장이 업황. 사업규모 등을 고려하여 정하는 지역에 소재한 과세유흥 장소
일정규모 이상의 부동산 임대업	특별시, 광역시 지역에 소재하는 국세청장이 정하는 규모 이상의 부동산 임대업
전문 인적용역 제공업	변호사업, 심판변론인업, 변리사업, 법무사업, 공인회계사업, 세무사업, 경영지도사업, 기술지도사업, 감정평가사업, 통관업, 기술사업, 건축사업, 도선사업, 측량사업 및 기타 이와 유사한 사업서비스업
기타	국세청장이 정한 간이과세 배제기준에 해당하는 사업자

🗂 경리업무 Flow Chart

· 일일업무 : 분개, 전표 작성, 분개장 작성, 일계표 작성, 총계정원장 작성, 보조부 작성, 실제액과 장부상 잔액의 비교, 수표·어음의 발행, 결제·회수, 현금의 예입이나 인출, 납품서나 주문서 거래명세표의 작성, 일일자금조달 계획, 기타 장부의 작성
· 월별업무 : 월말결산(월계표 작성), 매출대금 회수, 매출처에 대한 지급준비, 급여계산 및 지급, 원천징수 세액신고, 납부, 원가계산, 분석, 월간자금조달 계획
· 연별업무 : 결산, 연말정산, 경영분석, 회계감사, 납세준비, 다음 업무계획

37 |기준경비율제도란 무엇인가?

장부가 없는 자영사업자는 2003년 5월부터 소득세 확정신고시 종전의 표준소득률이 폐지됨에 따라 기준경비율 또는 단순경비율에 의해 소득세 신고를 하여야 한다.

기준경비율제도란 무기장자도 사업에 기본적인 경비는 증빙이 있어야만 필요경비로 인정 받고 나머지 경비는 정부가 정한 기준경비율에 의해 필요 경비를 인정 받는 제도이다.

- 소득금액＝수입금액－주요경비－(수입금액×기준경비율)
- 주요경비 : 매입경비, 인건비, 임차료
- 직전 과세기간의 수입금액이 다음 금액 이상인 사업자로 무기장자를 적용대상자로 한다.

단순경비율을 두는 이유는 제도 변경에 따른 혼란과 불편을 최소화하기 위하여 소규모 사업자에게는 표준소득률과 유사한 단순경비율제도를 적용한다.

[단순경비율에 의해 신고할 수 있는 소규모사업자의 기준]

구 분	2002~2003년	2004~2005년	2006년
도·소매업, 임업, 어업, 축산업, 수렵업, 광업, 부동산매매업, 산림소득	1억5천만원	9천만원	7천2백만원
제조업, 음식숙박업, 건설업, 전기가스 및 수도사업, 운수통신업, 창고업, 금융보험업	9천만원	6천만원	4천8백만원
부동산 임대업, 서비스업	6천만원	4천8백만원	3천6백만원

■ 표준소득률과 기준경비율의 차이점

① 표준소득률은 소규모 사업자의 신고편의와 행정능률을 제고하는 역할을 하였으나 장부에 의하지 않고 비용을 자동으로 인정하여 근거과세와 투명성을 저해하여 세 부담의 불공평을 초래하였다.

② 표준소득률은 주요경비가 지출되는 것을 감안하여 정해지고 기준경비율은 주요경비를 제외한 지출만을 감안하여 정해지므로 주요경비의 증빙이 없을 때에는 기준경비율에 의한 소득이 표준소득률에 의한 소득보다 훨씬 많게 된다.

③ 기준경비율제도가 시행되면 장부를 기장하지 않는 무기장 사업자들도 경비로 쓴 영수증을 제대로 챙기지 않으면 비용으로 인정 받지 못해 세금을 더 물게 된다.

금년 5월 소득세 신고부터 적용되는 기준경비율제도를 문답풀이로 알아본다.

1) 기존제도와의 차이점은?

현행 소득금액 방식은 사업자가 신고한 총수입에 국세청이 정한 업종별 표준소득률을 곱해 소득금액을 추정한 뒤 세금을 매긴다. 무기장 사업자가 비용 관련 영수증을 내지 않아도 비용으로 인정 받았다. 그러나 기준경비율 제도가 시행되면 사업자가 실제 쓴 주요경비(원자재 매입, 임차료, 인건비)를 증빙해야만 비용으로 인정 받는다. 나머지 비용에 대해서는 국세청이 정하는 기준경비율이 적용된다.

[기준경비율에 의한 소득 산정]

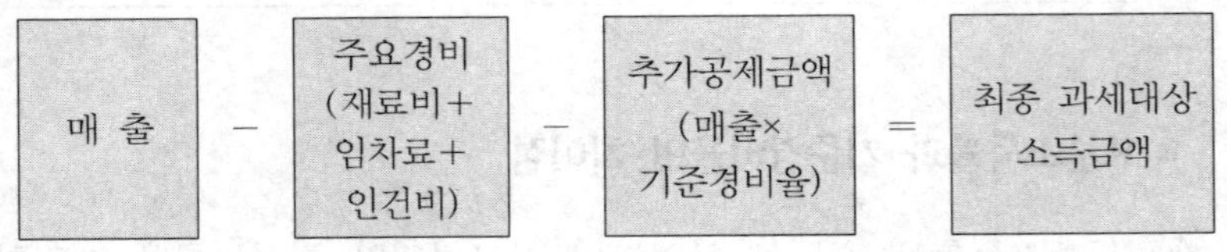

2) 지출한 비용을 과다 신고하는 경우?

세무조사를 할 수도 있다. 기존 표준소득률을 적용할 때는 사업자의 입증책임이 없어 세무조사를 하지 않았다. 그러나 기준경비율에 의해 소득세를 신고하면 국세청이 지출경비를 입증하기 위해 세무조사에 들어갈 수 있다.

3) 영세사업자들의 피해는 없나?

업종별로 표준소득률 제도와 유사한 단순소득률이란 경과조치를 두었다. 업종별로 연간 매출이 기준 금액에 못 미치는 사업자는 수입금액에 단순경비율을 곱해 비용으로 인정해 주는 것이다. 업종별 기준금액은

① 농업, 임업, 광업, 도. 소매, 부동산 매매 등 1억 5천만원

② 제조, 음식. 숙박, 건설, 통신 등 9천만원

③ 부동산 임대, 교육서비스, 사회복지사업 등 6천만원

그러나 이 기준은 2002년 귀속분까지 이 기준이 적용되고 2004년 귀속분부터는 적용대상이 점차 줄어들게 된다.

4) 준비해야 할 서류는

원자재 구매비와 임차료를 인정 받으려면 세금계산서, 신용카드 매출전표 등 정규 증빙서류를 제출해야 한다. 간이세금계산서나 일반 영수증으로 처리한 비용은 주요 경비지출 명세서를 따로 제출하여야 한다. 인건비는 원천징수영수증, 지급조서를 세무서에 제출하면 된다.

5) 세금절약 포인트는?

수입금액 4천 8백만원 이상인 사업자가 장부를 기장하지 않고 기준경비율이나 단순경비율로 소득세를 신고하면 무기장 가산세 10%의 세액공제를 받을 수 없어 가급적 장부를 기장하는 것이 유리하다. 정부가 기장에 대한 세액공제를 확대하고 무기장 가산세를 높이는 방안을 검토하고 있기 때문이다.

▣ 경리업무를 규제하는 규정과 법규

· 기업회계기준 : 특정 기업에 대한 정보를 얻고자 하는 이해 관계자들에게 기업에 관한 정보를 공통적 기준에 따라 정확하게 제공함으로써 이해 관계자의 오판을 사전에 방지하기 위하여 제정하였다.
· 세금의 근거가 되는 세법
① 사업을 하는 경우에는 원칙적으로 부가가치세를 납부하여야 한다.
② 개인사업자의 경우 종합소득세를 신고 납부하여야 한다.
③ 법인의 경우 법인세를 신고 납부하여야 한다.
④ 급여를 지급하는 자는 근로자의 급여를 지급하는 경우 근로소득과 퇴직소득을 원천징수하여 관할 세무서에 신고 납부하여야 한다.
⑤ 면세사업자의 경우 1월말까지 면세사업장현황보고를 하여야 한다.
⑥ 지방세법에 의한 지방세 등을 납부하여야 한다.
· 상법은 기업 활동의 전반을 관할하고 있으므로 필수적이며 특히, 어음 수표법은 반드시 알아야 하는 분야이다.

38 | 세금계산서를 제대로 주고받는 법

■ 세금계산서 발행

세금계산서를 제대로 주고받는 회사는 내부통제나 경영관리가 잘 되고 있는 회사라 판단해도 잘못된 것은 아니다. 세금계산서는 회계처리 뿐만 아니라 모든 관리, 영업상의 근본이 되는 동시에 회사의 대외적 얼굴이라 말해도 과언이 아닐 것이다.

세금계산서는 거래와 관련된 물품 등 재화 용역의 실제거래자, 대금결제 받는 자, 세금계산서상 명의자 등 3가지가 모두 일치하여야 하며 하나라도 실제와 다른 경우에는 부실거래로 분류되어 가산세가 부과되거나 매입세액을 공제 받지 못함은 물론 매입원가도 인정 받지 못하는 경우가 발생할 수 있다.

1) 세금계산서를 영업사원이나 현장에서 발행하는 경우에는 경리 팀에서 사전에 사용방법을 교육하고 세금계산서의 일련번호를 부여하여야 하며, 영업사원 등에게 교부된 세금계산서는 매월 이를 체크하여 부가가치세 신고 전에는 세금계산서 발행 여부를 반드시 세금계산서 발행일자 별로 확인하도록 하여야 한다.

이때 교부한 세금계산서 수량에 따라 발행처를 확인하고 잘못 발행한 경우에도 반드시 세금계산서 원본을 반납 받아 직접 서손 처리하여야 한다.

2) 세금계산서를 경리팀에서 발행하는 경우에도 거래시기, 거래처명, 거래금액을 명확히 확인하여 실거래 내용과 일치하는지를 확인하고 발행하여야 한다.

3) 부가가치세 신고시에는 이미 발행되었으나 집계에 누락된 세금계산서가 없는지를 확인하고 제품이 이미 인도되는 등 과세시기가 경과한 거래의 경우에는 세금계산서를 다시 확인하여 신고 누락되지 않도록 한다.

4) 소매 매출하거나 거래 상대방이 세금계산서를 받지 않으려고 하는 경우, 실제 매출처가 아닌 다른 사업자에게 세금계산서를 발행하는 일이 있으나, 이 때는 최종 소비자인 경우는 세금계산서를 발행하지 않고 부가가치세 신고시 매출과표에만 포함하면 되고(신고서상 '기타란') 최종 소비자가 아닌 사업자의 경우는 매입세액공제 등 자료수취의 유리한 점을 알리고 세금계산서를 발행하여 등기우송하는 등 자료거래를 정상적으로 하려는 노력이 필요하다.

5) 상장기업 등 대거래처를 거래하는 경우에도 종속적인 거래인 경우, 거래처가 요구하는 시기와 조건으로(특히 연말의 경우) 세금계산서를 발행하는 경우가 있을 것으로 항상 실거래와 일치하는 세금계산서를 발행하고 그 거래처에는 매입세액이 불공제되어도 책임이 없음을 알려야 한다.

■ **세금계산서의 수취**

최근 국세청에서는 자료상과의 거래를 색출하기 위하여 국세통합 전산망을 이용한 자료상과의 거래자료를 계속 밝혀냄으로써 수많은 기업들이 생각없이 실거래자와는 다른 사업자의 세금계산서를 수취하였음이 밝혀져 거액의 과세를 당하는 등 사업의 존폐를 걱정할 정도로 세금계산서를 받는 문제가 매우 심각한 실정이다.

1) 제조업자와 도매상의 경우 세금계산서를 받는 경우에는 실제로 물건을 공급한 자, 대금지급을 한 자와 그 명의가 일치하는지를 반드시 확인하여야 한다. 실제로 물건을 공급하고 대금을 지급 받은 자가 중간도매상이어서 다른 사업자의 세금계산서를 받는 경우 대부분의 회사에서는 실물거래하고 대금결제를 했으면 됐지 세금계산서가 무슨 문제가 있겠나 하는 경우가 많으나, 이 경우 반드시 사후에 세금계산서 때문에 큰 문제가 생길 수 있다고 보아야 한다.

2) 상기의 위장거래(실물거래는 하였으나 다른 사업자의 세금계산서를 수취한 경우)는 사후에 부실 세금계산서 자료가 발생하면 그 실거래 사실을 인정 받기가 어렵다. 왜냐 하면 그런 경우 대부분이 현금거래이고 그 물품의 입출고나 객관적인 대금지급 증빙은 아무것도 없기 때문이다.

3) 이러한 중간도매상과의 거래가 부득이한 경우에는 실거래 증빙을 유지하는 것이 관건이므로 대금 지급시 금융기관을 통하여 무통장 입금(세금계산서 명의자)하여 주거나 그것이 힘든 경우 수표와 수금자의 주민등록증을 복사하거나 자필서명을 징구할 필요가 있다.

4) 기타 물건의 공급시기와 다르거나 실제 공급물량과 다른 세금

계산서를 수취하여 매입세액이 불공제되는 경우도 있으므로 세금계산서를 받는 경우 거래시기와 물량을 확인하여 매입세액이 불공제되지 않도록 항상 주의하여야 한다.

입회조사

세무공무원들이 해당 일에 현지에 나와서 매장 카운터를 지키고 서 있는 것을 말한다. 하루의 매출을 확인하는 방법으로 1년의 매출과 월매출을 가능하게 된다. 이때 가장 중요한 것은 그간 신고한 매출 실적을 잘 기억하고 있어야 하고 일 매출이 얼마 정도가 신고 되었는지 자세히 알고 있어야 한다. 세무관련 업무는 세무사가 알아서 해주니까 하고 모든 것을 잊어버리고 있으면 큰일을 초래할 수 있다. 이때 매장에 장부를 겸한 노트, 빌지, 전산자료 등이 좋은 자료가 될 수 있으며 은행계좌 관리는 잘 정리해 두어야 한다. 사소한 실수로 괜한 오해를 사지 않도록 주의하여야 한다.

39 | 세금을 제때 못 내면 어떤 불이익이 있는가?

세금은 내어야 하는 기간이 정해져 있는데 이를 납부기한이라 한다. 납부기한 내에 세금을 내지 못하면 법적으로나 행정적으로 여러 가지의 제재조치를 받게 되는데 그 내용을 살펴보면 다음과 같다.

1) 가산세 및 가산금 부과

신고납부 기한이 지나도록 세금을 내지 않거나 내야 할 세금보다 적게 낸 경우에는 가산세, 즉 납부불성실가산세를 추가로 납부하여야 한다. 납부불성실가산세는 납부하지 아니한 세액에 납부기한 다음 날로부터 자진납부일 또는 고지일까지의 기간에 1일 1만분의 3의 율(1년 10.95%)을 적용하여 계산한다. 납세자가 납세고지서를 받고도 세금을 납부하지 아니하면 체납된 국세에 5%의 가산금이 부과되며, 체납된 국세가 50만원 이상인 경우에는 매 1개월 경과시마다 1.2%의 중가산금이 5년 동안 부과된다.

따라서 50만원 이상의 국세를 체납한 경우에는 최고 77%까지 가산금이 붙을 수 있다.

2) 체납처분

세금을 체납하게 되면 세무서에서는 체납세액을 징수하기 위하여
체납자의 재산을 압류하며 그래도 계속하여 세금을 내지 않으면 압
류한 재산을 매각하여 그 대금으로 체납세금을 충당한다.

3) 행정규제

① 허가사업의 제한 : 허가·인가·면허 등을 받아 사업을 경영하
   는 자가 국세를 3회 이상 체납한 때에는 허가관서에 사업의 정
   지 또는 허가의 취소를 요구할 수 있다.

② 출국 규제 : 국세를 5천만원 이상 체납한 자에 대하여는 관계부
   처에 출국금지 또는 여권발급의 제한을 요구한다.

③ 체납 또는 결손처분 자료의 신용정보기관 제공 : 다음에 해당되
   는 경우 세무서장은 신용정보기관에 자료를 제공하며 제공된
   자료는 신용불량정보로 등록되어 신규대출의 중단, 신용카드
   발급 제한 등 각종 금융제재를 받는다.

   · 5백만원 이상인 자로서 체납발생일로부터 1년 이상이 경과
     하였거나, 1년에 3회 이상 체납한 경우
   · 결손 처분액이 5백만원 이상인 경우

[세금의 납부기한과 절차]

세 목	신고대상자	신고 · 납부기한		신고 · 납부할 내용
소득세	개인사업자	확정신고	다음해 5.1~ 5. 31일	1. 1 - 12. 31일간의 연간 소득
		중간예납	11.1~11. 30일	종합소득세 신고납부 5월 1일~5월 31일
부가가치세	법인사업자	1기예정	4.1~4. 25일	1.1~3. 31일 실적
		1기확정	7.1~7. 25일	4.1~6. 30일 실적
		2기예정	10.1~10. 25일	7.1~9. 30일 실적
		2기확정	1.1~1. 25일	10.1~12. 31일 실적
	개인사업자	1기확정	7.1~7. 25일	1.1~6. 30일 실적
		2기확정	1.1~1. 25일	7.1~12. 31일 실적
		※신규사업자는 법인과 마찬가지로 예정신고를 해야 함		
법인세	법인사업자	정기신고	사업연도 종료 일로부터 3개월 이내	사업연도 소득
		중간예납	반기 종료일로 부터 2개월 이내	중간예납기준액의 50%
사업장 현황보고	부가세 면제사업자	다음해 1. 1 - 1. 31일		1. 1 - 12. 31일까지의 총면세수입액
원천징수 이행상황 신고	원천징수를 한 사업자	일반사업자	다음달 10일	매달 원천징수한 세액
		반기납부자	7. 10일, 1.10일	매달 원천징수한 세액

⊟ 10. 10. 10의 법칙

　　고객을 유치하는데 드는 비용이 10만원이라면 고객을 잃어버리는 데는 10초, 고객을 다시 찾는 데는 10년이 걸린다는 의미이다.

40 | 세금의 탈루유형과 절감대책

국세청은 새 정부 출범을 앞두고 10만여개 기업의 법인세 신고를 특별관리하기로 하였다. 국세청은 이들 기업을 전산 누적자료와 기업주의 신고 및 소득상황을 비교 분석하여 선별했다고 한다. 여기에는 공정거래위원회 등으로부터 통보 받은 분식회계 및 부당 내부거래 혐의 기업과 각 지방자치단체로부터 조사를 의뢰 받은 아파트 분양가 과다책정 업체도 포함되었다.

■ 세금의 탄루유형

유 형	분석 내용
법인신용카드의 사적사용	직접적인 관련이 없는 거래처에서 사용한 신용카드 내용 및 해외사용카드 자료분석
지출 규모 과다	부동산 취득, 외환송금 등 지출 규모가 과다한 법인분석
기업주 가족에 대한 인건비 지급	다른 사업소득이 있는 기업주의 가족에게 인건비 지급 혐의가 있는 법인분석
인건비 과다계상	고용보험료 산정 기초자료인 임금총액 및 재무제표상 인건비 계상액과 비교분석

소비성 경비 지출 비중이 높은 법인	접대비 등 소비성 경비지출 비중이 과다한 법인 분석
가공경비 계상	결산서상 정규증빙 수취대상 금액과 세금계산서 등 실제 증빙수취금액을 비교분석
접대비 변칙회계 처리	접대비 성질의 카드 사용액을 복리후생비 등 다른 계정으로 변칙 처리한 혐의분석
조세감면 중복적용	중복적용 배제대상 조세감면 및 세액공제에 대한 중복적용 혐의 법인분석
관세환급금 계상누락	관세환급금에 대한 수입계상을 누락한 혐의 법인 분석
외화수입금액 누락	관세청 수출 통관 자료에 비해 수출 등 외화수입 금액을 적게 계상한 혐의 법인분석
국가기관과 거래한 수입금액 누락	국가기관과 거래한 수입금액 누락혐의 분석
해외 투자자산에 대한 관련 투자수익 미계상	해외예금, 대출 등 외화투자자산은 있으나 관련 투자수익이 계상되지 않은 법인 분석
유흥음식점 중 원재료비 지출 규모가 큰 곳	주류 등 매입자료, 신용카드 결제금액 등과 수입 금액 비교분석
동종 업종의 개인사업자 신고소득률보다 낮은 법인	개인사업자의 신고수준과 비교분석
기타	나머지 법인 신고내용 분석

■ 사업소득세액의 절감대책

사업소득세액(법인포함)의 절감대책으로 익금은 가능한 한 줄이고 손금은 가능한 한 늘릴 수 있는 방법을 강구해야 한다

1) 익금대책

익금은 기업회계상의 수익에 세무계산상 익금산입 사항을 가산하

고 익금 불산입 사항을 차감하여 계산한다. 각 수익과목별로 기업회
계와 세무회계의 차이점 중 유의할 점을 살펴봄으로써 회계처리의
잘못으로 인한 가산세의 위험을 방지함과 아울러 세무계산상 익금을
줄일 수 있는 방안을 강구한다.

① 매출액의 인식시기에 유의한다.

기업회계는 매출의 실현시기를 '상품 등의 판매 또는 용역의
제공시점'으로 보아 실현주의를 택하고 있고 세무회계에서는
권리의무의 확정주의에 따라 '상품, 제품 또는 생산품을 인도한
날이 속하는 사업연도'로 규정하고 있으나 예외적으로 상품 등
을 인도하지 아니하였으나 인도할 수 있는 상태에 있는 경우에
당해 상품 등을 인도한 것으로 간주하는 인도 가능상태 기준도
인정함으로써 기업회계기준과 차이가 있다.

② 매출 장려금을 지급할 경우에는 반드시 사전에 약정을 맺는
다.

매출 장려금은 일정기간 내에 일정금액 또는 일정량 이상의 거
래를 한 매출처에 대하여 일정률에 따라 매출대금의 일부를 환
급하는 것을 말한다.

③ 유가증권 이자 등의 계상시기에 유의한다.

기업회계에서는 유가증권 이자를 매회계 연도 말에 경과기간
에 따라 실현이자 부분을 미수이자로 계상하고 있으나 세무회
계에서는 특별한 규정이 없다.

④ 매출액을 정확히 계산하도록 한다.

기업에 따라서는 단기적으로 세 부담을 줄이기 위하여 실제 매
출액보다 세무신고시 매출액을 누락시키는 경우가 많다. 이와
같이 세금을 회피하기 위해서 누락시켰을 경우에는 처음 세액
부담보다 훨씬 많은 부담이 따르게 된다.

⑤ 고정자산처분이익의 인식시기에 유의하도록 한다.

세법상에는 고정자산 양도에 따른 처분이익은 그 대금을 청산한 날이 귀속 사업 연도이며 연불판매의 경우는 예외적으로 연불조건에 따라 회수하였거나 회수할 양도가액이 속하는 날로 규정하고 있다.

⑥ 일시상각 충당금제도를 활용한다.

기업회계에서는 공사부담금, 보험차익 및 국고보조금을 자본준비금으로 처리하나 세무상에서는 순자산 증가설에 의해 전액 익금산입하게 된다.

⑦ 전기손익 수정이익 사항을 잘 관찰한다.

세무의 편의상 조세의 부담을 부당히 감소시킬 목적이나 또는 소득을 고의로 조작할 목적으로 전기손익을 당기에 계산한 것을 제외하고는 이를 당기에 소득계산시 익금산입으로 세무조정하여야 한다.

2) 손금대책

각 비용 과목별로 기업회계와 세무회계의 차이점 중 유의할 점을 살펴봄으로서 회계처리의 잘못으로 인한 가산세의 위험을 방지하고 세무계산상의 손금을 최대한 늘릴 수 있는 방안을 강구하여야 한다.

① 재고자산 평가방법 및 세무상 신고에 관하여 유의한다.

재고자산의 평가방법은 기업회계상으로는 원가법을 채택하고 있으며 원가법은 개별법·선입선출법·후입선출법·이동평균법·총평균법·매출원가법 등으로 나눈다. 이들 방법 중 어느 방법이 세무 회계면에서 가장 유리한지 검토하여야 한다.

② 재고자산 평가손실을 파악하여 손금에 산입한다.

세법상 단순한 시가의 하락이 아닌 파손, 부패 기타 사유로 인하여 정상가격으로 판매할 수 없는 재고자산이 있을 때는 기타

재고자산과 구분하여 처분 가능한 시가로 이를 평가하여 손금
산입을 인정하고 있다.

③ 임원급여의 책정 방법과 지급에 유의하도록 한다.

임원의 급여는 상법상 주주총회 결의사항으로서 주주총회에서
급여지급액 또는 지급기준이 정해진 대로 지급된다면 전액 손
금산입이 가능하다.

출자자인 임원의 상여금은 손금산입이 부인되므로 가능한 한
상여금은 월정급여로 전환하는 것이 좋다. 특히 임원에 대한
퇴직급여 규정을 제정하고 퇴직이 현실적인 퇴직인지 여부를
충분히 검토한다.

④ 복리후생비의 지출에 유의하도록 한다

세법상 손금으로 인정되는 복리후생비는 직장 체육비, 직장 연
예비, 소득세법에 의한 우리 사주조합의 운영비, 단체퇴직 보험
료, 의료보험료 및 이에 준하는 복리후생비 등에 국한하고 있
다.

⑤ 업무와 관련이 있는 여비임을 증명할 수 있도록 준비하도록 한다.

여비교통비가 세법상 손금으로 인정 받기 위해서는 업무와 관
련이 있어야 하며, 실지 변상적인 범위 이내여야 한다.

⑥ 감가상각의 시기와 방법을 잘 선택하도록 한다.

기업회계에서는 감가상각 방법을 매기 계속 적용하도록 되어
있으나 세무회계에서는 이를 규정하고 있지 않다. 따라서 결산
과정에서 소득의 다과에 따라 감가상각의 실시시기를 정하여
절세하도록 한다.

또한 감가상각 방법은 자산별로 신고하도록 되어있으므로 이
를 신고하지 않아서 발생하는 세무상의 불이익을 당하지 않도
록 한다.

⑦ 자본적 지출과 수익적 지출을 구분하도록 한다.

어떤 지출을 자본적 지출로 처리할 것인가, 수익적 지출로 처리할 것인가에 따라 기업의 손익에 많은 영향을 주게 된다. 따라서 자본적 지출을 수익적 지출로 처리하면 감가상각을 하지 않았어도 감가상각한 것으로 간주되어 감가상각시 부인 대상에 포함하게 된다.

⑧ 특별상각제도를 잘 이용하도록 한다.

특별감가상각제도는 감가상각비를 증액 계상하여 세금부담을 줄일 수 있고 당기순이익을 적게 하여 사내 유보되는 효과가 있으므로 기업의 건실화와 재무구조의 안정을 가져오는 장점이 있다.

⑨ 접대비의 세무상 손금인정 요건에 유의한다.

세법상 접대비는 지출되는 장소에 따라 국내접대비와 해외접대비로 구분하며 국내접대비가 손금으로 인정 받기 위해서는 첫째 업무와 관련된 지출일 것, 둘째 세법상 손금인정 범위 이내일 것이며, 해외접대비는 접대비가 업무와 관련된 지출인 요건만 구성되면 손금으로 인정된다. 업무와의 관련성 여부는 지출의 대상, 지출의 성질, 시기 및 금액에 의하여 판단될 문제이다. 접대비는 이를 입증할 증빙을 갖추는 것은 물론 내부통제의 근거 등 객관적인 자료를 갖추는 것이 좋다.

🖰 세금신고를 잘못한 경우

1) 수정신고를 한다.

수정신고란 이미 신고한 과세표준 및 세액 등이 실제보다 적게 신고한 경우 납세의무자가 이를 정정하는 신고를 말한다. 따라서 신고를 하지 않은 사업자는 수정신고를 할 수 없다. 수정신고는 잘못 신고된 내용에 대해 세무서에서 결정 또는 경정하여 통지하기 전까지 관할 세무서장에게 하면 된다.

2) 경정청구를 할 수도 있다.

경정청구란 이미 신고, 결정, 경정절차가 완료된 과세표준 및 세액 등이 과다한 경우 과세관청으로 하여금 이를 정정하여 결정 또는 경정하도록 촉구하는 납세의무자의 청구를 말한다. 경정청구는 법정신고 기한이 지난 후 1년 이내에 관할 세무서장에게 하면 된다.

41 | 억울한 세금의 권리구제 절차

세금에 관련하여 부당한 처분을 받거나 필요한 처분을 받지 못하여 납세자가 억울하다고 생각하거나 당황하는 경우에는 억울한 세금에 대하여 권리구제를 받을 수 있는 제도는 행정적인 제도와 법에 의한 제도로 구분할 수 있다. 행정적인 제도는 국세청이 납세자 권익보호를 위해 억울한 세금을 행정적으로 자체 시정하여 처리하는 제도로서 과세 전 심사청구제도와 세금고충처리제도가 있으며 법에 의한 제도로는 이의신청·심사청구·심판청구·행정소송 제도가 있다. 세금이 억울하다고 판단되면 어떤 방법을 선택할 지는 사안에 따라 다르다고 하겠으나 법에 의한 구제제도를 이용하기 전에 행정적 구제제도를 통해 억울한 세금을 구제 받게 되면 시간과 경비를 절약할 수 있다.

■ 행정적 권리구제제도

1) 과세 전 적부심사제도

세무조사 후 과세할 내용을 미리 납세자에게 알려준 후 납세자가 이에 이의가 있을 때 과세의 적부에 대한 심사를 청구하도록 하고 심사결과 납세자의 주장이 타당한 경우 고시 전에 시정하여 주는 제도이다. 세무조사 후 고지 전에 통지한 사항 즉 결정전 통지의 내용에 이의가 있을 때 청구할 수 있다.

① 납세자가 과세 전 적부심사를 청구할 경우에는 결정 전 통지를 받은 날로부터 20일 이내에 통지서를 보낸 세무서장 또는 지방국세청장에게 청구서를 제출하여야 한다. 세무서장 등은 이를 심사하여 30일 이내에 결정한 후 납세자에게 통지한다. 과세 전 적부심사청구권에 대한 결정은 공정한 심사를 위하여 외부의 조세전문가를 심사위원에 포함시키고 납세자가 심사위원회에 출석하여 의견을 진술할 수 있다

② 과세 전 적부심사청구 기한은 반드시 지켜야 하며 과세 전 적부심사 청구는 행정적으로 시행하는 고지 전의 납세자 권익보호 장치로서 국세기본법상의 이의신청이나 심사청구, 심판청구와는 별개의 개념이다. 따라서 국세기본법상의 이의신청, 심사청구, 심판청구는 과세 전 적부심사 청구를 하였든 하지 않았든 세금고지를 받은 날로부터 90일 이내에 신청하여야 한다.

2) 납세자보호 담당관

납세자보호 담당관이란 세금과 관련된 고충이나 자체시정이 가능한 세금에 관한 모든 불편을 책임지고 해결하여 주는 제도로서 전국의 모든 세무서에 설치되어 있다. 납세자의 권익보호를 위하여 세금과 관련한 납세자의 고충을 전담하여 처리하는 고충처리제의 대상은 세금부과처분, 세무행정으로 인한 불편 및 애로사항, 세무행정과 관련한 개선 및 건의사항 등으로 구체적인 내용은 다음과 같다

① 세금구제 절차를 알지 못하여 불복청구 기간이 지났거나 입증

자료를 내지 못하여 세금을 물게 된 경우

② 직원이 대신 써준 신고서에 도장만 찍었거나 각종 기준율에 따라 신고는 하였으나 자신의 수입금액보다 많은 금액이 신고된 경우

③ 실제로 국내에 한 채의 집을 갖고 3년 이상 소유한 후 팔았으나 여러 가지 사유로 공부상 기재 내용과 같지 아니하여 1세대 1주택으로서 비과세 혜택을 못 받은 경우

④ 서민층이 부동산 취득자금을 서류 등으로 명백하게 입증하기 어려운 경우

⑤ 체납세액에 비하여 체납자의 재산을 너무 많이 압류하거나 다른 재산이 있음에도 사업활동에 지장을 주는 재산을 압류한 경우

■ 법에 의한 권리구제제도

1) 법에 의한 권리구제 절차

권리구제의 대상은 부당한 세금고지, 기타 부당한 처분을 받았거나, 세금부과 이외에도 필요한 처분을 받지 못함으로써 권리나 이익을 침해 받은 경우이며, 구체적인 사항이 아닌 일반적이고 막연한 사항이나 조세범처벌법에 따른 벌과금 등은 구제대상이 되지 않는다. 법에 따른 권리구제 절차는

① 국세기본법에 따른 절차로서는 세무서 또는 지방국세청에서 제기하는 이의신청, 국세청에 제기하는 심사청구, 재정경제부 국세심판원에 제기하는 심판청구

② 감사원법에 따라 감사원에 제기하는 감사원 심사청구

③ 행정소송법에 의하여 행정법원부터 시작하여 대법원에 이르는 행정소송

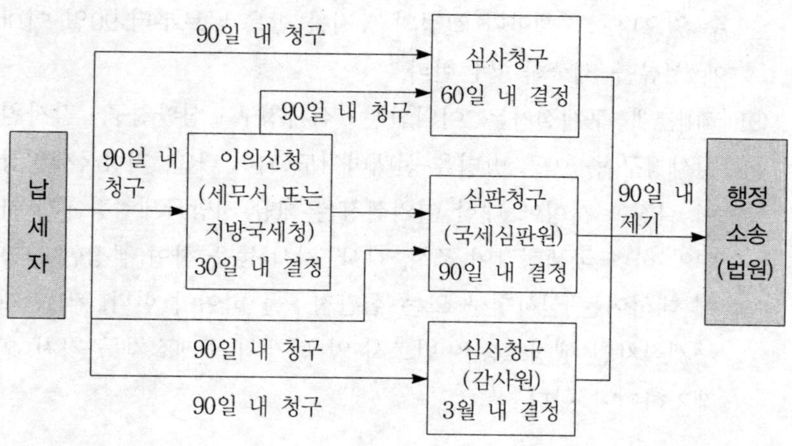

3) 서류 작성시 유의사항

① 청구할 수 있는 사람은 세금부과 또는 필요한 처분을 받지 못하여 권리나 이익의 침해를 당한 사람인데 이 경우 변호사, 공인회계사 또는 세무사를 대리인으로 선임하여 구제절차에 관한 사항을 위임할 수 있다.

② 불복청구의 취지는 세무관서의 세금부과 등의 내용을 정확하고 간명하게 기재한 후 그 처분의 취소 등을 구하는 뜻을 밝히고 청구원인으로 청구하는 사람의 주장이 정당함을 뒷받침할 수 있는 이유를 상세히 적고 입증서류를 첨부한다.

③ 처음 불복 청구를 할 때 제출하였던 증빙서류는 다시 제출하지 않고, 다음 단계의 불복청구 담당관서(상급심)에 이송 요청할 수 있다.

④ 법에 따른 구제절차는 반드시 고지서 등을 받은 날 또는 세금

부과 사실을 안 날로부터 90일 이내에 서류를 제출하여야 하며 1단계 절차에서 권리구제가 안 되면 2, 3단계의 절차를 거칠 수 있으나, 그 때마다 결정의 통지를 받은 날로부터 90일 이내에 서류를 제출하여야 한다.

⑤ 제1단계 구제절차는 이의신청·심사청구·심판청구·감사원 심사청구 중 어느 방법을 선택하여도 되며 다만, 지방국세청장이 결정한 사항에 대한 이의신청은 해당 지방국세청장에게 하여야 하며 국세청장이 조사, 감사, 지시 등을 하여 결정한 사항에 대하여는 심사청구 또는 심판청구를 하여야 한다. 제2단계 구제절차인 행정소송은 반드시 앞 단계의 구제절차를 거친 후 제기하여야 한다.

조세의 징수방법

· 신고납부 : 납세의무자가 납부할 조세의 과세표준과 세액을 신고함과 동시에 납부하는 방식을 말한다. 여기에는 소득세, 법인세, 부가가치세, 취득세, 등록세, 사업소세, 지역개발세 등의 납부에 적용되고 있다.

· 보통징수 : 세무공무원이 납세고지서를 당해 납세의무자에게 교부하여 징수하는 방식을 말한다. 여기에는 상속세, 증여세, 재산세, 종합토지세, 자동차세, 균등할주민세, 도시계획세, 공동시설세 등의 납부에 적용되고 있다.

· 특별징수 : 그 징수의 편의가 있는 자로 하여금 징수시키고, 그 징수한 세금을 납부, 납입하게 하는 방식을 말한다. 여기에는 소득세, 법인세, 지역개발세, 소득할주민세 등의 수에 부분적으로 적용되고 있다.

42|중소기업에 대한 조세지원

2003년의 조세지원제도의 중요한 변경 내용은 중소기업 특별세액
감면적용 대상업종이 기존의 19개 업종에서 9개 업종이 추가, 임시
투자세액공제 적용시한의 연장, 중소기업에 대한 생산성 향상 시설투
자 세액공제 대상에 SCM(공급망관리), CRM(고객관계관리)시설이
추가되고 세액공제율도 조정, 공해시설 등의 수도권 투자에 대한 세
액공제가 허용, 지방 이전기업 임시특별세액 감면기간 연장, 법인전
환시 양도소득세 이월과세 적용대상 업종확대, 일용근로자 면세점 상
향 조정 등 조세감면이 확대되었다. 조세지원 내용은 매년 변경이 심
하여 여기서는 간단히 소개하고 상세한 내용은 관련법규를 참고하여
야 할 것이다.

1) 중소기업 경영안정을 위한 지원

① 수도권 내의 소기업 및 수도권 외의 중소기업에 대하여는 납부
   할 소득세 또는 법인세의 10~30%를 감면하여 준다.
   • 감면비율
     - 수도권 밖의 중소기업 : 30%
     - 수도권 내의 중소기업 중 소기업 및 지식기반 사업을 영위

하는 중소기업 : 20%

- 도매업, 소매업, 의료업(의원. 치과의원. 한의원 제외), 자동차 정비업 및 관광사업(카지노. 관광유흥 음식점. 외국인 전용관광 유흥음식점은 제외) : 지역에 관계없이 10%

• 소기업이란?

상시 근무하는 종업원 수가 제조업은 100명 미만, 광업, 건설업, 물류산업, 여객운송업은 50명 미만, 기타 사업은 10명 미만의 기업을 말한다.

② 세법상 비용으로 인정하는 접대비 인정금액 한도를 일반기업보다 우대하고 있다.

[접대비 인정 한도]

일 반 기 업	중 소 기 업
인정한도 : 가＋나 　가. 기본금액 : 1,200만원 　나. 수입금액 × 적용률	인정한도 : 가＋나 　가. 기본금액 : 1,800만원 　나. 수입금액×적용률

※ 관련법규 : 소득세법 제35조, 법인세법 제25조

2) 중소기업 설비투자지원

① 기업이 당해 과세연도 종료일 현재 보유하고 있는 사업용 자산 등의 가액에 20%에 상당하는 금액을 중소기업 투자준비금으로 설정하여 세법상 비용으로 인정함으로써 세금부담을 덜어주고 있다. 손금으로 설정된 투자준비금은 3년이 되는 날이 속하는 과세연도부터 3년간 분할하여 익금으로 환입한다.

※ 관련법규 : 조세특례제한법 제4조

② 사업용 자산, 판매시점 정보시스템설비 및 정보보호 시스템설비 투자금액의 3%에 상당하는 금액을 납부할 소득세 또는 법

인세에서 공제해 준다.

　※ 관련법규 : 조세특례제한법 제5조

3) 중소기업간 통합시 양도소득세 과세유예 및 지방세 면제

소비성 서비스업을 제외한 중소기업간 통합으로 이전되는 부동산의 양도차익에 대한 양도소득세는 통합하는 시점에 과세하지 아니하고 통합법인이 그 자산을 처분할 때 납부하도록 하여 통합시점의 세금부담이 없도록 한다. 통합되는 재산을 취득 등기할 때 드는 취득세, 등록세도 면제한다.

　※ 관련법규 : 조세특례제한법 제31조, 제119조, 제120조

4) 수도권 과밀억제권역 외의 지역으로 이전시 9년간 세금 감면

수도권 과밀억제권역 안에서 2년 이상 계속하여 공장시설을 갖추고 사업을 영위하는 중소기업이 수도권 과밀억제권역 외의 지역으로 본사와 공장을 전부 이전하는 경우에는 이전일이 속하는 과세연도와 그 후 3년 간은 소득세 또는 법인세를 100%, 그 다음 5년간은 50%를 감면해 준다.

　※ 관련법규 : 조세특례제한법 제63조

5) 최저한 세적용율을 일반기업 15%보다 3% 낮은 12%를 적용하여 우대하여 준다.

　※ 관련법규 : 조세특례제한법 제132조

6) 결손금 소급공제 적용

결손금은 일반적으로 다음 사업연도의 소득에서 공제하는 것이 원칙이나 중소기업에 한하여 직전 과세연도 소득에서 소급하여 공제받을 수 있으므로 이미 낸 소득세 또는 법인세를 소급하여 환급 받을 수 있다.

　※ 관련법규 : 소득세법 제85조, 법인세법 제72조

7) 기업의 구매전용카드 등으로 물품 구입시 세액공제

중소기업이 기업구매 전용카드를 사용하여 지급하는 경우 또는 외상매출채권 담보대출제도를 이용하여 지급하는 경우에는 다음과 같이 계산한 금액을 소득세 또는 법인세에서 공제한다. 공제받는 금액은 당해연도의 소득세 또는 법인세액의 10%를 한도로 한다.

　　※ 관련법규 : 조세특례제한법 제7조의 2

　　• 세액공제액＝(기업구매 전용카드 등의 사용액 － 구매대금 지급을 위해 결제한 약속어음의 금액)×3/1,000

8) 전자상거래시 구매대금의 0.5%를 세액공제

중소기업을 영위하는 내국인이 전자입찰 방식을 통하여 물품을 구매하고 전자결제망을 이용하여 대금을 지급하는 경우 구매대금의 5/1,000을 소득세 또는 법인세에서 공제한다. 공제 받는 금액은 당해연도의 소득세 또는 법인세액의 10%를 한도로 한다.

　　※ 관련법규 : 조세특례제한법 제7조의 3

9) 원천징수 납부방법의 특례인정

상시 고용인원이 10인 이하인 사업자가 관할 세무서장의 승인을 받은 경우에는 원천징수세액을 매달 납부하지 않고 반기별로 반기의 마지막 달의 다음달 10일까지 한꺼번에 납부할 수 있다.

　　※ 관련법규 : 소득세법 제128조, 동 시행령 186조

10) 사업소세(지방세) 면제

사업소의 종업원 수가 50인 이하인 경우 및 사업소의 연면적이 330제곱미터 이하인 영세중소기업에 대하여는 종업원할 및 재산할 사업소세가 각각 면제된다.

　　※ 관련법규 : 지방세법 제243조, 제249조

11) 국민주택채권 매입의무 면제

중소기업이 부동산 담보대출의 목적으로 저당권을 설정하는 경우 국민주택채권 매입의무가 면제된다.

※ 관련법규 : 주택건설촉진법시행령 별표 3

🔲 Goodman의 법칙

불만족한 고객은 다음에 제품을 살 때 경쟁회사 제품을 구매할 비율이 56%, 그냥 참는 비율이 40%인데 비해 불만을 표현하는 고객은 4%에 불과하다는 원리이다. 불만이 있으나 제때에 해결될 경우, 고객이 다시 거래를 계속할 가능성은 무려 95%에 달한다. 불평하는 고객이 오히려 고마운 고객이다.

제6장

실전 마케팅으로 전환한다

모든 기업활동은 보다 좋은 조건의 판매를 실현하기 위한
수단에 지나지 않는다.
기업의 이익은 내부에서는 발생하지 않는다.
팔리는 데서부터 이익이 실현되는 것이다.

43 | 마케팅의 트랜드를 주목한다

비즈니스는 오직 두 가지 기능을 가질 뿐이다.
그것은 마케팅과 혁신이다.

오늘날 시장의 고도화된 경쟁은 기업의 마케팅 활동이 양적인 측면에서 벗어나 질적인 측면으로 강화되는 추세로 변화하고 있다. 이는 마케팅을 위한 의사결정이 한층 높은 수준으로 승부하여야 하는 시점에 진입하였음을 뜻하는 것이다. 이것은 경쟁적인 측면에서 소비자의 마음을 자사의 제품 쪽으로 유인할 수 있는 전략적 관점 즉, 마케팅 사고의 형성이 보다 수준 높게 형성되어야 함을 뜻하는 것이라 할 수 있다.

소비자들의 의식구조 및 구매행동 양식도 과거와 같지는 않으며 기본적인 욕구 충족에서 벗어나 자기만의 개성을 추구하는 차별화 욕구와 자기 실현 욕구를 달성하기 위한 소비자 행동 양식도 상당히 변화되고 있다. 전반적인 시장환경도 점차 경쟁이 심화되어 기업의 외적환경의 변수가 기하급수적으로 늘어나고 기술혁신, 제품의 다양화, 소비자들의 개성화 풍조가 사회전반을 주도하는 경향이다. 이러한 시장구조의 변화로 말미암아 시장에서 살아남기 위한 개별기업의 전략이 보다 절실하며 중·장기적인 시장변화를 정확하게 인식하지 못하면 큰 흐름으로부터 단절되어 기업의 생존을 위협하는 결과를 초래할 수 있다.

■ 마케팅전략의 방향

구 분	내 용
기회선점적 대응	제품개발 주기(Product Development Cycle), 시장진입시기·속도, Lead Time, 시장경쟁, 소비자 변화에 대한 대응
제휴와 경쟁	Relation Ship, 고객에 대한 새로운 개념정의가 요구됨, 삼성과 LG의 TDX-100개발을 위한 기술제휴, 제일제당과 일화의 생산시설 공유
고객만족	고객감동·공감, 신속한 A/S, 사용교육, 환불, 배달, 설치, 금융, 신모델 교체지원, 경쟁이 증가하면서 H/W의 차별성이 감소하고 S/W쪽에 관심 증가
유연성	전략, 조직, 유통, 생산, 의사 결정, 변화 대응의 유연성 추구
가격 경쟁력	차별화를 수반한 가격우위, 컨셉 프로덕트, 원가 선도력(Cost Leadership), 가격파괴 vs 가격창조, 전략적 물류관리 시스템
업무흐름의 단순화 통합화	백화점 내 수경재배실 운영, 제품, 가격, 유통, 광고차별화 vs 마케팅 전 과정 차별화
멀티미디어 사회로 발전	컴퓨터 네트워킹, POS, EDI, CATV, 위성통신
시장창조형 마케팅	Soft 지향형 가치개념(서비스, 이미지, 정보 등) Personality, Identity
생존을 위한 지속적인 혁신	제품. 사업 등에 대한 개념정의, 사고방식, 업무방법(Creative Immitatiom, Purposful Thinking & Action, Strategic Planning, Zero-Base Planning)

■ 마케팅 환경의 변화요인

① 정치 · 경제적 환경의 변화
- 국제화, 개방화, 지방자치 경제권 육성, 규제 완화 및 권한 이양
- 시장자율화 확대, 각종 진입 장벽의 철폐 완화
- 무역장벽 완화, 철폐(UR. WTO), 유통시장의 개방, 국경 없는 경쟁 및 가격차 축소
- 자본이동의 자유화, 산업환경 구조의 고도화, 성숙화(수요와 성장둔화, 수요 동향의 불확실성 증대, 생산능력 과잉, 노동력 부족, 3D업종의 기피)
- 고비용, 다접점 고경쟁화, 고변화
- 서비스산업의 비중 증대

② 사회구조의 변화
- 인구의 도시집중화, 광역도시화로 시장 집중 가속
- 인구 구성의 핵가족화, 고령화, 고학력화로의 변화 및 사회복지 발달
- 주택보급율의 상승 : 주택개조, 내부 인테리어 사업
- 여성의 역할 증대 : 취업여성, 독신여성 증대, 가족 내의 역할증대, 사교 기회의 증대, 가사 · 육아 시간의 감소
- 도심의 공동화, 신도시 U-Turn 현상, 자연친화, 회귀현상
- 가치관의 다원화, 생활방식의 개성화, 전통적 가치관의 붕괴
- 창조력의 중요성 증대, 신용사회로의 진전, 만성적 교통문제, 상품의 국적성 파괴, 유통산업의 경쟁구조 변화

③ 기술과 법적규제. 제도의 변화
- 정보. 통신기술의 혁명 : 자동 수발주 시스템(POS, EDI),

물적 유통의 합리화, 시스템화, Virtual Market의 급속한
확대 발전, 정보의 실시간 처리 및 공유
- 시간절약, 자원절약, 환경오염 방지, 복합기술 및 고도 정보
기술의 중시
- 환경규제의 강화
- 시민기업으로의 역할증대 요구
- 소비자 주권의 강화 : PL법 도입
④ 소비구조의 성숙화
- 차별화 욕구에 의한 선택적 소비현상 : 자유시간의 증대, 자
기개발 의식의 증대, 가정 중시 현상, DIY의식의 증대, 목적
형 소비, 상품소비에서 서비스 소비
- 시간 절약형, 창조형, 문화 창조형, 건강 지향형 소비 : 택배
업, 자동식기 세척기, 마블와이샤츠, 휴대용 전화기, 무공해.
천연. 유기농산물, 무첨가, 무설탕, 저칼로리, 자동혈압 측정
기 등
- 편리지향, 안전욕구증대, 공간절약형 소비 : 자동응답전화기,
퍼지줌 카메라, 1회용 콘텍트렌즈, 마시는 우황청심환, 휴대
폰, ABS브레이크, 에어백, 액정 칼라 TV
- 한국형 제품에 대한 선호 : 김치독 냉장고, 물걸레 청소기
- 구매 편의성 추구 : 신용카드 사용증대, Home shopping,
Catalog 주문, Tele-marketing의 확산
- 상표 충성도 하락, Self-Service지향, 컨설팅 세일즈의 수요
증대

　코카콜라는 원래 두통 치료제로서 판매되었다. 애틀랜타의 한 약사로부터 공정특허를 사들인 캔들러(Asa Candler)는 만성 두통 경험자들이 1주일에 한 번 정도 두통을 경험하나 보통 사람들은 1년에 1번만 두통을 경험한다는 것을 알았다. 그러나 모든 사람들이 매일 겪고 있고 1시간도 안되어 재발되는 무시무시한 질병이 있다. 이름하여 갈증이라는 이름의 질병이다. 코카콜라는 캔들러에 의하여 갈증을 치료하는 대중적인 음료로서 재정립되었다.

44 | 영업전략의 차별화가 중요하다

마케팅이란 사업의 최종 결과로 본 관점, 즉 고객의
관점에서 본 사업전체를 말한다.

소기업은 대기업에 비해서 상대적으로 고객의 숫자가 적은 편이다. 지역적으로나 규모면에서 더 작기 때문이다. 그러나 그만큼 고객에 대한 차별적 관리가 더 용이할 수도 있다. 국내 전 지역에서 영업을 하면 그만큼 개별고객의 특성을 맞추어 주기가 힘들기 때문이다. 치킨전문점을 예로 들어본다. KFC와 파파이스는 광고를 통해서 인지도가 상당히 높은 치킨전문점의 선도기업이다. 이 두 기업에 대항하여 국내 브랜드로 몇 개의 치킨전문점이 공략하였으나 적수가 되지 못했다. 일반적으로 사람들은 동네 치킨점과 KFC 또는 파파이스와의 싸움이 동네 슈퍼와 대형할인점의 경쟁과 같다고 생각한 것이다.

그런데 꼭 그런 것만은 아니었다. 서울 반포동에 있는 마늘 통닭집, 서교동에 있는 진흙구이 통닭집이 대표적인 경우이다. 이들 치킨전문점은 기존 치킨전문점에서 제공되는 획일화된 치킨 맛에 점점 질려가는 고객을 대상으로 자기들만의 독특한 요리방법을 개발하여 시장에서 차별화된 맛으로 성공을 거둔 경우이다. 판매활동은 창조활동이며 지혜의 경쟁이기도 하다. 상품, 판매방법, 판매자, 판매전략 등 여러 가지 요인이 결합되어 판매실적으로 연결된다. 따라서 소기업은 고객이 원하는 바를 보다 세밀하게 연구하고 대기업이 제공할 수 없는 차별적 가치를 제공할 수 있을 때 경쟁력을 확보할 수 있게 된다. 모든 기업은 매출을 늘리기 위하여 온갖 노력을 다하고 있으나 요즈음 같은 경제안정기에는 수요가 크게 늘어나지 않는다. 극단적으로 말하면 경쟁사의 시장을 뺏는 것 이외에는 매출을 늘리는 방법이 없다. 따라서 시장 확대를 위한 경쟁은 더욱 가열되기 마련이다. 기업들은 신제품과 새로운 기술의 개발에 힘쓰는 한편 경쟁사와의 차별화된 특징을 바탕으로 기업과 제품의 홍보, 이미지 제고 등에 주력한다. 이제 기업은 산업화시대의 양과 질만으로는 대응이 곤란하고 환경변화에 얼마나 신속히 대처하느냐가 경쟁전략의 핵심요소가 된다. 다시 말하면 경쟁력은 Volume(量)×Quality(質)×Speed(速)이라 말할 수 있다. 다음 사례의 공통점은 어떻게 자기 회사의 특징을 만들어 경쟁사와 차별화에 성공하였는지를 보여준다.

1) 인텔(Intel)의 따돌리기 개발전략

경쟁자보다 먼저 차세대 제품을 개발하고 스스로 상품의 세대교체를 유발함으로서 시장을 선도하는 전략이다. 개발비보다는 개발의 스피드를 경영의 최우선 목표로 정하고 동시 병행형 R&D 체제를 구축한다. 통상적으로 4~5년 걸리는 차세대 제품의 출시기간을 반으로 단축하여 제품이 사실상 시장의 표준이 되어 막대한 이익을 실현한다. 세계 MPU시장의 80%를 점하고 있으며 순이익율은 20% 이상이다.

2) 월마트(Walmart)의 상품회전율 높이기

미국의 월마트는 상품공급을 자주하여 경쟁자인 K마트를 단기간에 제압하고 할인양판점 업계의 1위를 고수하고 있다. 월마트가 K마트를 추월한 가장 커다란 이유는 상품회전율의 차이이다. 88년까지는 K마트가 월마트보다 큰 규모(256억$ vs 159억$)였으나 월마트는 1주에 2번 상품을 공급하는데 비해 K마트는 2주에 1번씩 상품을 공급하여 재고를 1/4로 줄이거나 소비자 선택의 폭을 4배로 늘릴 수 있는 획기적인 체제로 운영하여 업계 평균보다 3배의 성장률과 2배 이상의 자본이익률을 기록하였다.

3) GE(General Electric)의 명확한 사업구조 조정

GE는 90년대에 경쟁우위 요소를 3S, 자신감(Self-Confidence), 단순성(Simplicity), 스피드(Speed)로 단정하고 전 조직에 이 개념을 확산하였다.

GE는 명확한 사업구조 조정원칙을 정립하여 "1-2위가 아닌 사업은 재구축하거나 매각한다."라는 원칙을 천명하였다. GE는 신제품개발기간을 반으로 줄이고, 워크아웃을 통한 권한 이양 및 문제 해결, 현장의 살아 있는 정보를 경영전략에 반영, 고객의 접점에 권한을 대폭 위양하였다.

4) 교세라(京セら)의 효율적인 정보시스템

3,000개가 넘는 소조직의 실적을 일일결산 체제로 매일 집계, 관리하여 신속한 경영실적을 파악한다. 교세라는 누구나 알기 쉽게 부가가치 산출방법을 단순화하고 필요할 경우 세무당국과 협의하여 독자적인 처리기준을 마련하여 효율적인 일일결산 체제를 확립하였다. 신속한 업무처리를 위하여 현업 지향적인 정보시스템을 구축하고 매일 정오에 실적을 마감, 저녁이면 전사적으로 집계가 완료되어 경영자는 다음날 아침에 적절한 의사 결정을 내릴 수 있다.

5) 페데럴 엑스프레스(Fedex)의 제때 배달 준수

'제때 배달' 준수 여부로 고객서비스 수준을 평가하여 직원들의 성과 측정을 위한 객관적인 관리지표로 사용한다. 이를 위하여 자체 통신위성을 동원 신속한 배달서비스를 제공하고 최근에는 인터넷을 이용하여 화물의 배달 상태를 고객이 직접 추적이 가능하도록 하였다. 배달 지연 시간을 12가지로 분류하여 각각에 대한 벌점을 정하고 개인 및 부서평가를 위한 기준으로 사용한다.

예를 들어 2시간 지연에 2점, 5시간 지연에 5점, 배달사고에 20점 등을 부여하여 개인별. 부서별로 집계한다. Fedex의 경영목표는 인적자원(Person), 고객서비스(Service), 이익(Profit).의 머리 글자인 PSP이다.

아킬레스건을 찾아라

불사신 아킬레스의 유일한 약점은 발뒤꿈치이다.

업계의 일등기업 마이크로 소프트, 코카콜라, 맥도날드, GE, 월마트 등을 공격하기 위해서는 그들이 강하기 때문에 가질 수밖에 없는 유전적 결함, 즉 아킬레스건을 찾아 그 곳을 공격하여야 한다. 이를 다른 말로 표현하면 차별화전략이라 한다. 기업간의 경쟁에서도 마찬가지이다. 약한 기업이 강한 기업의 강한 곳을 공격해 봐야 아무 소용도 없고 전력의 손실만 초래할 뿐이다.

IBM 대형 컴퓨터는 가격이 매우 비싸지만 대량생산을 하기 때문에 제조원가를 얼마든지 낮출 수 있다. 따라서 판매가격이 높다는 약점은 아무리 공격해 봐야 소용이 없다. 막강한 XEROX, RCA 등이 일찍이 컴퓨터 시장에 뛰어들어 IBM의 아성을 공격하였으나 실패로 끝나고 수억 달러의 손해만 보았다.

45 | CRM, 고객가치를 극대화한다

CRM(Customer Relationship Mnagement)을 한마디로 정의하기는 어렵다.

일반적으로 CRM이란, 신규고객확보, 기존고객유지 및 고객수익성의 증대를 위하여 지속적인 커뮤니케이션을 통해 고객행동을 이해하고 영향을 주기 위한 광범위한 활동이다. CRM은 고객관리에 필수적인 요소들을 고객 중심으로 정리 통합하여 고객활동(Customer Interaction)을 개선함으로써 고객과의 장기적인 관계를 구축하고 기업의 경영성과를 개선하기 위한 새로운 경영방식이다.

그러나 고객은 기업이 어떤 데이터를 수집하고 정보로써 어떻게 축적, 관리하고 있는지에 대해서는 관심이 없다. 다만 고객은 섬세하고 감동적인 서비스만을 누리고 싶어하기 때문이다. 고객은 변덕이 심하고, 건방지며, 이기적인 존재이나 고객을 무리하게 설득하거나 충고하려 해서는 안 된다.

고객만족도를 높이는 것은 고정 고객층의 이탈방지를 통해 안정적 기업이익을 확보하는 수단이다. 고객만족을 실천하면 고정 고객층이 확보되고 호의적 구전광고를 통해 신규고객 개척도 가능해지기 때문에 기업이익이 향상되고 시장점유율도 높아지게 되는 것이 고객만족 경영의 기본원리이다. 최근 들어 세계적인 우량기업들이 미래시장을 겨냥하여 경영목표를 시장점유율 확대에서 고객만족으로 전환하고 있는 것도 새로운 경영의 틀 속에서 이해할 수 있다.

고객만족을 높이기 위해서는 적어도 두 가지 요건이 충족되어야 한다. 첫째, 처음부터 고객의 기대를 충족시킬 수 있는 품질의 제품을 서비스 하는 것이고 둘째, 고객의 불만을 철저하고 효과적으로 처리하여야 하는 것이다. 결국 고객만족 경영은 이러한 조건을 지속적으로 충족시켜서 타사가 쉽게 모방할 수 없는 시장의 경쟁우위를 만들어 나가는 것이다. 고객만족 경영을 지속적으로 추진하기 위해서는 회사 내의 모든 계층, 모든 부서 직원들의 적극적인 참여와 고객 지향적 의식의 전환이 필요하다.

특히 고객과의 접점이 많은 일선 영업 현장 직원들이 자발적이고 주도적으로 개선방안을 제안하고 공감대를 형성하여 구체적인 실천계획을 수립하여야 한다. 아울러 고객만족 경영시스템의 극대화에 걸림돌이 될 수 있는 기존의 조직구조, 관행, 업무절차 등을 과감히 개선하고 현장 직원들에게 보다 많은 권한과 자율을 부여하여 원활하고 지속적인 개선활동이 이루어질 수 있도록 분위기를 조성하는 역피라미드식 조직으로의 전환이 요구된다.

따라서 다음과 같은 조건을 전제로 출발한 것이 CRM이라는 것을 명심하여야 한다.

① 불만족 고객의 4%만이 불만족을 직접적으로 표현하며 75~90%의 불만족 고객은 재구매를 하지 않는다.
② 불만족 고객은 9명 이상의 친구에게 그 경험을 이야기하지만 만족한 고객은 5명의 잠재고객에게 이야기한다.
③ 고객의 클레임을 신속하게 대처하면 고객의 70%가 거래를 계

속한다.

④ 기존고객을 유지하는 비용은 신규고객을 유지하는 비용의 1/6
에 지나지 않는다.

⑤ 기존고객에 대한 제품판매 예상은 50%인데 신규고객에 대한
제품판매 예상은 15%에 지나지 않는다.

⑥ 기업은 연간 5%의 고객유지율을 증가시킴으로써 수익을 무려
85%나 증가시킬 수 있다.

⑦ 평균적인 회사의 비즈니스 가운데 65%는 만족을 느낀 기존고
객을 통하여 이루어진다.

⑧ 만족한 고객은 기꺼이 더 많은 비용을 지불하려고 한다. 신용카
드 사업의 경우 1년된 고객으로부터의 연 평균이익이 30달러인
반면, 5년된 고객으로부터의 연평균 이익은 55달러였다.

⑨ 단골고객은 총고객의 15-20% 정도이며 기업이익의 70-80%
가 단골고객으로부터 나온다.

⑩ A/S 및 서비스센터 운영비용의 대부분은 수익성이 낮은 고객
때문에 발생한다. 홈 쇼핑업체의 가장 높은 비용이 반품서비스
에 드는 비용인데 반품을 가장 많이 하는 고객들이 바로 1회성
고객들이다.

CRM의 주된 목적은 고객에 대한 상세한 정보를 기반으로 고객과
의 장기적인 관계를 구축하고 충성도를 높임으로써 고객의 생애가치
를 극대화하는 것이다. 단순히 고객들의 구매를 유발시키는 것이 아
니라 고객의 마음을 사로잡아 자사제품 또는 서비스를 고집하도록
만드는 것이다. 다시 말하면 CRM은 시장점유율만을 추구하는 것이
아니라 자사의 제품이 고객의 마음 속에 얼마나 깊히 자리잡고 있는
가를 나타내는 마음의 점유율(Mind Share)을 확보하려는 도구인

것이다. 기존고객에 대한 보상과 혜택을 늘리면서 전환비용이나 이탈
비용을 줄이는 것이 CRM의 주된 목적인 동시에 의무이다.

　날로 기업간 경쟁이 치열해지고 있는 가운데 경쟁에서 승리하기
위해서는 얼마나 우량고객을 늘리고 유지해 나갈 수 있는가 하는 것
이 기업성공의 중요한 요인이 되고 있다.

노드스트롬사의 고객 서비스

　미국의 유명한 유통업체인 노드스트롬사는 78년 개점한 이래 자산규모가
7배 이상 성장하였고 광고예산은 동종 산업의 평균수준(매출액의 5%) 보다
훨씬 적지만(매출액의 1.5%) 단위 매장 당 매출액은 백화점 중 최고로서
업체 평균수준에 비해 3배 정도 높다. 이렇게 고성장 할 수 있었던 원동력은
무엇이었을까? 그건 타의 추종을 불허하는 '고객서비스'였다.

　노드스트롬사에서는 현장직원에 대하여 권한을 대폭 넓혀 고객이 원하는
것이 정당하기만 하면 무엇이던 들어주고 있다. 만약 원하는 제품이 없는
경우에는 빠른 시간 내에 구해서 보내고 있으며 제품을 구비하지 못한데
대한 사과의 편지와 함께 선물까지 증정하고 있다.

46 | 문화와 감성을 팔아라

소비자를 이끄는 새로운 힘이 탄생하였다. 그것은 감성과 꿈, 그리고 이야기와 문화이다. 이제 소비자들은 상품을 사기보다는 그 상품 속에 담겨 있는 이야기와 꿈이라는 문화를 사고싶어 한다. 시장이 이제 감성시장으로 바뀌었다는 증거는 도처에서 감지된다. 숲 자체가 상품이던 광릉수목원에 이야기를 담아 파는 숲해설가가 등장하면서 관람객 수가 엄청나게 늘어난 경우나 삼성전자의 핸드 폰 애니콜이 한류 문화 스타의 이야기와 결합하면서 창출한 판매승수 효과는 기존의 이성과 합리주의의 경영이론으로는 도저히 설명이 불가능하다. 이야기 시장은 여기서 멈추지 않고 관광시장까지 파고든다. 드라마 모래시계의 이야기가 정동진 관광특수를 만들어 낸 것이나 가을동화의 촬영지가 감성지수가 높은 외국 관광객을 끌어 모으고 있다.

이제 상품의 구매자나 판매자 양측은 기업의 감성이나 상품의 문화가치에 대하여도 대가를 지불하고 있다. 특히 무형적 가치의 성장과 확산 덕분에 상거래는 이제 과거의 단순한 형태를 완전히 넘어섰다. 온 라인 서점인 아마존 닷 컴이 훌륭한 사례를 보여준다. 만약 이 사업이 단순한 통신판매에만 국한되어 있었다면 그들은 대단한 성공을 거두기 어려웠을 것이다. 책을 사는 고객이 통신요금을 상쇄할 만한 할인가격으로 책을 살 수 있다 하더라도 운송시간을 기다려야 하는 문제가 도사리고 있기 때문이다. 아마존 닷 컴이 가지고 있는 진정한 장점은 다른 곳에 있음을 알아야 한다. 즉 고객들에게 훨씬 더 많은 정보를 제공하고, 독자들의 추천과 충고를 접수하여 필요한 사람에게 발송하며, 비슷한 생각을 가진 사람들의 공동체를 창출할 수 있는 능력이야말로 진정한 장점인 것이다. 1997년 여름에 인터넷 서점인 아마존은 '친애하는 아마존 닷 컴의 고객에게'라는 E-mail을 발송하였다. 그 당시 작가 존 업다이크는 44일에 걸쳐 온라인상에 단편소설을 쓸 예정이었고, 아마존은 바로 이 작업에 독자들을 초대하였던 것이다. 매일 수천 명의 독자들이 앞으로 진행될 소설의 줄거리를 보내왔으며 아마존 편집자들은 그 가운데 가장 재능있는 작가 1명을 선정하여 1,000달러의 상금을 수여하였다. 마지막 날에는 참가자 중 1명을 뽑아 10만 달러의 상금을 수여했다. 줄거리를 고치고 마무리하는 작업은 업다이크에게 돌아갔다. 이 과정에서 아마존이 얻은 것은 44일 동안 수천 명의 고객들을 끌어들여서 자신의 제안물을 검색하게 한 것이었다. 이러한 업다이크 소동은 구매자와 판매자 간에 활기찬 상호작용을 보여 주었다. 구매자들은 열정적으로 참가하여 시간을 투자하였고 판매자들은 더욱 열정적으로 그들에게 다가가서 현금뿐 아니라 세계적인 작가와 공동 창작할 수 있는 짜릿한 기회를 제공했다. 모든 일은 해피앤딩으로 끝났다. 모든 구매자와 판매자의 구분이 모호해지는 현상 속에서 이제는 양자 모두가 경제와 문화, 감성과 이야기가 교환되는 하나의 거대한 네트워크에 속하게 되었다. 할리 데이비슨(Harley Davidson)의 고객이 이 회사의 값비싼 대형 오토바이를 구입한다면 그것은 단지 오토바이 한 대를 구입하는 것 이상의 의미가 있는 것이다. 그 고객은 바로 할리 제품에 열광하는 애호가들의 공동체에 참여할 수 있는 자격을 산 것이 된다. 그것은 유명 브랜드의 의류나 향수를 살 때에도 마찬가지이다. 가장 열렬한 오토바이 애호가들은 할리 데이비스의 문신을 새겨서 브랜드에 대한 충성과 애정을 표시하기도 한다. 한 기업의 이미지를 형성하는 것은 엄청난 광고도, 최첨단의 공장설비도 아니고, 매출규모나 재계 순위도 아니다. 한 기업의 문화적 이미지는 고객들이 최일선의 직원을 접하는 단 15초 이내에 결정되며, 이것이 기업의 사활을 좌우한다고 한다.

예를 들어 항공사의 이미지를 형성하는 것은 최첨단의 항공기도, 이를 정비하는 최고급의 장비도, 항공사 본사 건물도 아니다. 오히려 고객이 항공표를 살 때 매표원과 접촉하는 몇 초, 비행기를 타고 기내에서 스튜어디스와 접하는 몇 초가 바로 항공사의 감성과 이미지를 결정하는 것이다. 왜냐 하면 고객들이 실제로 관심을 두는 것은 첨단항공기도 장비도 멋진 사옥도 아니기 때문이다.

🔲 감성마케팅

나이키는 홈 페이지를 통해 'Nike ID'제품을 주문생산하고 있다. 회원 등록을 하고 ID를 발급 받은 사람이 나이키 제품 중에 마음에 드는 디자인을 선택한 후 사이즈와 바탕 색상, 로고 색상과 위치, 끈 종류와 색상 등 10여 가지의 사양을 선택하고 이를 주문하면 그것에 따라 신발을 제작하고 마지막으로 원하는 곳에 고객 ID를 새겨준다. 개별고객에게 독특한 즐거움을 제공하는 감성마케팅이 부각되고 있다. 제품의 기능적 특성보다 신비, 자유와 같은 감성적 키워드를 중심으로 홍보 활동을 실시하여 고객이 소비를 통하여 새로운 라이프 스타일을 창조할 수 있도록 브랜드 이미지에 독특한 스토리를 포함시켜서 판매한다.

47 | 효율적인 매출 목표를 설정한다

'오늘 판다'는 것을 목적으로 한 판매활동보다 '팔리는
시스템'을 어떻게 만드느냐가 중요하다. 판매전략의
모든 것이 이러한 사고방식에서 출발되어야 한다.

회사 전체의 매출 목표를 정하는 방법에는 목표이익으로 매출 목표를 정하는 방법, 상권구매력으로 정하는 방법 또는 전략적 판단에 의한 방법 등이 있다.

1) 목표이익으로 매출목표를 정하는 방법

기업을 경영하기 위해서는 적정한 이익이 필요하다. 이 방식은 필요한 이익을 포함한 목표이익의 산정으로부터 출발한다. 즉 목표이익의 구성요소마다 필요한 이익액을 예상하고 이를 통하여 목표이익을 산출한다. 목표이익의 구성요소에는 차입금 반제, 이익준비금, 확장준비금, 위험보상액, 배당금, 임원상여, 법인세 등이 있다.

다음은 임금인상, 물가동향 등을 생각하여 인건비 등의 고정비를 예상한다. 이렇게 산출된 목표 이익액을 사용하여 매출 목표액을 구한다.

- 매출목표액＝(목표이익액＋예상고정비) / 한계 이익률
- 한계 이익률＝변동비 ÷ 매출액

목표이익액의 계산법에는 상기 방법 이외에 총자본에 대한 이익률로 계산하는 방법 등이 있다. 이익을 얻기 위한 매출액이 분명해지는 장점이 있지만, 그 매출액을 실현할 수 있는지 여부를 잘 검토하여야 한다.

2) 상권구매력으로 매출목표를 정하는 방법

이 방법은 시장 동향으로 매출목표를 정하는 것이 특징이다.

현재 고객의 상황, 경쟁 타사의 동향 등을 검토하여 상권을 결정한다. 다음에는 자사제품에 대한 한 세대당 소비 지출액을 파악하여 상권 내의 수요량을 파악한다. 그리고 상권 내의 구매력을 계산한다. 이 방법은 지역의 자료 등으로 상권 내의 세대 수를 조사하고, 상권 내의 구매력을 다음의 계산식으로 구한다.

· 상권내 구매력＝1세대당 평균 소비 지출액×세대수

이 경우는 1세대당 평균 소비 지출액, 세대수와 함께 과거의 실적으로 다음해를 예측하지 않으면 안 된다. 이 때는 경향 변동분석을 사용하는 것도 한 방법이다. 다음은 시장점유율 목표치를 다음의 계산식으로 구한다.

· 시장 점유율＝자사 매출액/상권내 구매력

시장 점유율은 기업 경영상 아주 중요한 위치를 차지하고 있기 때문에 위 식의 결과를 어떻게 해석할 것인지 신중하고 전략적인 검토가 필요하다.

마지막으로 매출목표를 다음의 계산식으로 구한다.

· 매출목표＝상권 내 구매력×목표시장 점유율

매출목표는 실현될 가능성이 큰 것이 장점이지만 필요한 이익을 확보할 수 있다고 한정할 수 없는 점이 단점이다.

이외에 목표매출액을 달성하기 위한 기법으로 지역별 목표매출액 할당법, 상품별 목표매출액 할당법, 영업직원별 목표매출액 할당법 등이 있으며, 상기 방법 모두 실제로는 각 단계 사이에 재조사와 재검토가 여러번 이루어지는 것이 보통이다. 또한 매출목표를 정하는 방법의 기준과 특징을 명확히 하기 위하여 각 방법으로 나누어 설명하였지만, 실제로는 한 가지 방법만으로 매출목표를 정하는 경우는 거의 없으며, 몇 가지 방법으로 목표안을 만들어 그것을 비교, 검토하여 종합적으로 판단하는 것이 보통이다.

이와 별도로 개별 회사의 여건 등을 감안하여 제품의 수명 연구, 계절변동, 제품별 원가구성, 거래처 관리기법, 신용한도계산, 채권회수기법, 교차비율, Z도표, J차트, AIDA의 법칙 등을 이용하여 전략적인 판단으로 매출목표를 정하는 경우도 있다.

⊟ 신상품의 실패 원인

1) 부적절한 시기(Timing) : Product Life, Competitive position & Activities
2) 제품의 실용성 부족 : 소비자의 수용관점 vs 기술적관점 개발
3) 고객욕구의 급격한 변화
4) 기초적 가정의 망각 : 4백만원대 소비자 가격의 저소음, 고연비 자동차
5) 목표의 불명확 : 개발시기, 런칭시기, 제품의 기업 내 역할
6) 전후방 단계(Forward / Backward)에서의 고객과의 경합
7) 부적절한 조직구조및 인원 : 임원진의 혼란, 정보시스템의 미확립, 협조체제의 미비, 신제품개발팀의 창의성 부족
8) 부적절한 자금지원
9) 기업전략과 신제품전략의 불일치
10) 부적절한 마케팅 조사
11) 효과적인 마케팅전략의 부재
12) 장기적 투자의 부재

48 | 영업정보를 수집한다

정보란 개인이나 조직이 성장, 발전하기 위하여 사전에 알아두어야 하는 적절한 판단의 기준과 지식이다.

이는 Imformation과 Intellegence를 말하는데, 전자는 수준이나 형태에 관계없이 단순히 얻어지는 지식인데 비하여 후자는 어떤 목적 아래 가공(분석. 판단. 평가)되어 새로운 정보지식, 기능으로 순화된 것을 말한다.

1) 정보의 기능과 목적

영업정보의 기능과 목적은 시장변화를 초래하는 원인과 고객의 욕구를 파악하여 기업의 인식과 발상에 착오는 없는지 또는 더 훌륭한 대안은 없는지를 판단할 수 있는 기초가 된다. 따라서 시장의 실태와 트랜드를 올바르게 이해하면 객관적, 경제적 행동의 원천이 되며 이는 결국 성의 있는 실천과 조직의 창의력을 증진시킨다.

2) 정보수집의 원칙

- 무엇을 알고자 하는가?
- 어디까지 알아야 하는가?

- 어디에 정보가 있는가?
- 정보는 얼마나 정확한가?
- 정보출처에 대한 보안은 필요한가?
- 최대한의 신속성을 유지한다.
- 정보유입 루트를 조직화한다.
- 발로 얻은 현장정보를 중시한다.
- 손과 귀를 놀리지 않는다.
- 전화를 최대한 활용한다.
- 정보는 찾는 사람에게만 보인다.
- 과거 자료나 숫자에 현혹되지 않는다.
- 정보에 정면으로 도전한다.
- 부분적인 정보라도 지속적으로 관심을 갖는다.
- 수집된 정보는 의사결정과 결부시킨다.

3) 영업에 필요한 정보의 분류

고객정보	・고객정보 : 상품자체, 타사제품, 대체품 비교정보 ・유통업자의 평판 : 소비자관련, 생산자관련 ・고객욕구 : 기능, 조작, 안전, 미관, 가격, 보관, 사용후 폐기 등의 불편, 불만, 불합리, 불안 등
경쟁정보	・경쟁상대의 장점, 단점, 목표, 실력, 판매체계, 시장, 분포도, 판매전력, 가격, 생산비, 선전방법, 불만처리 등
제품정보	・판매상태 : 경쟁제품명, 생산업체명, 시장점유율과 경향, 호평을 받는 점, 상품의 순환단계, 향후 예측과 신제품계획 ・제품의 특징 : 제품목표, 사용조건, 특징, 실용신안, 방식 등
기업정보	・회사정보, 인적정보, 수익정보, 신용정보, 거래상품 내용, 판매처 정보, 구매처 정보, 거래조건, 하청, 외주
자사정보	・자사에 대한 평가 의견과 원인 ・자사 상품에 대한 상대편의 지식 정도

구매정보	· 구매담당자, 결정권자, 영향자, 현장의 사용자 · 구매결정 통로, 결정방법, 결제기간, 구매방침, 인맥, 구매결정 요인, 현재의 애로사항, 예산집행 시기
납품정보	· 도면. 사양 상의 구매처 희망에 관한 정보 · 필요기술 정보, 수입검사 판정기준 · 납기, 납입방법 · 포장, 보관, 납입(장소, 시간, 방법, 설비 등)정보
가격정보	· 공정가격, 실제가격, 도매가격과의 관계 · 유통마진의 체계

신제품의 확산속도

Frisbee라는 프라스틱으로 된 원반은 제품도입기부터 성숙기에 이르기까지 6개월이 걸렸다. 그렇지만 미국 농무성에서 개발한 새 품종의 옥수수 종자는 미국 농민들에게 확산시키는데 약 13년이 걸렸다.

49 | 영업관련 계수를 관리한다

영업현황을 숫자로 정리하여 현상을 파악하고 앞으로 어떻게 하면 좋을 것인지 계수적 관리를 통하여 장래를 예측하는 것으로 계획을 수립하거나 실행을 통제하는 수단으로 사용한다.

1) 영업계수관리의 목적

영업계수관리는 매출, 이익목표 대 실적, 전년 대비 실적률, 대금회수율 등을 숫자로 파악함으로써 객관적인 분석, 판단이 가능함으로 이는 대단히 중요하다.

특히 영업직원은 계수를 기피하는 경향이 많은데 영업직원들이야말로 계수에 밝아야 함은 물론 이를 적극적으로 활용할 수 있어야 한다. 고객이나 상급자, 이해 관계자를 설득할 때 이를 유용하게 활용할 수 있어야 한다.

따라서 계수관리는 숫자를 정리하여 규칙성을 파악하고 실질적인 문제점을 숫자로 검토하며, 어떤 방법이 최선인지 정량적으로 판단하여 업무계획 등에 반영하여야 한다.

2) 계수관리의 실제

매출 관리	· 판매목표 달성율	실질매출액/목표매출액×100
	· 시장점유율	당사판매량/총시장규모×100
	· 매출액증가율	금기매출액/전기매출액×100
	· 거래처 평균매출액	매출액/거래처수
	· 방문처 당 매출액	매출액/방문건수
	· 신규개척 매출액률	신규개척매출액/매출액×100
	· 제품별, 지역별, 직원별 매출액으로 구분관리	
활성화 관리	· 유효 방문율	성공방문건수/총방문건수×100
	· 신규개척률	신규고객수/전체고객수×100
	· 거래점유율	당사거래점포수/지역내 총점포수×100
	· 1일 방문건수	연간 총방문건수/365
회수 관리	· 회수율	회수액/당월 외상매출금＋월초 외상 매출금 잔액×100
	· 외상매출금 회전기일	월평균잔액/월평균매출액×30
	· 현금회수율	현금회수액/외상매출금회수액×100
	· 받을어음 회수비율	받을어음회수액/총회수액×100
효율성 관리	· 판매관리 비율	판매관리비/매출액×100
	· 매출총이익률	총이익/매출액×100
	· 매출액대비 반품률	반품액/매출액×100
	· 매출액대비 할인율	할인액/매출액×100
	· 매출액대비 판촉비율	판촉비/매출액×100
	· 거래처상품회전율	매출액/평균상품재고액×100

3) 계수관리의 활용

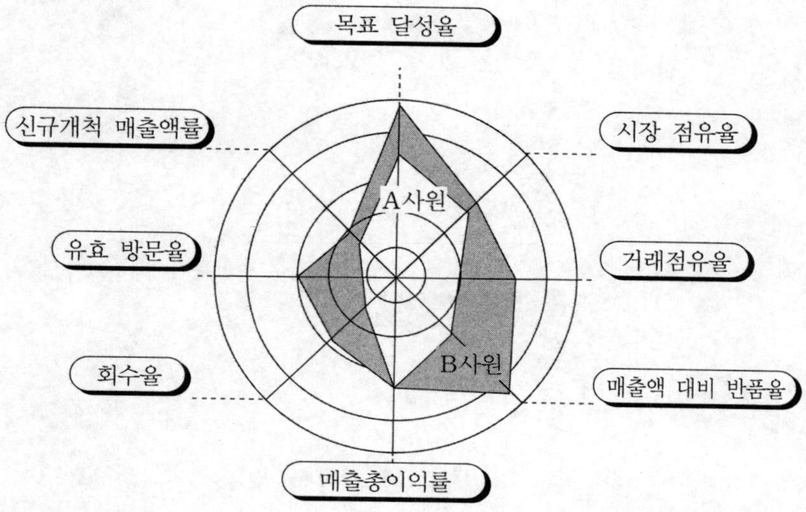

- A사원－신규개척 매출액률이 부진하므로 개선해야 한다.
- B사원－매출액 대비 반품율이 높으므로 개선해야 한다.
- 나머지 사원들도 같은 방법으로 접근한다.

⊟ 유태인의 비즈니스 10계명

1. 계약은 생명이다. 우리는 하느님과도 계약했다.
2. 서명은 신중하게, 운명이 걸려있다.
3. 막히면 뚫어라. 모든 길은 마음에서 나온다.
4. 온 세상이 장사거리이다. 푸른 하늘의 흰 구름도 쥐어짜면 비가 된다.
5. 올바른 장사를 하려면 시장으로 가라.
6. 신용이 없으면 문이 열리지 않는다.
7. 한 우물을 깊이 파라. 맑은 물이 용솟음칠 것이다.
8. 정보수집에 거래 성패가 좌우된다.
9. 체면과 형식에 얽매인 자는 알맹이가 없으니 멀리 하라.
10. 유태인이 세계경제를 좌우한다는 이방인을 경계하라. 곧 칼을 들이댄다.

제7장

이제는 문화와 인간경영이다

우리는 무엇을 위해 일하는가?
우리의 원칙은 무엇인가?
우리는 어디로 가고 있는가?
우리의 공통점과 동기부여는 어느 정도인가?

50 | 기업문화의 중요성

어느 문화 인류학자의 조사에 의하면 문화에 대한 개념정의가 무려 175가지나 된다고 한다. 그 만큼 문화라는 말은 사용 폭이 넓고 그 의미가 다양하다. 그러나 이러한 다양성의 이면에도 공통점은 있다.

문화(Culture)는 자연(Nature)과 대비되는 개념이라는 것이다. 따라서 문화에는 '있는 그대로 내버려진 상태'가 아니라 사람에 의해 다듬어지고 가꾸어진 삶의 양식이라고 하는 기본적인 의미가 깔려 있다. 기업문화는 일반적인 문화의 개념을 기업조직 단위에 옮겨 놓은 것으로 기업의 사장 및 모든 기업 구성원들에 의해 오랜 세월에 걸쳐 다듬어지고 가꾸어진 기업 특유의 생존방식이라 할 수 있다. 이러한 의미에서 기업문화는 주로 단기적이고 표층적인 조직 현상만을 의미하는 조직 분위기 또는 자연스럽게 형성된 기업의 관습 또는 전통을 의미하는 기업풍토와 구별되어야 한다.

우리 나라 기업들의 전반적인 특성 중의 하나인 위계형 문화는 기계적 사고, 질서, 규칙, 통제, 내부 안정 등이 중시되는 문화이기 때문에 환경이 안정되고 일정한 고객이 확보되어 있는 고성장 시대에는 그 힘을 발휘할지 모르지만, 요즘과 같은 시대에는 적합하지 않다.

왜냐 하면 환경 변화의 속도가 워낙 빠르고 다원화되는 추세여서 기업의 업종, 규모에 불구하고 모든 기업이 유연성, 스피드, 그리고 창의성을 요구 받고 있기 때문이다. 기업문화는 일단 형성되면 고착화되는 경향이 있다. 그러면 환경 변화에 대응하는 새로운 기업문화의 창조는 불가능한 것인가? 우리들 자신의 성격과 체질을 고치는 것이 어려운 것처럼 결코 용이한 일은 아니다. 개인과는 달리 기업문화의 경우에는 집단심리까지 작용하기 때문에 새로운 기업문화를 창조하려면 다음과 같은 사실에 유의하면서 인내를 가지고 지속적으로 추진하는 것이 중요하다.

첫째, 일관된 가치관과 신념을 가지고 오랫동안 시행착오를 겪으면서 꾸준히 쌓아올려야 한다. 예를 들면 고객주의의 P&G, 서비스의 IBM, B형 두뇌 혼다, 완벽한 마쓰시다 등의 명성은 결코 하루 아침에 이루어진 것이 아니다.

둘째, 기업문화는 모든 기업 활동의 총체적 산물이다. 그럴듯한 사시, 사훈을 내걸고 멋있는 슬로건, 로고타입, 심볼 등을 만들어 CI운동을 전개하는 것이 기업문화라고 생각하면 오산이다.

셋째, 사람이 바뀌어야 문화도 바뀔 수 있다. 특히 기업문화의 형성에 있어서 사장의 역할은 절대적이다. 일본 케미콘의 신임사장은 취임하면서 '애사심은 필요없다'고 선언하여 화제가 된 적이 있다.

넷째, 사람이 바뀌기 위해서 제반의 시스템이 정비되어야 한다. 기업문화는 책이나 액자 속에 들어 있는 것이 아니다. 기업 활동의 모든 영역에서 살아 숨쉬어야 한다.

이제 기업문화는 사람, 물자, 자금, 정보와 더불어 중요한 경영자원의 하나로 인식될 정도로 그 중요성이 부각되고 있다. 특히 우리 나라의 많은 기업들이 최근의 국내외 경영환경 변화에 대응하여 기존의 외형적, 양적 성장보다는 내부적, 질적 성숙을 추구하는 방향으로 경영전략이 변화하고 있는데, 경영조직 및 기업풍토를 포함한 기업문화 역시 이에 맞추어 변화되어야 할 것이다. 이러한 기업문화는 7S, 즉 경영전략(Strategy), 경영관리 기술(Skill), 행동, 관리스타일 (Style), 구성원(Staff), 제도, 절차(System), 조직구조(Structure), 공유가치(Shared value)로 구성된다.

[우리 나라 우수기업의 기업문화 특징]

인간중심적 문화	인간관계 지향적 기업문화로 물질중심적 문화가 아닌 인간의 존엄성, 인본주의적 가치판단 등이 중심이 되는 인화중심의 문화
자율주의적 문화	명령, 지시, 통제, 순응 등의 타율주의적 문화가 아닌 자율성에 의한 주인의식, 자발적 참여 등의 조직과 개인을 동일시하는 동질체적 문화
창의적 문화	환경변화에 대한 능동적 적응을 위한 신축적 조직구조, 활발한 의사소통구조, 혁신적인 창조를 위한 진취적인 기업가 정신 등의 특성을 지닌 변화에 대한 신속한 적응과 창조를 추구하는 역동적 문화
협동주의적 문화	전통적인 가족주의에서 유래된 집단지향적인 연공서열적 승진기준과 구성원들에 대한 강한 공동체 의식 등을 강조하는 특성을 지닌 가족주의적 질서, 공동운명체적 공감대 형성의 공동체적 문화
가족주의적 문화	기업 구성원 간의 관계가 공식적인 업무에 한정되지 않고 개인의 신상문제 등 업무 외적인 문제로 상호관계가 확대되어 가는 관계확산적 문화

경영의 보이지 않는 자산

사우스 웨스트 항공사는 유머를 제조하는 항공회사이다. 기내 방송 하나만 해도 손님들이 귀를 쫑긋 세우고 들을 정도로 유머러스하다.

"……부득이 담배를 피우고 싶은 손님께서는 언제든지 비행기 밖의 테라스로 나가십시요. 테라스에서는 영화 [바람과 함께 사라지다]를 상영할 예정입니다……"

51 | 기업문화는 구호인가?

당신이 사장인데, 직원들이 사장이 옳지 않다고
공개적으로 싸운다면 그것은 건강한 기업의 모습이다.

지난해 S사는 전 직원을 대상으로 "지금의 조직문화에 만족하느냐?"는 설문조사를 실시하고 결과에 대한 내용을 분석한 결과 직원들이 회사보다는 자신이 우선이며 관심 있는 분야의 프로가 되기 위한 능력개발의 기회를 갖고 싶은 것으로 나타났다.

최근 대기업들은 인력이 곧 경쟁력의 원천이라는 판단에 따라 근무환경이나 기업문화에 대한 직원들의 만족도 또는 조직에 대한 충성도(Royalty)를 높이기 위해 노력하고 있다. 오랫동안 돈과 시간을 투자해 키워 놓은 유능한 직원들을 다른 기업에 빼앗기지 않기 위해서이다. 과거에는 직원이 기업을 위해 헌신하였지만, 이제는 기업이 직원을 만족시켜야 하는 시대가 된 것이다.

이제 직원들의 근무만족도 조사는 단순히 직원들의 복리를 개선하는 선에서 그치지 않고 평가보상제도 개선이나 직제개편 등 기업조직을 바꾸는 작업으로까지 확대되고 있다.

화장품 업체인 태평양은 지난해 직원만족도 조사 결과를 토대로 대리, 과장, 부장 등의 직급제도를 없앴다. 과장님, 부장님 대신에 '씨'를 붙여 부르고 있는데, 직원들의 연공서열보다는 성과를 중시하는 업무 중심으로 조직을 바꾼 것이다.

전문가들은 직원만족도를 높이는 데는 임금인상, 복리후생, 자유로
운 업무환경 등 여러 가지 방법이 있지만, 가장 중요한 것은 '직원들
을 소중하게 여기는 것'이라고 충고하고 있다.

[조직만족도 체크리스트]

구 분	내 용	동의	중립	동의 않음
주인 의식	1. 나는 성과향상을 위해 노력한다. 2. 회사 수익이 나에게도 배분된다. 3. 회사는 경영정보를 직원과 공유한다.			
조직 충성심	4. 나는 지금 회사를 자랑스럽게 생각한다. 5. 회사 제품을 적극 추천하겠다. 6. 다른 사람에게 지금 회사를 적극 추천하겠다.			
근무 만족도	7. 회사 내 의사소통이 공개적이다. 8. 사람들은 서로 신뢰하고 존경한다. 9. 경영진이 좋은 모범을 보여준다. 10. 나의 상사는 솔선수범한다. 11. 나는 회사의 목표를 이해하고 있다. 12. 나의 업무와 전체 업무의 연관성을 이해하고 있다. 13. 회사에서 제공하는 교육개발의 기회에 만족한다. 14. 급여수준이 나의 역할에 비하여 적정하다. 15. 회사는 나의 개인생활과 회사생활의 균형을 맞춰준다.			
계				

주 : 문항별로 동의하면 3점, 중립은 2점, 동의하지 않으면 1점으로서 종
합점수가 40점 이상이면 조직 만족도가 매우 높은 수준, 30~39점은 높은
수준, 20~29점은 보통, 19점 이하는 매우 낮은 수준임.

‘우리 회사는 변화를 가로막는 조직문화를 가졌는가? 아니면 변화에 적응하도록 도와주는 조직문화를 가졌는가?’ 성공적인 조직문화의 발전을 위하여 변화의 단계를 점검하여 본다.

첫 번째 단계 : 먼저 긴장감을 불어넣는다.

두 번째 단계 : 사람들이 성과자료와 산업자료에 일단 관심을 쏟도록 하는 것이다. 즉 조직이 어떻게 돌아가고, 어떤 방향으로 진행되는지 직접 판단하는 일이다. 그렇게 직원들에게 실제상황을 파악하게 함으로써 조직이 위기에 처했음을 믿거나, 아니면 이전까지 보지 못했던 중요한 기회를 보게 만드는 것이다. 그 어떤 경우이든 사람들은 다시 긴장하게 된다. 사람들은 자신이 한번 그 일에 뛰어들어야겠다는 사명감을 느낀다.

세 번째 단계 : 변화의 노력을 충분히 이끌어갈 수 있고 강한 연대를 가진 선도그룹(guiding coalition)을 형성하는 것이다.

네 번째 단계 : 비전을 개발하고, 비전을 이룩할 수 있는 전략을 개발하고, 그 비전을 조직 전체에 효율적으로 전달하는 일이다.

다섯 번째 단계 : 직원들에게 그 비전에 장애가 되는 체제와 구조를 변화시킬 수 있는 권한을 주는 것이다.

여섯 번째 단계 : 단기적인 성과를 거두어서 직원들에게 보여주어야 한다. 그 성과를 이루어낸 직원들을 인정하고 그들을 보상해 주어야 한다.

일곱 번째 단계 : 이러한 단기적 성과보다 더 많은 변화를 이룰 수 있다는 믿음을 굳히게 한다.

여덟 번째 단계 : 이 모든 것들이 새로운 문화로 자리 잡도록 만드는 것이다.

시스코는 10가지 행동규범의 명문화를 통해 벤처형 기업문화를 지속적으로 유지하고 있다. 10가지 행동규범은 고객 중심, 검약, 기술지상주의 배제, 더 높은 목표, 고속으로의 변화, 최고의 팀, 팀워크, 임파워먼트, 열린 경영, 신뢰이다. 이 행동규범을 실행하기 위한 매뉴얼은 없으며 각자 현장에서 업무를 하면서 실천, 취득하고 상사나 동료와의 대화를 통하여 인식을 심화해 나가는 것이다. 그러나 항목에 따라서는 구체적인 행동지침을 제시하기도 한다. 특히 검약에 관해서는 인트라넷에 상세히 해설되어 있는데 출장을 가려고 샌프란시스코 공항으로 갈 경우 어떤 교통수단을 이용하고, 주차장은 어디를 이용해야 하는 지 지정되어 있다고 한다.

52 | 현장 배격에는 미래가 없다

전염성이 없다면 열정이 아니다. 열정의 중요한 특징
중의 하나는 전염성이 매우 강하다는 점이다.

휴렛팩커드사는 매주 파티를 연다. 여기에는 임원이나 모든 직원이 함께 참석하여 서로 존칭을 사용하지 않고 자연스럽게 대화를 나눈다. 휴렛팩커드사의 창업자 빌 휴렛은 자주 공장을 방문하여 많은 종업원과 스스럼없이 대화하고 그들의 애로사항을 청취한 뒤 가능한 한 해결해 줌으로써 좋은 성과를 얻고 있다. 환경 변화에 따른 새로운 사업 기회를 얻고 새로운 아이디어를 얻는 일은 사장 혼자서 할 수 있는 일이 아니기 때문이다. 제품의 생명주기가 짧아지고 신제품에 의존하는 산업, 기술이 빨리 변화하는 하이테크 산업에서는 그런 분위기가 더욱 필요하다.

텍사스 인스트루먼트사는 50개의 성공적인 신제품과 성공하지 못한 신제품을 조사하였다. 조사 결과 성공하지 못한 신제품의 실패 요인은 단 하나였다. 예외없이 그 제품에 대한 열성적인 직원이 없었다는 것이다. 따라서 TI사는 신제품을 개발하기 위한 새로운 기준을 마련했다. 첫째는 그 제품에 대하여 열광적인 직원이 있느냐 없느냐이다. 시장성이 있고 경제성이 있는지는 두 번째 문제였다.

사장은 어떠한 경우에도 현장으로부터 멀어지지 말아야 한다. 부

지불식간에 사장과 직원들간에 인식의 간격이 생겨나고 경영 각 부문의 낭비와 커뮤니케이션의 단절이 따르게 될 것이다. 가장 중요한 것은 사장 본인의 긴장이 이완된다는 점이다. 사장은 철저히 현장 근무를 지원해야 하며 서울에 영업소, 또는 본사를 두고 공장 업무는 원격 지시나 보고를 받는다는 것은 지금 당장 그만 두어야 하는 위험천만한 발상이다.

"사장은 50% 이상의 시간을 현장에서 보내야 한다."

현장경영의 핵심은 현장체험, 현장회의, 현장결제, 현장처리 등이 있으며, 사장은 항상 그 중심에 서 있어야 한다. 피터 드러커 교수는 호화롭게 꾸며진 사무실에서 탁상공론만 하는 기업은 반드시 망한다고 경고하고 있다. 책상에 앉아 컴퓨터만 두드리거나 서류만 뒤적거리는 사장은 반드시 몰락한다는 것이다.

무엇보다도 학력은 높지만 현장경험이 부족한 사장은 고정관념을 파괴하고 현장으로 달려가야 하며 밀폐된 공간에 혼자 앉아 있기를 좋아하는 사장은 대오 각성하여 발이 부르트도록 현장을 돌아다닐 필요가 있다. 현장경영이 더욱 중요해지고 있는 이유는 몇 가지가 있다.

첫째, 살아 있는 정보를 입수할 수 있다.

정보는 여러 경로를 거치게 되면 변질되거나 시간 지체에 의해 가치가 떨어지기 쉽지만 현장에 가보면 생생한 정보를 입수할 수 있고 인간의 5감을 통해 얻어지는 입체감까지 느낄 수 있는 장점이 있다.

둘째, 신속한 의사결정이 가능하다.

현장에서 정보를 입수하면 확인 재확인 과정을 줄일 수 있기 때문에 신속한 의사결정이 가능해 진다.

셋째, 고객만족 경영이 가능해 진다.

현장은 고객과 마주치는 접점이다. 고객의 요구나 만족감 등이 가

감없이 나타나는 곳이 현장이다.

넷째, 종업원의 사기가 올라간다.

현장 근무자들의 사기는 고객만족과 직결된다. 사장이 현장을 중시하게 되면 사기가 올라가고 이는 조직의 활성화와 경영성과로 반영된다.

경쟁에서 살아남는 기업은 강한 기업이나 기술수준이 높은 기업이 아니라 변화에 민감하게 대응하는 실천능력을 가진 기업이다. 회사의 구조조정을 한답시고 직원들이나 쫓아내는 변화와 개혁을 외칠 지경이면 내일 당장 사장실의 문을 뜯어내어 회의실로 개방하고 대화와 공개경영의 솔선수범부터 보여야 한다.

▣ Victory Nox 이야기

스위스의 115년 된 중소기업 Victory Nox는 명품의 칼을 만들어 세계 시장을 기술로서 독점하는 탄탄한 중소기업이다. 이 회사의 회장은 비서도 없이 다른 3명의 직원과 7평 정도의 방을 같이 쓰고 있다. 바쁘면 직원들이 백발의 회장에게 커피 심부름도 시키고 수수한 청바지 차림의 회장은 불평도 없이 직원들의 시중을 들어주는데 점심 메뉴는 매일 샌드위치와 커피이다. 더욱 놀라운 것은 아직도 회장님은 운전면허가 없고 당연히 자가용도 쓸데없다고 한다.

53 | 동기부여는 재능을 이긴다

핵심인력을 제대로 유지. 관리하기 위하여서는 그들이
어떻게(How), 어떤 요인(What)에 의해서 동기부여
되는지, 그 요인을 파악하여야 한다.

시스코 직원들은 "우리 회사가 인터넷의 중심에서 세상을 바꾸고 있다."는 사명감을 피부로 느끼면서 근무한다고 한다. 이런 사명감 때문에 그 과중한 업무를 견딜 수 있다고 인사담당자는 말한다.

"나 같은 사람한테 이렇게 믿고 맡겨주다니…"라고 불안해 할 정도로 일을 믿고 맡긴다는 것이다.

직원들도 그 기대에 부응하기 위하여 누구나 최선을 다하게 된다. 이를 역으로 말하면 그러한 에너지가 있는 사람이 시스코로 모여든다고 보아야 한다.

시스코의 경영진은 "우리 회사는 최고의 인재가 모인 최고의 팀이므로 일을 맡겨두어도 괜찮다."라고 말하면서 직원들을 전폭적으로 신뢰한다.

그리고 과정보다 결과를 중요시한다. 어떻게 일할 지는 담당직원의 자유이다. 협조나 지원이 필요하면 환경을 만들어 준다. 자기 한계에 도전할 수 있는 환경, 자기 가능성을 시험할 수 있는 기회를 시스코는 준비해 놓고 있는 것이다. 장래에 대한 비전과 꿈이 없는 직장은 직원들이 떠난다.

회사는 직원들에게 비전과 꿈을 보여주어야 하며 회사의 장래성이 있느냐 없느냐가 직원들의 근무태도에 커다란 영향을 미친다. 직원들은 회사가 꿈이 있고 그 꿈이 실현될 것으로 생각한다면 모두 열심히 노력할 것이다. 직원들에게 의욕을 갖게 하는 것은 장래에 대한 비전과 목표에 대한 확신이다.

이러한 의미에서도 회사는 중·장기 경영계획을 입안할 필요가 있다. 회사의 장래에 대한 구체적인 계획이 있다면 지금은 참자던가, 조금 더 열심히 하자던가 하는 동기가 부여될 것이다. 미래의 중심세력이 될 젊은 직원들에게는 첫째, 수평적 커뮤니케이션을 확대한다. 둘째, 성과배분을 명확하게 한다. 셋째, 능력주의 인사를 기본으로 한다. 넷째, 휴가에 대한 꿈을 만들어 주는 등 비전과 꿈을 제시할 수 있어야 한다.

[동기부여 프로세스]

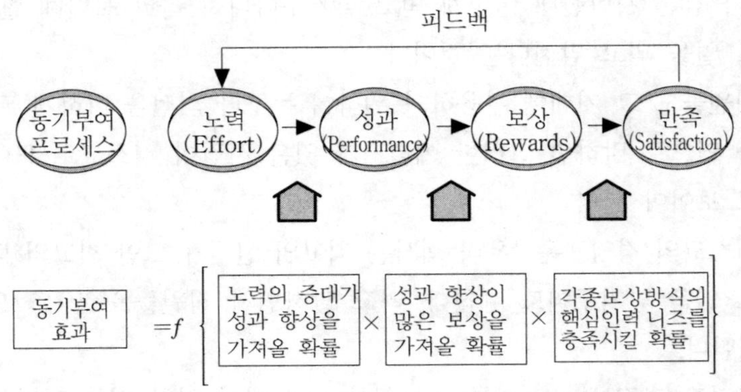

직원에 대한 동기부여(Motivation)는 '경영의 핵'이라는 말이 있을 정도로 인적자원 개발 및 능력 발휘에 중요한 요소임에도 불구하고 동기 부여가 제대로 되고 있지 않는 기업이 많은 것이 현실이다. 동기 부여라 함은 동기 유발 또는 단순히 동기화라고도 하는데 일반

적으로는 자발적, 적극적으로 일하고자 하는 의욕이 생기도록 하는 제반의 조치 및 분위기 개선을 말한다. 다시 말하면 인간이 자발적으로 어떠한 일을 하고자 할 때 그것이 가장 능률적으로 수행될 수 있도록 또는 상위자가 하위자로 하여금 직무상의 목적을 가장 능률적으로 달성시키도록 하는 기능을 말한다. 동기 부여가 인간과 기업성과에 미치는 정도를 공식화하면 다음과 같다.

① 지식(Knowledge)×기술(Skill)=능력(Ability)
② 환경(Situation)×태도(Attitude)=동기 부여(Motivation)
③ 동기부여(Motivation)×능력(Ability)
　　=인간성과(human Performance)
④ 인간성과×물적요소=기업성과(Business Performance)

위 공식은 인간의 능력에 동기가 부여되지 않으면 기대되는 인간성과를 얻을 수 없으며 물적 요소가 아무리 훌륭하더라도 인간성과가 그에 미치지 않으면 기업성과는 기대할 수 없다는 것을 나타내는 것으로서 동기 부여야말로 인간성과와 기업성과를 좌우하는 요소임을 알 수 있다. 기업 내에서 현실적으로 적용할 수 있는 직급별, 연령별 동기 부여의 요점을 알아본다.

[직급별 동기 부여의 요점]

항목	일에 대한 태도의 특징	동기 부여의 요점
신입 사원	· 신입사원은 회사를 보는 눈이 어둡다 · 회사에 대한 기대가 크다 · 불안과 기대, 희망과 실망의 갈등이 심하다	· 선배사원의 솔선수범이 최대의 교육이다 · 활력에 넘치는 사풍에 빨리 적응시킨다 · 의견, 감상을 청취하고 규율을 몸에 지니게 한다

여자 사원	• 교제나 결혼상대를 찾고자 하는 마음도 있다 • 임시적이며 책임감이 희박한 편이다 • 여자라고 차별 받기를 싫어한다	• 여성다움의 발휘나 책임 수행의 양립을 지도한다
중견 사원	• 일을 완벽하게 수행하는 자신감과 여유가 있다 • 권태의 경향도 일부 있다 • 평생직장으로 삼을 것인지 아닌지를 저울질한다	• 장래 간부사원으로서의 과제를 제시한다 • 교육연수 등으로 자극을 준다 • 높은 목표를 제시하여 도전하도록 한다
간부 사원	• 정년, 노후를 불안하게 생각한다. • 노고에 대한 보상이 적으며 젊은이만 우대한다고 생각한다 • 지난날의 방식과 방법에 집착한다	• 좋은 경험을 살려서 후배지도에 활용한다 • 낡은 생각을 버리게 하고 시대에 맞도록 능력 향상을 유도한다

🔒 화장실도 허가 받고 간다

한국의 직장이 아무리 엄격하다고 하더라도 화장실 사용까지 규제하는 미국의 직장 분위기에 비교하면 아직도 양반이다. 미국연방 노동부가 고용주에게 종업원의 화장실 사용 허락을 규제화할 정도로 미국 직장 내에서는 생리적인 문제까지 참아야 하는 경우가 적지 않다. "모든 종업원들은 즉시 화장실에 갈 수 있어야 한다."고 하부기관에 전한 노동부의 지침은 점심시간조차 아껴가며 일을 하는 미국 직장의 숨막히는 현실을 반증하고 있다. 회사 밖을 나가면 자유지만 회사 안에서는 부하직원들의 행동 하나 하나를 감시하는 상사들의 눈길이 매섭다. 시간은 돈이다? 미국의 월급쟁이들은 아무도 이 말에 이의를 제기하지 않는다.

54 | '소리 없는 전쟁' 승자에게 투자하라

치열한 경쟁만이 최고의 노력으로 이끌어 간다.
메르체데스는 BMW와 아우디가 있음을 기뻐한다. 물론
그 반대도 옳다.

인화를 가장 먼저 앞세운 LG그룹에도 변화의 바람이 불고 있다. LG의 인재육성 산실이라 할 수 있는 경기도 이천의 LG 인화원에서부터 이러한 변화는 충분히 감지된다. 이름은 따뜻한 인화원이지만 교육프로그램에서는 승부 근성으로 똘똘 뭉쳐진 인재양성에 초점을 맞추고 있다. 총 60킬로미터 18시간 동안 완주하는 지옥행군이 단적인 예라고 할 수 있다.

"한계상황을 극복하고 목표를 향해 도전하며 얻게 되는 성취감을 체험함으로써, 실제업무에서 끝까지 포기하지 않고 업무를 완성하는 승부 근성을 기르는 것이 목적"이라고 한다.

'일등 LG'는 LG의 변화된 기업문화(Innovation culture)를 이해하는 중요한 키워드이다. K회장은 "일등 LG의 미래는 어떻게 LG를 책임질 사업을 찾아내고 키우느냐에 달려있다. 기필코 달성하고야 말겠다는 강한 의지와 아무리 목표가 높더라도 해 내겠다는 도전정신, 그리고 일단 시작했으면 집요하게 파고들어 끝을 내는 승부 근성, 이것이 우리가 반드시 갖추어야 할 정신자세다."라고 끊임없이 경쟁의

식을 불어 넣는다. LG는 경쟁을 통하여 단련된 '힘차고 신명나는 조직문화'를 통해 가장 일하고 싶은 회사, 함께 성장하고 싶은 최고의 직장으로 만들겠다는 포부를 가지고 있다. 이러한 조직문화를 만들면 자연스럽게 일등제품이 나오고 일등회사의 반열에 오를 수 있다는 생각이다.

얼마 전 삼성그룹 금융계열사에 경력사원으로 입사한 A대리는 삼성조직의 비밀을 다음과 같이 말한다.

"기본적으로 경쟁을 통해 성과를 만들어 내는 구조입니다. 그러나 배타와 질시가 아닌 것이 특징입니다. 항상 남들과 비교하여 성과를 측정하고 목표를 달성하면 풍성한 돈이 기다리고 있습니다."

이렇게 경쟁을 강조하다보니 삼성에는 종종 비인간적이라는 수식어가 따라 다니는 것은 사실이다. 10여년 전 삼성 공채에 합격했으나 연수 도중 사표를 내고 현재 D기업에 근무 중인 K과장은 "신입사원 연수 도중 그룹간부가 여러분의 경쟁자가 누구냐고 물어보더군요. 소니, LG 직원 등 다양한 대답이 나왔으나 아니라는 겁니다. 바로 옆 자리에 있는 동기생이라고 답변하더군요. 너무나 비인간적인 회사라는 생각이 들어 두말없이 사표를 던졌습니다."

경쟁은 보상과 직결된다.

똑같은 삼성의 사장이라도 연봉은 천차만별이다. 간판계열사인 삼성전자의 경우 최고 연봉은 50억원 이상에 달하는 반면, 그렇지 못한 계열사는 5억원 정도로서 최고 10배 가까이 연봉 차이가 나는 것이다. 같은 회사 내에서도 경쟁은 치열한데 삼성전자는 반도체, 디지털 미디어, 정보통신, 생활가전 등 4가지 사업 분야로 나누어져 있다. 연말이면 각 사업 분야 책임자는 상대방 실적에 민감한 반응을 보이는데 연봉의 최고 50%인 이익분배금의 영향도 있지만 성적이 부진하면 즉각 인사조치의 대상이 되기 때문이다. 사업 분야별로도 경쟁을 벌리고 사업 분야 안에서는 제품별로 경쟁을 벌리는 곳이 삼성이다. 삼성문화의 또 하나의 특징은 노동조합이 없다는 것이다. 한때 노동조합 창립 움직임이 있었지만, 지금은 별 관심을 끌지 못한다. 왜냐하면 삼성은 다른 회사가 파업을 벌여 쟁취한 임금보다 항상 높게 임금이 책정되고 복지혜택도 업계의 최고 수준이기 때문이다. 그러나 진짜 비결은 다른데 있다. 삼성계열사 인사담당 B과장은 "반골기질이 있는 사람은 뽑지를 않습니다. 삼성에서 10년쯤 노무관리를 하다 보면 삐딱한 사람들은 말투만 들어도 압니다. 이것이 삼성만이 가지고 있는 노하우이지요."

경쟁은 오늘날의 삼성을 있게 한 요인임에는 틀림없을 것이다. 경쟁을 부추기고 경쟁에서 이긴 사람에게 업계 최고의 대우를 해주는 철저한 인재 중시의 기업문화가 해마다 수조원이 넘는 이익을 창출하는 힘의 원천으로 작용하고 있다. 업계의 최선두 주자라는 지위에 따라 붙는 여러 가지의 질시어린 시선도 있지만 이익창출과 이익의 주주 및 사회 환원이라는 기업 고유의 목적에 비추어 보면 삼성은 모든 면에서 국내 재계 1위 자리를 차지하고 있는 타당한 이유가 될 것이다.

삼성 구조조정본부 관계자는 외환위기 직후인 지난 98년 구조조정본부 재무팀의 특별감사를 통해 모든 부실을 털어내는 조치가 없었더라면 오늘날의 삼성은 존재하지 않았을 것이라고 말한다. 삼성은 2002년 사상 최대의 실적을 기록했다. 국가예산보다 많은 137조원의 매출에 15조원의 세전이익을 올렸다. 이 회장이 취임한 87년 매출액 13조원과 비교하면 무려 10배가 성장하였고 메모리 반도체, 휴대전화, 초박막 액정표시화면 등 17개에 달하는 세계 1위의 고부가가치 제품을 생산하고 있다.

세계에서 가장 높은 산은 에버레스트 산이다. 그러면 두 번째 높은 산은 어디인가? 처음 달에 착륙한 사람은 암스트롱인데 두 번째 착륙한 사람은 누구인가? 우리 나라에서 제일 높은 빌딩은 63빌딩인데 두 번째는 어디인가?

1등이라는 이름은 고객의 마음 속에 자리 잡고 있으나 2등은 그러하지 못하다. 이러한 이유로 시장 선도자는 유리한 고지에 자리잡고 있어 공격보다는 수성에 신경을 써야 한다. 경쟁자의 시장을 빼앗기 보다는 현재의 시장 점유율을 유지하고 더 나아가서 시장 그 자체를 넓히려고 노력해야 한다.

55 | 인적자원관리는 미래의 성공요인

보통의 인재를 잘 훈련을 시키는 것보다는 처음부터 좋은 인재를 뽑아 훈련을 시키는 것이 낫다는 것이 성공한 사장들의 공통된 견해이다.

현대그룹 J회장과 친했던 한 중소기업인에게서 들은 이야기이다.

중소기업과 대기업에서 필요로 하는 직원은 서로 다를 것이라고 생각한 중소기업 사장은 J회장에게 현대그룹 대졸 신입사원 면접시험장에 한 번 들어가게 해 달라고 요청했다. 혹시 현대그룹에서 탈락한 지원자 가운데 자기 기업에 쓸만한 사람이 없을까 살펴본 뒤 채용하겠다는 욕심에서였다.

그 중소기업인은 현대그룹 면접시험장에서 자기 회사에 적절한 인재를 점찍었다. 그리고 합격자 발표장에 그 명단을 들고 찾아가 보았다. 그는 합격자 발표장에서 경악하고 말았다. 자신이 점찍었던 사람은 단 한 사람도 빠짐없이 모두 합격했더라는 것이다.

이후부터 그는 직원들을 연수시키기에 앞서 잘 뽑는 일에 더 힘을 쏟았다. 우선 급하다고 아무나 채용하면 안 된다. 될성 싶은 나무는 떡잎부터 다르다.

얼마 전 삼성그룹의 L회장은 한 명의 경영자를 가리키며 '삼성직원 1만 명을 먹여 살리는 인물'이라고 말한 적이 있다. 국내뿐만 아니라 외국에서도 일류기업으로 평가 받고 또 경영시스템이 잘 갖추어 있는 삼성조차도 우수인력의 실력 발휘에 따라 회사의 명암이 좌우될 수 있다는 것이다. 맥킨지의 조사에 따르면 조직에서 능력이 상위 20%에 드는 A급 인재들은 평균적인 직원보다 조직관리, 생산성, 수익, 매출 등의 부문에서 기업에 훨씬 더 크게 기여하는 것으로 나타났다. 불황기에 오히려 인재전쟁 양상이 치열한 것은 어려운 환경을 슬기롭게 이겨낼 수 있는 훌륭한 인재가 더욱 필요하기 때문이다.

그러나 월등히 높은 보수와 직급으로 외부인재를 채용하거나 비슷한 업무경력을 가진 사람들의 대우에 대한 격차가 커지게 되면 핵심인재로 취급받지 못하는 직원들의 조직충성도 하락 문제가 발생할 수 있으며 지나치게 핵심 인재관리에 몰두할 경우 잠재력을 가지고 있는 보통 인재들의 능력 발휘 기회가 상대적으로 제한될 수 있음을 주의하여야 한다. 핵심 인재를 평가하는 기준으로 전문성과 함께 도덕성이나 인간적 매력 등 정서적 역량도 함께 감안되어야 하며 이들이 재능을 마음껏 발휘할 수 있는 조직문화가 갖추어져 있어야 한다. 우수한 인력을 찾아내는 방법과 관련하여 우리 기업들이 저지르는 가장 치명적인 오류가 '현재 무엇을 알고 있는가?'를 판단의 중요한 기준으로 삼고 있다는 것이다. 후보자의 전공이나 경력을 중시하는 것도 이 때문이다. 그러나 요즈음 같은 불확실성의 시대일수록 '어떤 능력을 갖추고 있는가?' 하는 것이 더욱 중요한 판단 기준이 되어야 한다.

기업이 처할 수 있는 다양한 가능성에서 능력을 발휘할 수 있는 인력이야말로 기업이 가장 필요로 하는 인재이다. 인재들이 선호하는 일자리에는 6가지의 공통점이 있다.

1) 자신의 업무처리와 관련해 운신의 폭이 넓고

2) 의사 결정 권한의 폭이 넓어야 하며

3) 자신이 하는 일이 사업성과와 명확하게 연계되어야 하며

4) 업무 강도가 지나치게 높지 않으며

5) 새로운 업무가 자주 주어져 기회 발굴 가능성이 높아야 하며

6) 다른 조직원과 조화롭게 일할 수 있는 분위기를 선호한다.

우리 나라에서는 연공 서열식 기업문화 때문에 과도한 우대 조치가 인화에 걸림돌이될 가능성이 있다. 그러나 점차 연봉제와 인센티브제에 익숙해져 가고 있는 만큼 사기 진작 차원에서 공격적인 보수 전략을 취할 필요가 있다.

인간은 무한한 가능성을 갖고 있다. 이 가능성을 훌륭하게 펼치기 위해서 직장은 어떠한 방법으로 직원들의 동기를 부여하는 것이 좋은가?

■ 인적자원 관리사례

① 대지금속 : 직원 만족도에 대한 평가시스템 운영

　직원 복지 및 사기진작을 위해 내부고객 만족도에 대한 평가 및 반영을 통해 근무 만족도 개선

② 스마트 전자 : 전 사원이 주인이 되는 기업

　전 사원지주제를 통한 경영과정의 투명성 및 종업원의 주인의식 제고, 직급별 주식보유 한도제 시행, Vision 2005 설정을 통한 강한 동기부여

③ 샤인시스템 ; '칭찬제도' 운영을 통한 사기 진작

　매월 임직원이 칭찬카드를 작성하여 칭찬직원을 선정하고 이를 시상, 공고

④ 승화이엔씨 : 자기 개발을 위한 유급휴가제 실시

직원의 70% 이상이 석·박사 또는 기술사로 구성되어 있으며
자격취득 또는 자기 개발을 위해 3개월간의 유급휴가 실시

⑤ 리노공업 : 쾌적한 근무 환경 조성

회사 내 미니 골프장, 조경시설, 영화감상실, 운동시설, 고급식
당 수준의 구내식당, 호텔급의 화장실, 장애인 편의시설, 공조
시설, 조명, 마감재 등 산뜻하고 청결한 작업공간 확보

⑥ (주)성림 : 여가생활에 대한 적극지원

7년 전부터 토요 격주 휴무 실시, 사내 동아리 활동 지원, 60평
규모의 체력 단련실 운영

⑦ 이원 솔루텍 : 투명경영을 통한 노사 평화

매분기 노사협의회를 통한 경영실적 공개, 사원복지회를 통한
자율적 복지제도, 내 집 갖기 운동을 통한 주택자금 무이자 대
출

⑧ 그린텍 시스템 : 감성적 인적자원관리 운영

'열심히 일한 자 떠나라'는 모토로 직원 자유여행 지원(정기 휴
가는 별도), 직원 부모님 찾아뵙기, 직원 부모 효도관광

🗗 하비 파이어스톤의 인간방정식

1902년에 우리 회사의 직원은 12명뿐이었다. 1910년이 되어서 직원
수는 1천명에 이르렀다. 7년 후 직원은 1만명을 넘었고, 1920년에는 1만
9천 8백명이라는 최고 수치를 기록했다. 1902년에 15만 달러였던 회사
의 매출은 1920년에 1억 1천 5백만 달러에 이르렀다. 하지만 단언하건데
이 엄청난 성장에 필요한 재정을 확보하는 일보다도 더 어려웠던 것은 인간
방정식을 푸는 문제였다. 좀더 정확히 말하자면 인간방정식이 내포하는 본
질 속의 무언가를 파악하는 일이었다.

56 | 이직방지를 위한 매력 있는 회사 만들기

사람을 믿지 못하면 쓰지 말라. 그러나 썼다면 그를
믿어라.

기업이 필요로 하는 인력을 적정하게 유지하기 위해서는 기업의
환경과 실정에 맞는 직원들의 이직방지 대책을 준비하여야 한다. 특
히 요즈음과 같은 불황 속에서도 만성적인 인력난으로 기업의 정상
적인 생산활동 수행조차 어려운 소기업의 입장에서는 더욱 제반 대
책 마련이 시급한 과제이기도 하다.

이직은 자발적 이직과 비자발적 이직이 있으며 기업의 입장에서
문제가 되는 것은 자발적 이직이다.

기업에서 이직이 발생할 경우 조직 분위기가 쇄신되고 불요불급한
인력이 제거되는 기회가 되기도 하나 이는 특수한 경우이고 높은 이
직을 보이는 회사는 직원들의 근무 불안을 초래하고 사회적 평판도
부정적으로 평가 받는 경우가 많다.

아울러 전직에 의해 종업원이 회사를 떠나면 즉각적으로 인력 대
체가 어렵고 모집, 선발, 훈련에 따른 기회 비용의 손실을 초래하게
된다.

이직 방지를 위한 관리 대책은 다음 내용이 중요하다.

첫째, 가능하면 회사의 시스템을 성력화, 자동화하여 노동집약도를

[이직사유 분석표]

구분	내　용
누가	학력별, 지역별, 년령별, 성별, 경력별 등으로 누가 이직을 많이 하느냐에 대한 분석이 있어야 한다.
왜	승진, 임금, 직무관계, 조직 분위기 등 이직하는 동기와 욕구 충족에 대한 불만 여부를 조사하여야 한다.
어디서	어느 부서, 어느 직책을 맡고 있는 직원이 이직을 많이 하며 또한 이들은 어느 곳으로 전직하느냐에 대한 분석이 있어야 한다.
언제	언제 이직을 많이 하는가에 대한 파악이 있어야 한다. 입사 후 몇 년째, 1년 중 어느 달, 또는 보너스 지급 및 승진. 승급 직후 인가 등 이직의 시기를 체계적으로 분석하여야 한다.
어떻게	자기 혼자 이직하였는지 또는 동료들과 함께 집단이직을 하였는지 등에 대한 조사가 있어야 한다.

낮추고 소수정예의 인사정책으로 높은 보수를 지급하여 정착율을 높여야 한다.

둘째, 종업원 채용시 가정주부나 정년퇴직자 등을 풀타임 근무자로 채용하는 방법을 강구하여야 한다.

셋째, 소음, 불결, 비위생, 먼지 등으로 특징되는 작업환경을 개선하여 쾌적한 작업 공간을 만들어 주어야 한다.

넷째, 종업원들의 참여의식을 높이기 위하여 식당, 상조회, 구내매점 등의 운영에 종업원을 참여시키고 종업원지주제도, 청년이사회 등을 활성화하여 가족정신, 주인의식을 고양한다.

다섯째, 기숙사, 식당, 레저시설 등 종업원들의 복지후생 시설을 갖추어 정착률을 높여야 한다. 금전상의 보수 못지 않게 복리후생 시설도 중요한 정착요인이 된다.

여섯째, 잘 들어나지는 않지만 큰 몫을 차지하는 것이 경영진 또는 상사에 대한 불만이다. 직원과 상사, 동료간의 인간관계에 만족할 수록 직원의 이직률은 낮아진다.

일곱째, 업무를 통하여 자율성과 책임감을 느낄 수록 이직이 줄고 자신의 맡은 업무가 흥미롭고 자신의 적성에 맞는다고 판단되면 직장에 대한 애착 수준은 높아진다. 우리가 일반적으로 말하는 매력있는 회사란 사람을 끌어당길 수 있는 힘을 갖고 있는 회사, 직원들이 일하면서 즐거움과 만족을 느끼는 회사, 구직자들이 들어가고 싶어하는 회사를 말한다.

그러면 회사의 매력이란 본질적으로 어떤 것인가? 회사의 매력이란 일의 매력, 직장의 매력, 근로조건의 매력, 조직, 인사의 매력, 회사 전체의 매력 등으로 나누어 생각할 수 있다.

1) 업무의 매력

① 업무를 통하여 문제를 연구하고 극복하는 과정이 있으며 완성되었을 때의 보람으로 업무에 만족감을 느낀다.

② 업무 자체가 공부가 되며 개인의 성장과 장래의 가능성을 넓히는 발판이 될 수 있다.

③ 업무 자체가 발전성이 있고 사회적으로도 좋은 평가를 받는다.

2) 직장의 매력

① 매력있는 관리자를 통하여 인간적인 신뢰를 쌓으며 따뜻한 마음으로 업무를 잘 지도하여 준다.

② 다정한 동료와 좋은 선배가 있고 답답할 때 상의할 수 있는 상대가 있다.

③ 직장의 분위기가 밝고 자유스러우며 활달하다.

3) 근로조건의 매력

① 근로시간이 적절하며 개인생활의 자유가 보장된다.

② 급여수준이 높다.

③ 직장의 환경이나 복리후생 시설이 좋다.

4) 조직·인사의 매력

① 하고싶은 업무에 종사할 수 있다.

② 개인의 능력 향상과 의견을 잘 고려한 인사 배치와 이동. 승진을 실시한다.

③ 자유롭게 활동할 수 있고 탄력적인 조직이다.

5) 회사 전체의 매력

① 직원들을 감동시킬 수 있는 경영이념과 방침, 회사 자체의 꿈이 있다.

② 과감하고 능률적인 사업 전개와 매력 있는 사풍, 가치관, 행동관습이 있다.

③ 업종의 매력과 기업 이미지가 좋다.

⊟ 새로운 심볼, 의식, 성공담을 만든다

미국의 화장품 기업 매리 케이(Mary Kay)사는 현재의 환경을 타파하는 새로운 문화를 만들어 낸다. 이 회사는 실적이 우수한 영업사원의 축하파티를 연 3일간 열어준다. 이 파티에는 여성 영업사원들이 현란한 야외복 차림으로 노래하고 웃고 울며 각자의 성공적인 영업을 축하한다. 이 파티에서 우수한 영업사원은 금, 은, 다이아몬드 핀, 밍크 목도리, 최고급 차인 캐딜락까지 경품으로 선물 받는다. 이 행사는 우수한 영업직원을 수많은 직원 앞에서 인정함으로써 모든 직원들의 동기부여 개발에 활용하고 있다.

제8장

다가오는 정보화의 물결

"기업들은 복잡한 생물의 체계를 받아들이고 있다. 그 순간 그들은 우리의 통제를 벗어난다."

들판에 보이는 풀들, 이름없는 꽃들, 새들, 벌들도 모두 자연 속에서 연관되어 있다. 그들은 서로가 서로에게 의지하면서 생존하고 번창한다. 누가 누구를 도와주는 지, 어느 것이 어느 것을 위해 일하는 지 알기는 어렵지만, 사실 이들 모두는 함께 도우며 일하는 것이다.

57 | 소기업도 정보화가 필요하다

세상 돌아가는 속도가 너무 빠르다. 정치, 경제, 문화 등 어느 측면이나 할 것 없이 눈만 뜨면 변한다. 너무 빠른 속도(Speed), 너무 밀접한 연결성(Connectivity), 만질 수 없는 가치(Intangible)들이 모든 전통적 경계를 무너뜨리고 있다.

시간과 장소를 불문하고 온 라인에서 실시간으로 거래되는 무형적 가치, 오늘의 경제는 바로 이렇게 이루어지고 있는 것이다. 신문이나 방송에서도 가리지 않고 정보화니 사이버 공간이니 IT산업이니 알아들을 수도 없는 말을 쏟아놓는다. 멀리 갈 것도 없다. 집안에서조차 자식들과 이야기가 통하지 않는다. 정보수집이니 컴퓨터니 하는 말들을 저희들 끼리 주고받는 모습에서 소외감을 느끼는 적도 많아진다. 이마에 컴맹이란 딱지를 하나 붙이고 다니는 처지로서는 어디서부터, 무엇부터 손대야 할지 사방이 막막하다. 그러나 시작부터 너무 어렵게 생각할 필요는 없다.

정보화란 간단히 말해서 '주위에 널려 있는 각종 자료나 정보를 나에게 유용한 가치를 지닌 것으로 만드는 과정'이라고 요약할 수 있다.

컴퓨터를 비롯한 정보통신 기술을 사용하여 정보를 모우고, 개별적인 정보들을 쓰임새 있게 엮고, 분석해서 활용하는 과정을 의미한다. 여기서 말하는 정보화란 한마디로 유용한 자료를 뜻하며 어떤 목적을 이루는데 필요한 의사를 결정하고 판단하는데 직접 또는 간접으로 도움을 주는 자료이다.

사실 정보라는 말은 우리 생활 곳곳에서 흔히 쓰인다. 집 사고 팔 때 필요한 부동산 정보, 병이 났을 때 필요한 의학정보, 물건값이 싼 가게, 음식이 맛있는 식당, 그날 그날의 날씨 정보 등 각종 생활 정보에 이르기까지 정보는 이미 우리 귀에 익숙한 말이다. 정보화의 예도 어렵지 않게 찾아볼 수 있다.

동네 미용실만 보아도 예전과는 다르다. 자주 찾는 고객들의 정보를 컴퓨터에 저장해 놓고 생일에 맞추어 카드를 보내 주기도 하며 할인 혜택을 주는가 하면 개인의 취향을 분석하여 그 사람에 맞는 서비스를 찾아 주려고 노력한다. 이러한 노력을 기울이는 곳에 고객들이 모여드는 까닭이다.

비디오 대여점이나 슈퍼마켓에서도 POS시스템을 도입하여 대여기록이나 판매기록을 자동으로 처리한다. 사람들이 이러한 정보화 도구를 사용하는 이유는 간단하고 편리하기 때문이다. 하나하나 손으로 처리되던 일들을 전산화하면 비용과 시간이 절약됨은 물론 정확하게 데이터화됨으로서 효율성과 생산성을 높이는 동시에 새로운 사업기회를 잡을 수도 있기 때문이다.

소기업들이 정보화를 추진하여야 하는 이유도 바로 이것 때문이다. 이제 시각을 조금만 바꾼다면 소기업의 정보화는 그리 어려운 일만은 아니다. 소기업의 정보화에 필요한 각종 정보를 이제는 쉽게 찾을 수 있을 뿐만 아니라 정부에서도 소기업 정보화를 위하여 다양한 정책을 펴고 있기 때문이다. 결론은 명확하다. 정보화는 이제 선택이 아니라 기업이 살아남기 위한 필수조건이며 경영자의 의지만 있으면 손쉽게 추진할 수 있는 대상이기도 하다.

소기업정보화를 위하여 소기업에서 해야 할 일을 요약한다.

1) 인터넷을 이해하고 활용할 줄 알아야 한다.

2) 인터넷에 접속할 수 있는 기본환경을 만들어야 한다.

3) 기업내부의 업무효율을 높이기 위하여 정보시스템을 도입한다.

4) 전자상거래에 필요한 기본요소를 갖춘다.

[ASP제공업체]

주요 업체	특 징
넥서브 www.nexerve.com	ERP, CRM, SCM, 그룹웨어 등의 ASP 제공
넷포비즈 www.net4biz.com	회계, 세무회계, 인사급여 소프트웨어를 ASP로 제공
넷포텍스 www.net4tax.com	웹경영관리, 웹실무장부, 웹간편장부 등을 ASP로 제공
더존포유 www.thezone4u.com	신용카드 매출전표 입력. 종합세금 ASP 제공
멀티비즈 multibiz.thrunet.com	대기업용, 중소기업용, 소호사업자, 신규창업자 등사업자별 소프트 웨어 및 콘텐츠, 교육서비스 제공
비즈메카 www.bizmeka.com	경영지원. 홈페이지 및 쇼핑몰 구축, 문서관리 그룹웨어 등
비즈포스 www.bizfos.co.kr	중소기업, 소상공인 일정관리, 자산관리, 간편장부, 4대보험
온넷www.onnet21.com	ERP, SCM, CRM 등을 ASP로 제공
올소닷컴 www.allsw.com	워드. 웹에디터 등의 PC 소프트웨어를 ASP로 제공

와우프리 www.wowfree.net	정품 소프트웨어를 ASP형태로 제공. PC에 다운로드
웹하드 www.webhard.co.kr	디스켓없이도 문서파일 저장, 열람, 편집, 파일공유
피코소프트 www.picosoft.co.kr	그룹웨어를 포함한 구매, 급여, 생산, 외주, 인사, 판 매, 품질, 회계관리 등 ERP를 통합 제공

대기업과 작은 기업간의 Win-Win전략

게임기 개발업체인 인터존 21은 최근 H상사의 지원을 받아 일본 도꾜에서 열린 '2000 추계 도꾜 게임쇼'에 자사가 개발한 오락실용 게임기 에에씨 퍼커스를 출품했다. H상사는 벤처기업인 인터존 21을 지원하기 위해 자사의 도꾜지사를 통해 현지 게임기 유통업체를 인터존 21에 연결시켜 주고 수출에 필요한 각종 현지 정보를 수집, 제공하고 관련서류 작성도 대행했다. 뿐만 아니라 H상사는 인터존 21과 함께 동남아시아, 유럽, 남미 등의 수출 및 현지 법인 설립을 추진하고 있다.

58│전자상거래를 위한 필수요소

우리는 왜 변화를 원하는가? 이런 질문은 무가치한
것이다. 단지 변해서 무엇이 되고 싶은가? 그것이
어떻게 가능한가? 라는 질문만이 가치 있는 것이다.

전자상거래는 인터넷이 보편화되기 이전에도 기업간 문서를 전자
적 방식으로 교환하거나 PC통신의 홈쇼핑, 홈뱅킹 등 다양한 형태로
존재하여 왔다. 인터넷이 대중화되면서 전자상거래는 인터넷상에서
의 거래와 관련지어 생각하게 되었다.

협의의 전자상거래란 인터넷상에 홈페이지로 개설된 상점을 통해
실시간으로 상품을 거래하는 것을 의미한다. 거래되는 상품에는 전자
제품과 같은 실물뿐 아니라 원거리 교육이나 의학적 진단과 같은 서
비스도 포함된다.

또한 뉴스, 오디오, 소프트웨어와 같은 디지털 상품도 포함되며 이
들의 비중이 점점 높아지고 있는 추세이다. 광의의 전자상거래는 소
비자와의 거래뿐만 아니라 거래와 관련된 공급자, 금융기관, 정부기
관, 운송기관 등과 같이 거래에 관련되는 모든 기관과의 관련 행위를
포함한다.

전자상거래 시장이란 생산자, 중개인, 소비자가 디지털 통신망을
이용하여 상호 거래하는 시장으로 실물시장(Physical market)과 대

비되는 가상시장(Virtual market)을 의미한다. 전자상거래는 기존의 조세 및 관세의 변화로 정부 수입에 영향을 준다. 통화 및 지불제도에 대해 새로운 제도를 도입하여야 하며 거래인증, 거래보안, 대금결재, 소비자보호. 치적소유권보호 등에 관하여 새로운 정책을 수립하여야 한다.

기업은 내부적으로 고객서비스를 향상시키고 비용을 절감하며 외부적으로는 시장이 전 세계로 확대되는 것이다. 전자상거래로 이루어지는 경제활동을 디지털경제(Digital economy)라 하며 미래는 실물경제와 디지털경제가 경제활동의 양대 축을 이룰 것으로 전망된다.

[전자상거래의 흐름도]

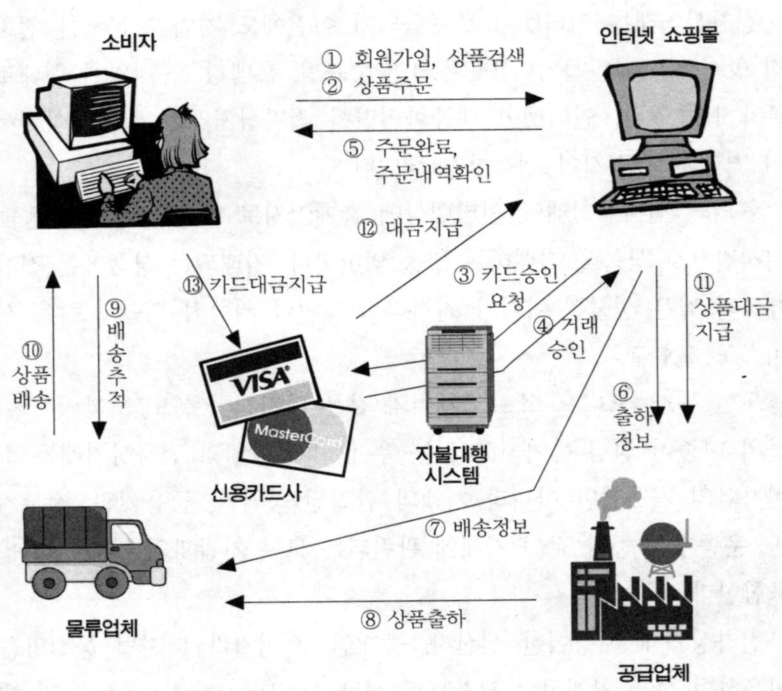

전자상거래는 정보통신기술과 정보시스템 개발기술의 발전으로 나타나는 새로운 사회제도이며 문화라 할 수 있다.

■ 인터넷 쇼핑몰 구축절차와 단계

인터넷 쇼핑몰을 운영하려면 사업자등록을 마친 후 관할 체신청에 부가통신사업자 신고와 해당 시·도지사에게 통신판매업자 신고를 하여야 하며, 사업의 양도 양수 및 폐업 등 변경사항이 발생한 때에는 변경신고를 반드시 하여야 한다.

쇼핑몰 업체의 자본금은 제한이 없다. 또한 인터넷 쇼핑몰은 직접 판매하는 것이 아니라 인터넷상에서 통신으로 판매가 이루어짐으로 현행법으로는 방문판매 등에 관한 법률 제2조에서 정한 통신판매에 해당함으로 방문판매 등에 관한 법률과 그 시행 규칙을 참고하여야 한다.

전자상거래에 관한 일반법으로는 전자거래기본법, 전자 서명법, 정보통신망 이용촉진 및 정보보호에 관한 법률, 약관의 규제에 관한 법률, 소비자보호법, 저작권법 등이 있다.

■ 소기업에 알맞는 쇼핑몰 운영

인터넷 쇼핑몰 운영방법에는 쇼핑몰을 자체 구축하는 방법과 종합 쇼핑몰에 입점하는 방법(Mall of mall), EC호스팅 서비스를 이용하는 방법이 있다.

인터넷 쇼핑몰 유형별 장단점은 다음과 같다.

구 분	장 점	단 점
종합 쇼핑몰 입점 (Mall of mall)	· 초기 구축비용이 작다 · 상품관리, 지불시스템, 택배 등 주요 서비스 제공 · 광고비용 절감 · 지명도 높은 쇼핑몰의 상점 운영. 마케팅기법 공유	· 월 이용요금 및 판매수수료 납부 · 적극적인 자기 상품 노출의 어려움 · 고객, 판매정보 보안유출 문제 · 노하우 축적이 어려움
EC 호스팅	· 초기 구축비용이 적다 · 서버공간만 임대하므로 직접 구축하는 효과 · 안정적인 최신 시스템 이용 · 주문처리, 결제처리 대행 · 게시판, 경매, 쿠폰 등 서비스 이용 가능	· 월 이용료 납부 · 차별화된 쇼핑몰 구축이 어렵다 · 고객, 판매정보 공유문제 발생
자체 구축	· 독자적인 마케팅 관리 가능 · 상품판매에 별도 수수료 필요 없음 · 환경변화, 고객 취향변화에 즉각 대응 가능 · 독특한 아이디어가 담긴 쇼핑몰 페이지 제작 가능 · 적극적인 마케팅활동, 고객 관리	· 초기 구축비용이 매우 크다 · 시스템 관리, 제작에 전문인력 필요 · 직접광고, 홍보 노력 필요 · 지불대행사, 카드회사, 택배사와의 제휴 및 관리

■ 전자상거래혁명

전자상거래의 급속한 성장은 기업뿐만 아니라 소비자, 정부 및 주요 경제 주체를 비롯하여 시장경제 전체에 많은 변화를 불러 일으키고 있다. 상대적으로 매우 비효율적이고 전통적인 거래방식으로 이루어지던 상거래가 전자상거래를 통해 변모함에 따라 상거래의 효율성이 증폭되고 있다.

'전자상거래혁명'으로 인한 변화가 단순히 기술의 진보를 통해서만 이루어졌다고 보기는 어렵다. 전자상거래혁명을 발생시킨 가장 중요한 두 요인은 바로 디지털혁명과 인터넷혁명이다. 정보혁명의 두 단계인 디지털혁명과 인터넷혁명의 상호 상승효과를 통하여 사회전반이 초고속 정보화 사회로 변모하게 되었고, 초고속정보화 사회 환경에서 정보네트워크 기반시설의 사용 범위가 상거래로 파급됨에 따라서 상대적으로 비효율적이던 상거래에서 근본적인 변화가 일어나는 '전자상거래' 혁명이 일어나게 된 것이다. 전자상거래 환경에서 시장은 다음과 같이 변화 할 것이다.

첫째, 유통경로가 효율화된다. 거래방식의 표준화가 가능하고 판매자와 구매자간의 정보탐색이 용이하다는 조건하에서 전자상거래는 기존 상거래에 비해 거래비용 측면에서 절대적 우위를 가진다.

둘째, 물리적 시장은 전반적으로 축소된다. 전자상거래 시장은 물리적 공간을 차지하지 않는다.

따라서 전자상거래 시장이 성장할수록 공간을 점유하는 물리적 시장은 줄어든다.

셋째, 도소매 기능이 전자상거래에 흡수되는 만큼 전문 물류업의 영역은 더 커진다. 기존의 소매상과 도매상 점포가 보관 기능을 수행하고 있는 만큼 이들이 사라질 경우 그 점포에 비치하던 상품들은 모두 물동량이 된다.

넷째, 표준화 정도가 높고 소수 대량으로 생산되는 서비스재 시장(예: 은행)은 전자상거래 시장에 급속히 편입된다. 다수에 의해 소량 생산되는 서비스재의 경우(예 : 변호사)도 사이버 쇼핑몰을 구성하여 다수 소비자의 소량 소비에 대응할 수 있으므로 인터넷 시장에 점진적으로 흡수된다.

📁 고객과의 접점

　고객과 우리가 만나는 그 순간 순간을 가리켜 고객과의 접점이라고 한다. 그 순간은 15초보다도 짧다. 실제로 15초보다 짧은 시간 동안에 고객은 우리의 시스템을 간파해 버린다.

59 | 소기업 네트워크화 사업이란 무엇인가?

정보화의 사각지대에 있는 280만개의 소기업과 자영업자들이 손쉽게 정보화를 이룰 수 있도록 하기 위하여 2001년 12월부터 정보통신부와 중소기업청은 '소기업네트워크화' 사업을 시작하고 한국전산원을 전담기관으로 지정하여 사업을 시행하고 있다.

2차년도 사업이 끝난 지난해 말 기준으로 프로그램을 이용하고 있는 소기업수는 14만개를 넘어섰고, 금년 말에는 약 30만개, 내년 말에는 약 50만개 돌파를 목표로 하고 있다.

소기업 네트워크화 사업은 정보화의 의사가 있더라도 전문지식과 인력의 부족, 비용부담 등의 문제로 정보화를 주저하던 소기업이나 자영업자들에게 초고속 인터넷을 기반으로 손쉽고 저렴한 정보화 환경을 구축할 수 있도록 하는데 있다. 소기업은 우리 경제의 소중한 바탕으로서 이들의 경쟁력 향상이 곧 국가 경쟁력 향상으로 이어지는 것임은 재론의 여지가 없다. 지식정보 사회에서는 정보가 곧 능력이고 정보의 격차가 생활의 격차를 야기하게 될 것이다. 기업의 경쟁력에 있어서도 정보화는 중요한 요소이며 이제 정보화는 선택이 아닌 필수조건인 것이다.

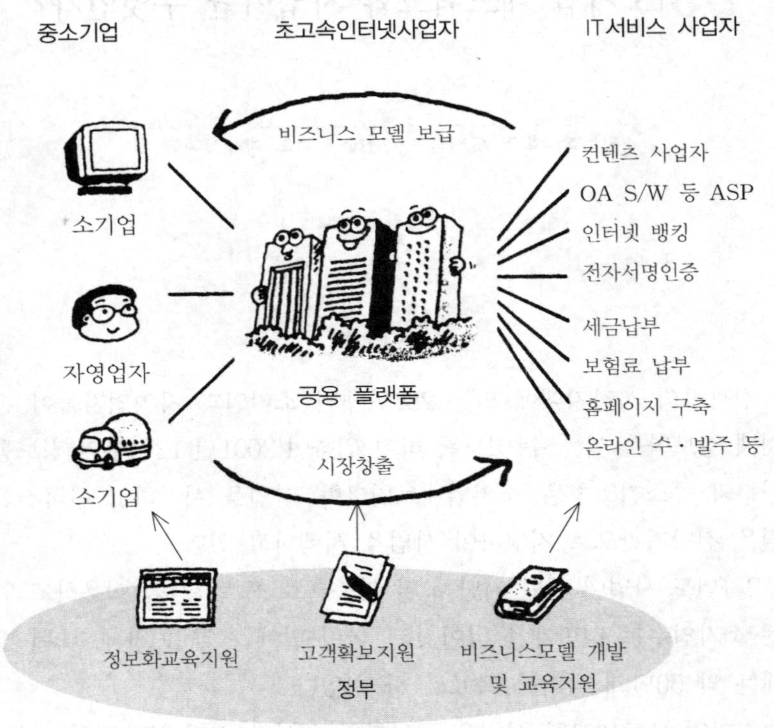

이러한 맥락에서 시작된 소기업 네트워크화 사업은 소기업의 정보
화 구현이라는 문제에 해답을 줄 수 있을 것이다.

일단 고가의 장비나 운용 프로그램 구입에 따른 비용문제, 정보시
스템 운용 인력의 부재 등으로 정보화 도입을 망설였다면 소기업정
보화 사업에 관심을 가져볼 만하다.

소기업 네트워크화 사업에서는 모든 응용 프로그램을 ASP 방식
으로 제공한다. 따라서 소기업은 원하는 서비스를 선택하여 신청하면
프로그램별로 월 3천원에서 4만원까지 저가의 요금으로 즉시 이용할

수 있다. 이러한 방식으로 제공되는 서비스의 필요성과 가치를 알고 도입하려고 하여도 정작 사용방법을 모르는 경우에 대비하여 소기업에 필요한 정보화 교육을 무료로 실시한다.

교육은 소기업의 경영현실을 고려하여 주로 방문교육으로 진행되며 교육은 기초 IT교육과 사용하게 될 서비스의 활용법이 주를 이루고 있다.

정보화의 필요성을 인식한 소기업들이 막상 정보화를 하려고 하여도 시중에 사용되는 응용 프로그램은 규모가 너무 커서 이용에 부담이 있었던 것이 사실이었던 만큼 소기업에 맞는 맞춤형 서비스를 개발하였다. 매출관리·고객관리·생산관리 등 단위 업무별로 소기업에 적합한 솔루션이 준비되어 있고 영업장에서 편리하게 사용될 계좌통합 서비스, 간편 장부 서비스, 일정관리, 세금계산서, E-Mail, 그룹웨어 등 다양한 서비스가 제공될 예정이다.

그리고 세무, 법률, 뉴스, 시세정보 등 기업경영에 필요한 각종 컨텐츠를 제공한다. 이같은 기초서비스 외에 좀더 소기업의 요구에 부응할 수 있는 업종별 특화서비스도 준비되어 있고, 그 외 필요한 PC, 네트워크 환경, 각종 장비 등의 임차이용과 구매도 지원 받을 수 있다.

소기업은 정보화를 통해 기업의 경쟁력을 얻고 IT업체는 새로운 시장수요로 인해 생산에 활기를 띨 것이며 국가 전체의 경제흐름도 한층 활발해질 전망이다.

■ 통합 IT 서비스 내용

1) 기초 IT교육 및 통합 IT 서비스 사용자 교육
2) ADSL 등 초고속 인터넷 서비스
3) 통합 e-비즈니스 서비스

① 세무, 법률, 시장정보 등 기업용 정보서비스

② ASP 방식의 기초 경영정보, 사무자동화, 기초 고객관리

③ On-Line 장부 : 세무신고 관련 장부 기입 및 온라인 신고 서비스

④ 4대 보험료 정산 및 납부(EDI)

⑤ 전자세금계산서, 영수증 발행 서비스

⑥ On-Line 교육

4) 업종, 기업별 특화서비스(선택)

① Web-POS : 인터넷 기반의 POS 서비스

② 계좌 통합 서비스 : 각 금융기관별 거래 내역 통합관리 및 현금흐름 관리

③ 자동차 수리, 식당, 의류점 등 각 업종별 온 라인 관리 서비스

④ 전자상거래를 위한 Billing 서비스 등

5) 하드웨어 등 인프라

① PC 등 무선 인터넷 이용이 가능한 PDA 등 휴대용 단말기

② 인터넷 전화, 신용카드 조회, PC 기능 등이 조합된 통합 단말기

6) 통합 IT 서비스 내용 중에서 자신에게 맞는 서비스만을 선택하여 최소의 비용으로 이용이 가능하다.

⊟ 아얌드림 미용실

서울 신림동의 '아얌드림' 미용실 P원장은 "손님이 우리 미용실을 드나들며 보여주었던 취향을 소기업 네트워크 프로그램에서 제공한 '헤어짱'을 이용하여 메모해 둔다."며, 이를 토대로 현재의 유행을 감안하여 예술작품을 만들 듯 고객의 머리를 정성껏 다듬으면서 성공의 기틀을 잡아가고 있다.

P원장이 하나로 통신에서 제공하는 초고속 인터넷 인프라스트럭처에 헤어

짱 프로그램을 활용해 미용실 운영에 적용하는 디지털 방식의 경영방식으로 성공을 거두고 있다. 그녀는 인터넷을 통해 제공되는 헤어짱에 고객 이름, 생일, 결혼기념일, 좋아하는 색, 머릿결, 출입일 등 모든 것을 기록하여 둔다.

그녀는 이 기록을 이용하여 VIP고객, 잠재고객, 희망고객 등 한번이라도 인연을 맺은 고객들을 단골고객으로 흡수하였다. P원장은 이러한 노하우를 바탕으로 신림동에 아얌드림 2, 3호점을 만들어 나갔다. P원장은 "고객정보를 상세히 기록하고 이를 체계적으로 관리하다 보니 데이터베이스 마케팅이 자연스럽게 이루어지고 있다고."고 소개했다.

P원장은 소기업 네트워크를 통해 미용업계에 디지털 경영기법을 확산시키겠다고 말했다.

60|왜, 아웃소싱인가?

아웃소싱의 대상업무는 개발, 운영, 지원부문처럼
정형화, 표준화직무를 대상으로 한다. 포기도
전략이다, 버려야 산다.

아웃소싱이 기업경쟁력 확보를 위한 필수전략으로 주목받고 있다. 그간의 구조조정 등과 맞물려 기업들마다 거의 모든 부문을 아웃소싱하고 있다. 이처럼 아웃소싱이 업계의 화두로 떠오르면서 시장규모도 급팽창하고 있다.

지난 96년 20조원 규모였던 아웃소싱 시장이 지난해 1백조원 대를 돌파한 것으로 추정하고 있다. 관련 기업체 수는 9만개, 종업원 수는 4백 30만 명에 달할 것으로 보고 있으나 선진국에 비해선 여전히 걸음마 단계이다. 미국의 시장규모는 지난 96년 1천억 달러에서 지난해 3천억 달러 시장으로 성장하였다. 아웃소싱을 이용하는 기업의 비율은 미국이 90%, 일본은 77%에 이르며 우리 나라는 이제 겨우 40% 수준에 불과한 것으로 조사되었다.

정부는 아웃소싱 등 비즈니스 서비스 산업을 21세기 전략산업으로 육성하기 위해서는 관련 법률, 제도 등 인프라를 정비하고 적극적인 규제완화가 대책이 필요할 것이다. 그러나 무엇보다도 아웃소싱을 활성화하려면 기업들이 보다 적극적으로 나서야 하며 아웃소싱을 비용

절감의 수단으로만 인식해서는 안 된다. 이러다 보면 핵심 경쟁력 확
보라는 목표는 퇴색하고 노동집약적 단순업무만 아웃소싱하게 되는
것이다.

　기업의 최고경영자는 내가 하던 일이라도 다른 기업이 더 잘할 수
있다면 그 기업에 맡기는 것이 효율적이라는 합리적 사고로 전환되
어야 한다.

[한국기업의 아웃소싱 이유]

(단위 : %)

아웃소싱 분야	비용 절감	외부전문성 활용	신규사업 진출	핵심업무 집중	관리번잡성 회피	인력, 조직 축소
시설관리 분야	78.8			3.0	15.2	3.0
물류 분야	60.0	15.0	5.0	15.0		3.0
재무·경리 분야	66.7	33.3				
생산 분야	81.3		6.3	6.3	6.3	
마케팅 분야	50.0	50.0				
정보시스템 분야	35.7	42.9	3.6	7.1	3.6	7.1
인사·교육 분야	50.0	50.0				
복지·후생 분야	66.7					33.3
총무·홍보 분야	16.7	50.0		16.7		16.7
연구·개발 분야	37.5	62.5				
기 타	75.0		25.0			

　최근 아웃소싱 시장에서는 새로운 트랜드가 형성되고 있다. 지금
까지 총무, 인사, 경리 부문에 국한되어 있던 아웃소싱 분야가 생산
은 물론 연구개발 분야로까지 급속히 확산되고 있으며 생산만 전문

적으로 하는 회사까지 나타나고 있다. 이제 기업들은 상품기획, 마케
팅 등 이른바 핵심 부문에만 총력을 집중하고 생산은 제조전문회사
에 맡기는 시대가 왔으며, 이러한 움직임은 앞으로 더욱 확산될 것으
로 보인다.

특히 출판업계는 아웃소싱을 통해 업무효율성을 극대화하는 대표
적인 업종이다. 편집에서부터 표지디자인, 인쇄, 제본, 교열, 교정에
이르기까지 책을 만드는 웬만한 과정은 모두 외부 전문 업체에 맡기
고 있다. 과거 출판사는 좋은 책만 만들면 그만이라고 생각했으나 출
판사도 이익을 내어야 하는 기업이기 때문에 경영의 효율성을 높이
는데 아웃소싱이라는 수단이 필요하게 된 것이다.

세계적인 컨설팅 그룹인 프라이스 워터하우스가 지난해 세계 33개
국 최고경영자 1천 61명을 대상으로 조사한 설문조사에 따르면 응답
자의 81%가 경제환경 변화에 따르는 장기적인 전략과제로 비핵심
역량의 아웃소싱을 꼽았으며, 73%는 공장과 사무실의 축소를 꼽아
몸집 줄이기와 핵심부문의 역량강화가 매우 중요하다고 보았다. 대경
쟁(Mega competition)의 시대를 맞아 국내외 경기의 조정이 빠른
속도로 진행되면서 급성장하고 있는 아웃소싱 산업이 기업 경쟁력을
높이는 첨병이 되고 있다.

1) 아웃소싱의 효과
① 경쟁력 강화와 생산성 제고이다.
② 자원확보의 한계를 극복할 수 있다.
③ 가치관 변화에 대한 신속한 대응이 가능하다.
④ 고정비용의 가변비용화이다.

2) 아웃소싱의 문제점
① 아웃소싱 공급업체와의 조화와 공생관계 유지이다.

② 합리적인 용역료의 산정이다.

③ 정보교환 및 보안유지의 문제점이다.

④ 노사대립 및 근로 의욕 저하의 우려이다.

⑤ 법령의 미비이다.

3) 아웃소싱의 고려사항

① 아웃소싱에 의존함으로써 핵심기술을 상실할 수 있다는 점을 고려하여야 한다.

② 아웃소싱을 함에 따라 기업의 각 기능별 분야간의 밀접한 상호관계를 잃지 않도록 하여야 한다.

③ 아웃소싱에 너무 의존함으로서 부품공급업체에 대한 통제를 상실할 수 있다는 점을 고려하여야 한다.

[외부업체 선정 및 계약]

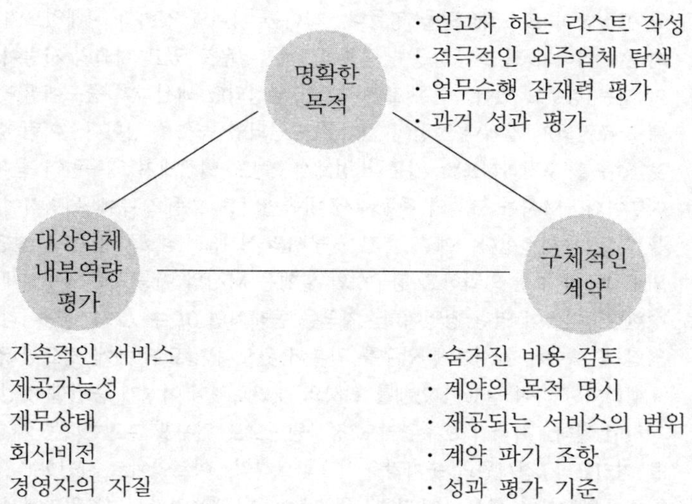

　　M사는 영업부문은 물론이고 인사, 경리, 관리부문에서 정보시스템, 물류업무까지 아웃소싱하고 있다. 작은 기계공구 도매상이었던 이 회사가 타 기업의 조직과 인재를 활용하여 업적을 높이고 회사가 성장하기까지는 '구매대리' '갖지 않는 경영' '열린 경영(Open Policy)'의 세 가지의 독특한 키워드가 있다. 구매대리란 M사가 취급하는 공구류는 번호로 정해진 상품이 많아 영업직원이 고객에게 판매하러 가서 가격절충에 시간을 쓰는 것보다 카탈로그 등을 송부하여 전화나 Fax로 주문 받는 것이 시간과 인건비 측면에서 이익이라는 발상이다. 처음에는 천원 짜리 상품에도 왜 담당자가 오지 않느냐고 불만이든 고객들도 일십 만원 미만 정도의 상품이라면 서로 시간을 빼앗기는 것보다 카탈로그를 보내는 것이 좋겠다는 형태로 주문의 관행이 바뀌었다. 이 방식으로 M사는 수년 전부터 공구분야 외에 의료, 식자재 등으로까지 취급상품을 확대하였다. 갖지 않는 경영의 진가는 인재활용에서 발휘되고 있다. M사에서는 무엇을 할 것인가라는 비즈니스 테마가 결정되면 그 비즈니스의 중심이 되는 리더를 회사 내외에서 모집한다. 희망자가 여러 사람 앞에서 비즈니스의 전개방법을 발표하고 테마가 결정되면 리더는 팀원을 모집하여 프로젝트팀을 만든다. 리더는 사내의 직위와 관계없으며 젊은 사원이 리더가 되고 부장급이 팀원이 되는 경우도 있고 사외의 사람이 리더가 되는 경우도 있다. 팀은 프로젝트가 달성되면 해산하며 중도에라도 계획대로 추진되지 않거나 전망이 없다고 판단되면 즉시 해산한다. 이런 방식으로 업무를 추진하다보면 업무나 정보시스템도 번잡해져 업무량이 증대하기 마련이다. M사는 고객의 주문에서 발송까지를 모두 외부에 위탁하여 업무를 간단히 해결한다. 예를 들면 청구서의 발행과 정보처리 등은 발송전문 외주업체에 일괄 의뢰하고 청구서의 발행은 M사의 이름으로 외주업체가 작성한다. 이것이 열린 경영이다. 지금은 종래처럼 00부 xx과 담당이라는 조직의 틀 속에서 사람에게 업무를 맞추어 왔으나 필요한 때에 필요한 업무를 수행하기 위하여 필요한 인재를 회사의 내외로부터 어떻게 충원할 것인지 결정하면 된다. 회사의 노무관리도 정사원만으로 업무를 추진한다는 사고방식을 버리고 1)정사원의 숫자감축, 2)파트타임, 아르바이트 사원화, 3)계약사원, 위탁사원 활용, 4)파견사원 활용, 5)대행업자, 청부업자에게 업무위탁, 6)전문분야의 외주업자를 활용하고 있다.

61 | 프로세스를 바꾸면 성과가 보인다

굴뚝산업의 시대는 가는가? 사업을 포기하고 아이템을
바꾸고 생산기지를 옮기는 것 이외에 생존의 방법이
정녕, 없는 것인가?

생산 위주의 경영을 하던 과거에는 생산능률을 극대화시키기 위하여 작업을 분업화하였다. 분업으로 작업을 단순화시키면 반복되는 작업이 숙련되어 수백 배의 생산성을 올리게 된다.

애덤 스미스는 핀 제조를 예로 들어 철사를 잡아당기고 잘라서 뾰족하게 만들고, 핀 머리를 만들고, 염색하는 등의 여러 공정을 한 사람이 담당하면 하루에 20개 만들기도 어렵다고 하였다. 그러나 이 제조과정을 여럿이 나누어 분업화하면 숙련되어 수백 개는 만들 수 있다고 설명하였다. 이러한 분업의 원리에 의하여 오늘날 업무가 영업부, 생산부, 관리부 등으로 세분화되었다.

그러나 여러 부서로 세분된 업무가 오히려 관료주의로 변하여 일의 진척을 더디게 하는 요소로 작용하게 되었고, 이러한 시스템상의 벽을 허물기 위하여 업무의 수행과정을 재조정하는 것을 리엔지니어링(Reengineering)이라 한다.

기업의 리엔지니어링은 기존사업 관행을 조정하는 과정에서 혼란과 불확실성을 높힐 우려가 있지만 고객서비스와 제품의 질, 그리고 비용면에서 큰 성과를 올릴 수도 있다.

리스트럭처링(Restructuring)이란 사업구조를 재구축하는 것을 말한다. 어떤 신규사업에 진출할 것인가? 어떤 사업을 축소 내지 철수시킬 것인가를 결정하는 것으로 이의 결정 요인은 그 기업의 핵심역량이 무엇인지, 앞으로 기업 환경이 어떻게 변화할 것인지를 예측해야 한다. 미국의 GE는 전기기구 판매에서 80%의 이익을 남겼으나 79년에 들어 47%까지 이익이 떨어지게 되었다. 기업 환경의 변화를 인식한 GE는 리스트럭처링을 단행하여 전기기구에서 발전기, 중전기, 비행기 엔진 등 고급기술을 지향하면서 미국 일류기업의 자리를 계속 유지하고 있다.

리엔지니어링이나 리스트럭처링은 시도만 하면 경영능률이 향상되는 전가의 보도는 아니다. 경우에 따라서는 비용이 줄어드는 것보다 더 빠른 속도로 매출이 감소하여 경영의 위기를 맞을 수도 있으므로 기업 내부의 성장인자를 잃어버리지 않으면서 업무혁신을 추진하여야 한다는 것을 명심하여야 한다.

그것이 성공하려면 몇 가지 전제조건이 충족되어야 한다.

첫째, 단순한 업무절차의 개선으로 이루어지는 것이 아니라 직무 및 조직구조, 관리 및 평가방식, 조직원들의 가치관 및 신념, 조직문화의 혁신이 동시에 이루어질 때 성공과 효율성이 증대될 수 있다.

둘째, 정보기술은 작업의 핵심적 요소이다. 조직 내 정보유통 구조가 전산화되어 손쉽게 데이터베이스에 접근할 수 있어야 한다.

셋째, 작업을 실시하기 전에 업무수행 방식의 개선, 관리 및 평가방법 등에 대해 조직 구성원간에 활발한 의사소통이 있어야 한다.

넷째, 소비자는 품질혁신의 스승이다. 다품종 소량생산 시대에는 값싸고 좋은 물건도 중요하지만 더욱 중요한 것은 소비자가 원하는 물건을 만드는 일이다.

다섯째, 가급적 많은 수의 직원이 자발적으로 참여하여 혁신적인 기업문화를 창조할 수 있도록 유의하여야 한다. 말만 변화하고 솔선하지 않는 NATO(No Action Talking Only) 형태의 조직혁신은 성공할 수 없다.

여섯째, 전문 컨설턴트를 기용하여 조직의 반발을 효과적으로 무마하여야 한다.

급격한 국제환경의 변화 속에 몸살을 앓고 있는 한국 기업들에게 리엔지니어링이나 리스트럭처링은 새로운 활력소를 불어넣을 수도 있다. 고객 지향적 관리의 체질화는 우리 나라의 기업이 시급히 달성하여야 할 과제이다. 리엔지니어링과 리스트럭처링의 성공사례를 알아본다.

닌텐도 | 세계 비디오 게임시장을 석권하고 있는 일본의 닌텐도(任天堂)사는 불과 80년대 초까지만 하여도 화투 등을 생산하는 조그만 소기업에 지나지 않았다. 오늘날 종업원이 천여 명에 이르는 이 기업은 현재 종업원 1인당 경상이익이 1억 8천만엔으로 일본 제일의 소수 정예 게임기 메이커로 성장하였다.

현재는 과거 닌텐도의 가업이었던 화투나 트럼프의 매출액 비중은 1% 미만이라고 한다. 비디오 게임기나 화투는 다 같은 오락상품이다. 발상의 전환을 통해 사업구조를 혁신적으로 바꾼 것이 현재의 성공을 낳게 한 원동력이 된 것이다.

홀 마크사 | 홀 마크(Hall Mark) 카드사는 신제품 개발 공정을 리엔지니어링하여 신제품이 출시되는데, 최소 2~3년 걸리던 것을 3개월 이내로 단축시켰다. 미국 우편집배원이 배달하는 신년카드의 절반가량이 홀 마크사 제품이라 하는데, 이 회사에 근무하는 디자이너는 모두 670명 정도이다. 이들은 자유로운 복장으로 근무할 수 있고 업무 할당량이란 것도 존재하지 않으며 마감 시간도 없다. 이 회사는 다른 회사가 직원들에게 심한 스트레스를 주면서 실시하고 있는 리

엔지니어링을 더욱 많은 자유를 줌으로써 창의성을 고양시키고 있는 것이다. 일과 관련된 아이디어를 구하기 위해서라면 어디든지 출장을 갈 수도 있고 일과 관련된 아이디어를 얻기 위해서라면 영화 관람료도 회사가 지불하여 준다.

제너럴 일렉트릭사 | 세계 최대의 산업기기 생산업체인 GE는 잭 웰치(Jack Welch) 회장이 150여 개에 달하는 방대한 사업을 핵심사업, 첨단기술사업, 고부가가치 사업 등 3개 분야로 분류하여 대대적인 조직 재개편, 즉 리스트럭처링 작업을 단행하였다. '지구상에서 가장 경쟁력 있는 기업'을 모토로 내세우고 소속 산업에서 경쟁력이 1위나 2위에 해당하는 사업을 빼놓고는 모두 처분 또는 폐쇄한다는 방침인 것이다. 우선 40만 명에 달하던 인력을 26만 명으로 감축하였고 기업내 커뮤니케이션 절차를 대폭 감축하여 의사소통의 원활을 꾀하였다.

이러한 조직혁신 운동의 성공은 매년 40억 달러 이상을 연구개발에 쏟아 넣는 과감한 기술혁신 정신과 인재양성 중시와 능동적인 변화 수용의 태세 등이 뒷받침되었다는 사실을 간과할 수 없다.

미쓰비시 | 일본이 자랑하는 세계적인 가전업체인 미쓰비시도 21세기에 대비하여 대대적인 구조개편 작업을 단행하고 있다. 구조개편의 골자는 현재 자회사 및 관련회사 600개를 면밀히 검토한 후 수익성 및 장래성이 희박한 기업은 통폐합하거나 청산한다는 것이다. 자기 살을 깎는 아픔이 있지만 결단을 늦추다가는 더 큰 손해를 볼 것이라는 위기감 때문이다.

미쓰비시는 자신이 거느린 기업군을 21세기를 대비해 집중 투자할 기업군, 향후 1~5년 간은 현상유지를 하면서 사업 방향을 수정할 기업군, 조속한 청산이나 통폐합을 서둘러야 할 기업군으로 3등분한 후 리스트러처링을 감행하고 있다.

　　큰 기업이 취급하기에는 너무 작고 특화되어 있어 손을 대지 않은 시장이 있을 수 있다. 자동차 시장에서 최고급 자동차의 수요는 너무 작으므로 GM이나 포드 등 대기업이 참여하기에는 마음이 내키지 않는 시장이다. 어쩌면 배부른 기업이 먹기에는 마음이 내키지 않는 계륵같은 시장이라 할 수도 있다. 그러나 이 점에 착안하여 상품을 전문화, 특화한 기업이 있다. 바로 최고급 자동차 시장에서 독보적인 지위를 확보하고 있는 롤스 로이스(Rolls Royce)사다. 따라서 약자의 입장에선 기업은 전문화, 특화된 부분에 전념하고 그 위치를 고수하는 전략이 필요하다.

62 | 벤치마킹은 새로운 창조이다

모든 경우가 다 그렇지는 않겠지만, 많은 기업들이
경솔하게 감량경영을 추진했다. 이는 수백 년 동안
외과의사들이 가장 경계했던 진단 전 절단의 우를
범한 것과 같다.

벤치마킹(Bench Marking)이란 동종 업계의 최정상에 있는 회사를 모델로 삼아 그들의 성공비결이나 경영비법을 자기 회사의 혁신을 위하여 활용하는 노력을 말한다. 즉 타회사의 모범적인 경영사례를 발굴하여 자기 회사 발전의 모델로 삼는다는 뜻이다. '좋은 회사 닮기 운동'이라고 정의할 수 있다.

벤치마킹은 리엔지니어링에 비해 경영에 미치는 위험도는 낮다. 회사의 조직에 손을 대더라도 이미 다른 회사에서 시험을 거친 것이기 때문에 충격이 덜 할 수 있다.

벤치마킹은 통상적으로 개선하여야 하는 프로세스를 설정한 다음, 팀을 구성하여 문제를 해결하는 방식을 취한다. 벤치마킹은 대상이 되는 회사와 유대관계를 맺는 것이 매우 중요하다. 그 회사의 어떤 점을 벤치마킹하겠다는 의사를 분명히 하면 접근에 어려움이 없을 수 있을 것이다.

지난 4월 미국 3위 소매업체인 타깃의 로버트 율릭 회장이 신세계 E마트를 방문했다. 미국 47개 도시에 4백여 개의 매장을 갖고 있는

대형 유통업체의 사장이 E마트를 찾은 것은 외국계 할인점의 공략에
도 불구하고 E마트가 1위를 지키며 시장 점유율을 늘려가고 있기 때
문이다.

E마트가 성장을 거듭하고 있다. E마트의 고공행진이 계속되자, 미
국, 일본 등 선진국 유통관계자들의 방문이 줄을 잇고 있다. E마트
사장은 "외국 유통관련 업체의 E마트 방문이 1999년 이후 비공식을
합하면 300여 회에 달한다."고 말한다. E마트의 고속성장 비결은 공
격경영으로 인한 시장 선점과 비용절감 효과 때문이라는 분석이다.

E마트는 경쟁업체가 주요도시에 자리잡기 전에 매장을 늘리면서
시장을 선점해 나갔다. 97년 9개에 불과했으나 E마트는 대도시와 중
소도시를 고루 공략하여 2000년 28개, 2001년 42개로 매장을 늘렸
다. 또한 E마트는 대구, 용인에 물류센터를 구축하여 매출액 대비 물
류비를 3~4년 전의 8% 수준에서 올해는 3%대로 낮추고 광고비를
경쟁업체의 절반 이하로 줄였다.

벤치마킹의 효시는 80년대 초 복사기 및 사무용품업계의 선두주자
였던 제록스(Xerox)사가 일본의 경쟁업체에 밀리게 되자, 일단의 연
구원과 사원을 일본에 파견하여 일본 회사의 강점과 경영방식을 습
득케한데서 시작되었다고 한다.

잘 알려진 얘기로는 미국 굴지의 자동차 회사인 포드사가 토러스
(Tarus)라는 모델을 개발할 때 벤치마킹 기법을 활용했다는 것이다.
문의 손잡이나 앞좌석은 쉬보레의 루미나, 할로겐 헤드라이트는 혼다
의 어코드, 가변핸들은 닛산의 맥시마 등에서 따온 것이다. 이를 위
해 포드사는 소비자 설문조사를 이용하여 소비자가 가장 중요시하는
400가지의 특성을 분석한 후 벤치마킹을 실시했다고 한다.

벤치마킹은 동종 업종뿐만 아니라 이를 잘 응용할 경우 이 업종에
도 적용이 가능할 것이다. 부진을 면하지 못하고 있는 국내 기업에도

벤치마킹의 적극적 활용은 새로운 경영개선의 대안이 될 수도 있다.

피카소는 "훌륭한 예술은 모방에서 나온다."라고 말했다. 배운다는 것은 남을 모방한다는 것이며 나아가 창조적으로 응용한다는 것을 뜻한다.

모방하지 못하는 자는 창조할 수도 없다. 어쩌면 늘 배우려는 태도 자체가 배움을 통해 얻는 지식보다 훨씬 가치가 있을 수 있다. 일단 자신의 생각을 접어두고 타인의 말을 경청하는 습관을 기르고 모든 시간과 공간을 배움의 장으로 활용하여야 한다.

한 가지 염두에 두어야 할 사실은 바로 배움을 위한 배움, 모방을 위한 모방, 정보를 위한 정보가 되어서는 안 된다는 것이다. 끊임없이 배워야 하지만 수 많은 정보에 대하여 엄격한 기준이 있어야 하는 것이다.

미국의 기업들은 업계에서 상위권에 있는 기업의 1인당 매출액, 노동비용 등 구체적인 경영지표를 산출하여 그 수치에 도달하려고 업무 개선에 힘쓴다.

목표 달성을 위하여 사원을 상대기업에 파견하여 자사와는 다른 기법으로 문제를 해결하는 기법을 익히기도 한다. 그러나 목표가 되는 벤치마크(Bench mark)로서 어떠한 항목을 설정하는가 하는 것이 과제로 남게 된다.

다시 말해 기업이 벤치마킹을 도입할 때는 "우리 자신을 객관적으로 돌아보고 우리가 잘 하고 있는 것이 무엇이며 부족한 것이 무엇인지 생각해야 한다.

그리고 목표로 하는 기준에 이르기 위한 효과적인 방법이 무엇인지 생각해 보아야 한다." 이것은 말은 쉽지만 실제로는 무척 어려운 일이다.

[벤치마킹(Bench Marking)이란]

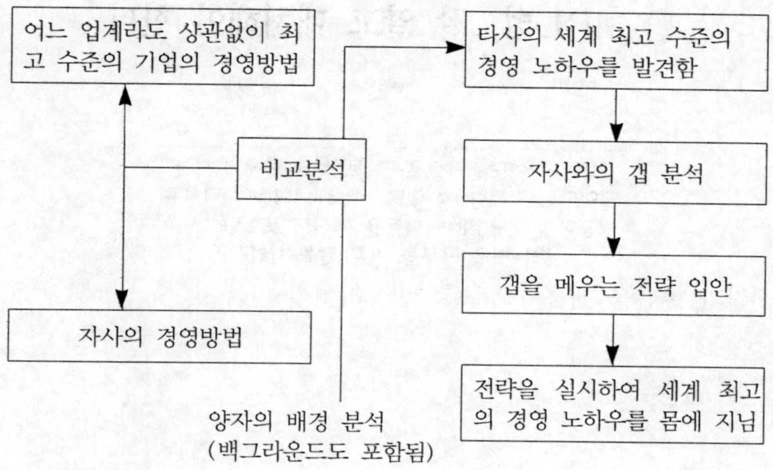

🔲 동대문 시장의 스피드 경영

　대기업의 경우 의사결정 과정이 느려서 급변하는 소비자의 유행변화에 적극대 처하지 못하는 문제점이 있다. 그러나 동대문 시장에서는 유명상품의 샘플을 구입하여 소비자의 기호를 파악한 뒤 공장에 생산 의뢰하면 불과 2일만에 제품을 매장에 선보일 수 있다. 자금과 인력이 열악한 동대문 시장이 소비자가 원하는 옷을 신속히 파악하고, 빠른 시간 내에, 낮은 가격으로 공급하는 것은 생산과 마케팅에서 대기업에 앞서기 때문이다. 얼마 전 현장을 방문한 대기업 담당자들이 새롭고 다양한 소재와 유행을 앞서서 파악하여 20~25% 싼 가격으로 제품을 내놓고 재 주문에 신속히 대응하는 시장의 경영기법에 감탄하고 이를 배워 같다는 후문이다.

63 | PL법, 잘 알고 대처해야 한다

제조물 책임(Product Liabality)이란, 결함이 있는 제품으로 인해 소비자 또는 제3자의 신체상, 재산상의 손해가 발생한 경우 제조자, 판매자 등 그 제조물의 제조 판매의 일련의 과정에 관여한 자가 부담하여야 하는 손해배상 책임을 말한다. 국내에서도 이미 2002년 7월 1일부터 시행되고 있다.

미국 맨허튼 법원은 커피전문점인 스타벅스에서 커피메이커가 폭발, 커피물과 찌꺼기가 손에 튀어 2도 화상을 입은 한 여인에게 350만 달러(약 42억원)를 지급하도록 판결했다고 한다. 이처럼 무서운 것이 PL법이다.

■ 제조물 책임제도의 주요 내용

1) 제조물 책임이란 무엇인가?

제조물의 결함으로 소비자 또는 제3자의 생명, 신체, 재산 등에 손해가 발생한 경우 그 제조물의 제조 공급업자에게 손해 배상 책임을 지도록 하는 제도이다.

  2) **제조물책임법의 시행효과**

    ① 제품결함의 고의, 과실 여부를 입증할 필요가 없고 제품의 결함에 의한 손해 발생 여부만 입증하면 되기 때문에 소비자의 피해구조가 용이하다.

    ② 제품의 안정성 제고, 주의, 경고 표시 개선 등 제조 공급업자의 제품 책임이 강화된다.

    ③ 제조물 책임제도에 적극 대응할 경우 품질 경쟁력이 향상되어 기업 경쟁력이 제고된다.

  3) **제조물책임법의 적용대상**

    ① 고체, 액체, 기체와 같은 유체물과 전기, 열, 음향같은 무형의 에너지 등에 적용된다.

    ② 완성품, 부품, 원재료 등은 물론 중고품, 재생품, 수공업품, 예술작품 등도 적용 대상이 된다.

    ③ 부동산의 일부를 구성하고 있는 조명시설, 배관시설, 공조시설, 승강기, 창호 등도 적용대상이다.

  4) **제조물책임법의 제외 대상**

    ① 아파트, 빌딩, 교량 등과 같은 부동산

    ② 미가공 농산물(임·축·수산물 포함)

    ③ 소프트웨어·정보 등 지적 재산물

  5) **제조물 책임을 지는 자**

    ① 제조업자 : 제품을 제조, 가공, 수입한 자

    ② 표시 제조업자 : 제품에 성명, 상호, 상표 기타의 표시를 하여 자신을 제조업자로 표시하거나 오인할 수 있는 표시를 한 자

③ 공급업자 : 피해자가 제품의 제조업자를 알 수 없는 경우에
는 판매업자가 책임을 진다.

6) 제조물 결함의 유형

① 제조상의 결함 : 제품이 설계도나 시방서에 맞지 않게 제조
되어 안전하지 못하게 된 경우

② 설계상의 결함 : 대체설계를 하였더라면 피해를 입지 않을
수 있었음에도 대체설계를 하지 아니하여 안전하지 못하게
된 경우

③ 표시상의 결함 : 소비자에게 적절한 사용방법을 알리지 않
았거나 위험하다는 것을 경고하지 아니한 경우, 기타 통상
적으로 기대할 수 있는 안전성이 결여된 경우

7) 제조물책임과 손해배상

① 제조물 결함이 있고 그 결함으로 인하여 사용자 또는 제3자
의 생명, 신체, 재산 등에 피해가 발생한 경우에는 전부에
대하여 손해 배상 책임이 있다.

② 단 제품에 결함이 있다는 사실을 알거나 알 수 있었음에도
적절한 조치를 하지 않은 경우, 또는 제조자의 책임을 배제
하거나 제한하는 계약을 한 경우에는 예외로 한다.

[제조물 책임(PL)과 리콜(Recall)제도의 비교]

구분	제조물책임(PL)제도	리콜(Recall)제도
성격	· 민사책임 원칙의 변경	행정적 규제
기능	· 사후적 손해배상 · 손해배상을 통해 간접적으로 　소비자 안전확보	· 사전에 위해(危害)제품 회수 · 이를 통해 예방적. 직접적으로 　소비자 안전확보

근거법	· 제조물책임법	소비자보호법, 자동차관리법, 식품위생법, 대기환경보전법, 전기용품안전 관리법
요건	· 제조물의 결함 · 손해의 발생 · 결함과 손해와의 인과관계	제조물의 결함으로 위해가 발생하였거나 발생할 우려가 있을 때

■ 기업의 PL대응방안

구 분	내 용
전사적 PL대응방안 구축	· 최고경영자의 지휘하에 PL대책 추진 · PL 담당 조직의 설치 운영 · 전 사원의 PL마인드 제고 · 사내의 PL 대책을 수립 추진
제조물 책임사고의 예방(PLP) 대책	· 설계상의 결함예방 대책 · 제조상의 결함예방 대책 · 출고. 판매단계의 PL 대책 · 경고 라벨 및 취급설명서 작성시 유의사항

■ 정부의 지원시책

정부는 중소기업에 대하여 제조물 책임법에 대한 이해 증대와 제품의 안정적 경쟁력 강화를 촉진하기 위하여 사내 PL전문가 양성교육지원, PL시스템 구축자금지원, PL단체(공제)보험 가입지원, PL컨설팅, PL대비 시험. 검사지원, PL관련 정보제공, PL관련 분쟁조정과 홍보업무를 지원하고 있다.

※ 문의처 : 중소기업청 정책총괄과 ☎ 02-509-7033. www.smba.go.kr
　　　　　중소기업진흥공단 ☎ 02-769-6596. iso. sbc.or.kr
　　　　　중소기업협동조합중앙회 ☎ 02-2124-3082.www.plkorea.com

⬚ 위기 속에 신뢰의 중요성을 일깨운 거버

80년대 초반 세계적인 이유식 회사인 거버의 이유식에 유리조각이 섞였다는 뉴스가 보도되면서 위기상황에 처하였다. 그러나 거버는 이와 같은 뉴스가 유포되는 상황에서 고객에 대한 믿음을 가지고 시장에서 제품을 유지하되 진실을 정정당당하게 밝히기로 결정하였다. 자사 상품의 안전성에 대한 이미지를 회복하기 위하여 FDA 등에 제품 정밀검사를 의뢰하고 각종 미디어를 대상으로 적극적인 홍보활동을 펼쳤다. 또한 260만 가정의 고객들에게 직접 메일 발송 및 TV광고를 통해서 보고가 정확한 근거가 없음을 알리고 이에 대한 고객의 의문들에 적극적으로 응답하였다. 25만 명 이상의 고객들이 거버의 메일에 응답하였으며, 상당수가 사건에 대한 관심과 격려를 아끼지 않았다고 한다. 검사 결과 거버에 대한 유리한 판정이 나오면서 거버의 매출은 사고 이전 수준으로 회복하였다.

64 | 직능조직으로 전환한다

기업의 성공전략은 정원 가꾸기와 같다. 키우면서
가지를 쳐 내야 한다.

지금까지 우리 나라 기업의 사무실 책상 배열은 업무의 흐름과는 아무런 상관없이 무조건 높은 사람은 뒷자리, 낮은 사람은 앞자리에 앉도록 배치되었다.

그러나 요즈음 들어 책상 크기가 동일한 직능배열 방식이 소기업 사무실에까지 도입되어 사무실에 새로운 바람을 불러일으키고 있다. 이 같은 직능식 책상 배열이 최근 들어 전산 및 기술엔지니어링 업체에서 상당수 채택되는 등 급증하는 추세이며 신규 공단 입주업체에서도 증가 추세에 있다고 한다.

특히 전산을 도입한 업체의 경우 서류를 가지고 뛰어 다닐 필요가 없어 칸막이형 무순 배열을 택하는 사례가 많고 아파트형 공장 등은 칸막이로 방음효과까지 노릴 수 있다. 중소기업들이 무순의 책상 배열 도입을 늘리고 있는 것은 노사분규에 따른 진통 등 조직 내부 상하간에 불만을 해소하는데도 목적이 있고 고급 인력을 확보하기 위해서도 바람직한 방안이라고 한결같이 입을 모우고 있다.

S목재는 한 칸막이 안에 3~4명을 한 단위로 앉혀 직능팀별로 구분, 업무를 원활히 수행하기 위한 것이다. H실업 등과 같이 사장실을

폐쇄하고 사장도 직원들과 한 사무실에서 근무하는 업체가 생겨나고 있는 것도 최근 소기업의 새로운 기류이다. 기존의 사장실은 아예 회의실로 바꾸어 버리기도 한다.

J무역의 P사장은 "이와 같은 직능식 책상 배열 방식은 단순히 사무실 풍경을 바꾸어 놓는데 그치는 게 아니라, 사무실을 운영하다 보면 의사소통이 원활해지는 등 경영 전반에까지 좋은 영향을 미치는 것을 알 수 있게 된다."고 강조한다.

직능팀제를 도입하는 회사의 경우는 회의실까지 대부분 원탁으로 배열해 놓는 데다 의자 크기도 똑같아 윗사람의 눈치를 덜 보는 보다 창의적인 커뮤니케이션이 이루어진다는 것이다.

무엇보다 일단 한번 바꿔놓고 보면 예상하지 못한 효과가 금방 나타나는 것을 알 수 있다고 한다. 조직체계도 달라지고 있다. 모든 일이 팀제, 본부장제로 이루어지며 3명 이상의 다수 전무이사 본부장을 두는 기업이 늘고 있다. 이같이 다수 전무이사제를 많이 도입하고 있는 것은 부문별 전문화 및 사업다각화를 위해서이다. 지금까지는 중견기업 이상에서 많았으나 최근 들어서는 소규모 기업들까지도 이제도를 도입하는 추세에 있다.

이러한 직능조직으로의 전환은 이제 기업 내부의 직급이 신분을 의미하는 시대가 끝나고 개인의 역량과 시장가치가 개인의 신분을 결정하는 시대로 전환하는 과정으로 근속기간과 직급을 중심으로 하는 조직운영으로는 기업의 생존을 담보할 수 없다는 기업 위기의식의 결과이다. 뿌리 깊은 직급중심의 조직문화가 조직의 역동성과 유연성을 제약하고 성과에 따른 보상과 계층을 뛰어넘는 발탁인사도 전통적인 조직 분위기에서는 어려웠던 것도 사실이다.

이제 우리 기업도 우수인재의 확보와 유지를 위해서 전통적 직급조직의 틀로는 신세대의 니즈를 반영할 수 없고 경직되고 과다하게 분화된 직급체계로는 인력 운영의 탄력성을 유지하기가 매우 어렵게 되었다. 직능조직으로 변화하여야 하는 진정한 의미는 Zero Base에서 역량 중심의 신계층 구조로 전환하여 진정한 성과 능력주의 인사의 시스템을 구축하고, 조직내 인적자원의 잠재력을 활용하여 성과주의 인사의 걸림돌을 제거하며, 결국에는 사람 중심이 아니고 일 중심의 조직 운영 형태로 전환되어야 하기 때문이다. 효율적인 직능조직으로의 전환을 위하여 유의할 점은 다음과 같다.

첫째, 직급 수는 축소하고 폭은 넓게 가져가는 미국식의 Broad banding체계를 구축한다.

둘째, 직무가치와 역할에 기초한 명확한 직급(Job Grade)기준을 설계한다.

셋째, 업무의 특성과 직군별 업무특성에 부응하는 적정 직급 수를 설계한다.

넷째, 직급 파괴와 직급의 구조조정이 왜 필요한 지에 대한 공감대가 형성되어야 한다.

[인사트랜드 변화와 직급체계]

과 거		현재와 미래
처우, 신분이 승격에 따라 결정	⇒	성과, 능력, 시장가치에 따라 결정
승격이 동기부여의 수단	⇒	승격보다 보상, 자기개발이 중요
경험과 경륜 중시	⇒	창의적 아이디어, 신지식, 기능중시
사람 중심 인력운영	⇒	일중심 인력운영
학력과 연공 중시	⇒	능력과 시장가치 중시
위계서열 중시	⇒	역할 범위가 확대
내부 수혈 중심의 인제활용	⇒	외부수혈 고려한 경쟁체제
수직적 계층구조	⇒	수평적 무경계 조직
평생직장에 기초한 인사체계	⇒	인재확보·유지를 위한 맞춤형 인사

HP사는 개인의 창의력을 중시하여 직원들의 창의력 발휘에 필요한 직무 조건과 환경을 만들어 준다.

출퇴근 기록은 없고, 출근시간도 정하지 않으며 업무계획도 직원 스스로 짜게 한다. 이에 더하여 R&D, Engineering, 생산, 마케팅, 판매부서 사람들이 자연스럽게 모여 토론하는 분위기이다. 제품 디자이너는 자기가 디자인한 제품을 직원 누구라도 볼 수 있도록 자기의 PC를 개방하여 놓는다. 이렇게 자연스럽게 돌아다니면서 토론하는(Management By Wandering Around) 중에 좋은 신제품이 탄생한다는 것이다. 모든 사원이 Team이며, 이 Team들이 바로 HP라는 생각이다.

65|크고 효율적인 조직은 없다

독일은 노동유연성이 없고 임금도 높지만, 우리
나라보다 원가가 낮다. 자동화, 권한분산, 아웃소싱
등으로 경영효율에서 앞서기 때문이다.

정보화시대가 다가오면 시장의 의사 전달이 느릴 수밖에 없는 큰 조직은 살아남기 힘들다. 소비자의 욕구가 다양해져 양산화 체제만으로는 이를 능동적으로 대처할 수 없고 주문에서 납품에 이르기까지 소요되는 기간이 너무 길기 때문이다.

이미 세계의 하늘을 누비던 항공사인 팬암이 무너졌고 AT&T는 거대한 몸체를 견디지 못하고 회사를 7개의 별도 법인으로 나누었다. IBM도 비슷한 방식을 채택하였다. 거대한 공룡 한 마리가 아침 거리를 찾아 나섰다. 마침 풀숲 사이로 움직이는 동물이 보였다. 그 놈을 잡아먹기 위해 재빨리 물었다. 그런데 이게 웬일인가? 자기 꼬리를 힘껏 물은 것이다. 바로 자기의 꼬리를 물은 것이다. 이처럼 자기의 꼬리를 잘 못보고 물어뜯고, 뜯기는 대기업간의 과열된 경쟁을 흔히 볼 수 있다.

이탈리아의 마리넬라는 스스로 작아지려고 힘쓰는 기업이다. 작아야 유명해지고 작아야 강해진다는 점을 그대로 실천한다. 넥타이 생산업체인 이 회사는 나포리만 바닷가에서 300미터 정도 떨어진 곳에 위치한 7평 짜리 조그마한 공장을 가진 것이 전부이다. 종업원 여덟 명 중 다섯 명은 공장에서 넥타이를 만들고 세 명은 판매담당이다.

조그마한 점포지만 단골고객 명단을 보면 놀라지 않을 수 없다. 클린턴, 옐친 등 세계 정상급 인사들이 포함되어 있으며 케네디 대통령도 이 집의 단골손님이었다. 마리넬라 사장은 전 세계 유명인사 중 마리넬라 넥타이를 매지 않은 인사는 교황 바오르 2세 밖에 없다고 농담할 정도이다. 이탈리아 남부에 있는 작은 넥타이 점포의 제품이 어떻게 세계적인 명사들이 찾는 선호품이 되었을까? 이 업체의 경영방식을 보면 소기업일수록 더 강할 수 있다는 결론에 이르게 된다. 마리넬라의 가장 독특한 경영전략은 역시 "작지만 강한 것을 끝까지 지켜나가는 것이다."

우리 나라의 중소기업들은 주문이 밀려오면 일단 사업을 확장하기에 바쁘지만 마리넬라는 절대로 확장을 하지 않고 작은 규모를 그대로 고수한다. 마리넬라 사장은 1997년 미국의 한 기업이 브랜드 값으로 100억원을 주겠다고 했지만 팔지 않았다고 밝힌다.

칼 페스퍼 교수 등의 "이제 대기업이 되려고 노력하던 시대는 끝났다."라는 주장이 현실로 나타나기 시작한 것이다. 기업경영의 효율성은 물론 정책지원, 세제지원에 따른 혜택이 크며 투자회수의 신속성 등 중소기업 특유의 기동력이 불가측의 변수가 많은 오늘날의 경제 환경에 훨씬 적응하기 쉬울 것이다. 소기업의 장점은,

1) 유연생산 시스템으로 신속한 시장대처가 가능하다는 점이다

유연생산 시스템이란 양산체제와는 달리 수요자의 주문에 즉시 공급해 줄 수 있는 시스템을 말한다. 대기업들이 생산하는 제품의 경우 양산화를 추진하기 때문에 수요자의 특별한 요구를 들어줄 수가 없다. 반면 소기업은 양산체제를 갖추되 기본 시스템을 변형할 수 있는 유연성을 가지고 있다.

2) 금융조달 측면이 상대적으로 유리하다

중소기업이 대기업으로 넘어가면 지금까지 받아오던 상업어음의 할인한도가 줄어들고 적격업체의 자격도 강화됨은 물론 10여 가지의 금융혜택을 전혀 받을 수 없게 된다. 금융기관의 적격업체 자격요건도 중소기업과 대기업이 평점에서 차이가 있으며 중소기업진흥공단, 기술신용보증기금, 신용보증기금, 중소기업은행 등 중소기업지원기관의 금융지원 혜택에서 멀어지게 된다.

3) 중소기업이라야 세제지원이 따른다

중소기업에 한하여 적용되는 조세지원의 종류는 다음과 같다

구 분	내 용
중소기업 경영안정을 위한 지원	· 창업 중소, 벤처기업 6년간 50% 세액감면 · 법인세(소득세)의 10%~30% 특별 세액감면 · 구매전용카드 등으로 물품대 결제시 세액공제 · 전자상거래 금액의 0.5% 세액공제
중소기업의 설비투자 지원	· 투자준비금의 손금산입 · 투자금액의 3%를 납부할 세금에서 공제 · 정보화 사업지원금에 대한 손금산입
기타 세제우대 지원	· 최저한 세제 적용기준 우대 · 결손금 소급공제 적용 · 접대비 인정한도 우대 · 중소기업간 통합시 양도소득세 이월공제 적용 · 원천징수 납부방법의 특례 인정 · 분납기한 우대
기타 지방세 등 감면	

4) 의사결정이 신속하다

중소기업은 조직이 단순하다. 때문에 담당자의 의사가 사장에게 직접 전달이 가능하며 경제환경 변화에 민첩하게 대응할 수 있다.

5) 자금회전 기간이 짧다

소량을 생산·판매하기 때문에 투입자금의 회수가 빠르며 이를 다시 새로운 분야에 신규투자할 수도 있다.

6) 전문화가 가능하다

특정분야 사업을 오래 하다보면 노하우가 축적된다. 이러한 노하우는 첨단기술을 개발할 수 있는 힘이 된다. 세계 최고의 기술기업 중에는 중소기업이 많다.

7) 투자효율이 높다

중소기업은 일반적으로 생산성이 높고 부가가치율도 대기업을 앞선다. 결국 같은 조건이면 소기업에 투자하여야 더 많은 돈을 벌 수 있다.

8) 빠른 변신이 가능하다

대기업은 변신이 어려우나 중소기업은 손쉽게 업종 전환을 할 수 있다. 인수합병도 신속한 처리가 가능하며 새 업종의 추가도 용이하다.

9) 시장규모가 작아도 가능하다

중소기업은 시장규모가 작아도 생산에 착수할 수 있다. 틈새 시장에서는 작은 기업일수록 강하다.

10) 인간관계가 돈독하다

중소기업은 가족적인 분위기를 유지한다. 중소기업 사장은 사원의 생일은 물론 가족문제 대소사까지 관심과 지원을 아끼지 않는 경우가 많다.

　일본의 스즈끼 자동차는 도요다의 1/8 규모밖에 되지 않는 기업이다. 일본이나 미국 자동차 시장에서 혼다, 닛산과 정면 대결하기가 곤란한 스즈끼는 이들 거인들이 별로 관심을 보이지 않는 조그만 시장에 파고들었다. 즉 이집트, 헝가리, 인도에서 시장을 계속 확장 중이고 캄보디아, 베트남에도 진출하고 있으며, 인도 정부와 합작한 회사가 연간 20만대를 생산하여 인도 자동차 업계를 주도하고 있다. 대 메이커와 충돌이 없는 조그만 시장, 19개국 23개 자동차 회사들과 관계를 맺고 있으며 대우 자동차 티코에도 엔진을 탑재하였다.

66 | 상거래 분쟁과 대응전략

중재(Arbitration)란 분쟁 당사자간의 중재계약에 따라 사법상의 법률관계에 관한 현재 또는 장래에 발생할 분쟁의 전부 또는 일부를 법원의 판결에 의하지 아니하고 사인인 제3자를 중재인으로 선정하여 중재인의 판정에 맡기는 동시에 그 판정에 복종함으로써 분쟁을 해결하는 자주법정제도이다. 아울러 국가 공권력을 발동하여 강제 집행할 수 있는 권리가 법적으로 보장된다.

분쟁의 해결에는 보편적으로 소송이 있지만 급격히 증대되는 전문적이고 기술적인 분야의 모든 분쟁을 수용하기에는 한계가 있다. 때문에 최근에는 신속하고 저렴한 소송 외 분쟁해결제도(Alternative Dispute Resolution)를 활용하는 기업들이 늘어나고 있으며, 그중 가장 대표적인 것이 중재이다.

1) 중재의 특징

① 단심제 : 중재판정은 분쟁 당사자간에 있어서는 법원의 확정판결과 동일한 효력이 있다. 다시 말하면 판정에 불만이 있어도 재판처럼 2심 또는 3심 등 항소절차가 없다. 확정판결

과 동일한 효력이라 함은 불복신청을 할 수 없어 당사자에게 최종적 판단으로 구속력을 갖는다는 뜻이다.
② 신속한 분쟁해결 : 소송은 평균 대법원까지 2~3년이 걸리지만 중재는 국내중재가 약 4개월, 국제중재가 약 6개월 정도 소요된다. 신속성을 극대화하기 위하여 집중심리로 심리회수를 줄이고 예비회의제도를 활성화하여 심리 자체의 소요시간도 단축하여 진행된다.
③ 저렴한 중재비용 : 중재제도가 단심제이고 신속성에 중점을 둔 당연한 결과로서 재판비용보다 저렴한 비용으로 해결된다.

[중재와 소송비용의 비교]

(단위 : 천원)

구 분	5천만원	1억원	10억원	500억원
중재(A)	1,690	2,840	9,090	134,140
소송(B)	6,116	10,250	47,650	1,493,150
A/B(%)	27.6	27.7	19.1	9.1

주 : 소송의 경우 1-3심 인지대, 변호사 비용은 별도임

④ 국제적인 인정 : 뉴욕협약에 가입한 체약국간에는 외국중재판정을 상호간 승인하고 강제집행도 보장한다. 따라서 국적을 달리하는 기업인간의 분쟁해결 제도로서 각광 받고 있다.
⑤ 전문가에 의한 판단 : 실체적 진실을 정확하게 찾아 내기 위하여 분쟁 분야에 대한 해박한 지식과 경험이 있는 전문가로 하여금 사건을 검토하고 판정하도록 한다.
변호사의 법률 지식, 기업인의 사업 경륜, 교수의 학문적 이론 등이 종합될 때 정확한 판단이 가능하다.
⑥ 분쟁 당사자가 중재인을 직접 선임 또는 배척 : 공정성 보장

을 위하여 당사자에게 스스로 중재인을 선임할 권리를 부여
하며 동시에 중재인 후보를 배척할 수도 있다.

⑦ 충분한 변론 기회의 부여 : 중재는 단심제로 운영하기 때문
에 일단 내려진 중재판정은 변경될 수 없다.

따라서 분쟁 당사자는 중재인에게 충분한 변론 기회와 변론
시간, 증인 또는 증거물 제출 기회를 요구할 수 있다.

⑧ 심리의 비공개 : 중재심리는 당사자간의 분쟁 발생 책임 소
재에 대한 공격, 방어 과정에서 실체적 진실을 파악하는데
있다. 따라서 당사자가 허락하지 않는 한 사건과 무관한 제3
자의 심문과정 참여를 허용하지 않으며, 그 절차를 공개하
지도 않는다.

2) 우리 나라의 중재절차

① 일반절차
- 중재신청서 접수
- 중재비용 예납
- 중재신청 접수통지
- 중재인 선정
- 심리절차
- 중재판정
- 중재 판정문 송달

② 신속절차
- 신속절차는 중재제도의 강점을 최대로 살려 국내외 상사
  분쟁을 신속, 저렴하게 해결함으로써 이용자들에게 편의
  를 제공하는 제도이다.
- 당사자간에 신속절차에 따르기로 하는 별도의 합의가 있

　소기업 사장의 73가지 성공학

는 중재사건 또는 신청금액이 2천만원 이하인 국내 중재의 경우에는 신속절차를 적용한다.

· 중재인의 선정에 대해 당사자간에 별도의 합의가 없는 경우에는 사무국이 중재인 명부 중에서 1인을 선정한다.

· 중재판정부는 심리일시와 장소를 결정하며 사무국은 심리 개시 3일 전까지 구술, 인편이나 전화 또는 서면 등 적합한 방법으로 당사자에게 통지한다.

· 심리는 1회로 종결함을 원칙으로 한다. 다만 중재재판부는 상당한 이유가 있다고 인정하는 경우에는 심리를 재개할 수 있다.

  피신청인은 심리종결 전까지 반대 신청을 할 수 있다.

· 중재재판부는 심리종결일로부터 10일 이내에 판정하며 당사자가 합의하면 판정의 이유를 생략한다.

※ 문의처 : 대한상사중재원. ☎ 02-551-2000. www. kcab. or. kr

🔲 위기관리 대처 능력

한국 바스프는 지난 해 미국 테러 사태가 발생한 뒤 10여 시간 내 독일로부터 긴급 통지를 받았다. 폭파위험에 대비한 조치와 건물에서의 후송, 응급, 통신수단 확보 등 대응조치를 하고, 싱가포르 아시아 태평양 지역 위기관리 센터와 긴밀하게 협력하라는 내용이었다. 바스프의 '위기관리 종합계획' 프로그램에 따라 체계적으로 이루어진 것이다. 한국 바스프는 또 본사 지침에 따라 재무, 홍보, 법무, 환경, 기술, 의료부문 책임자들로 구성된 위기관리 그룹이 비상사태 발생 때 이에 대처하여 의사결정 시스템을 갖추고 있다.

67 | 지식재산권의 중요성이 커진다

기업은 사회가 필요로 하는 욕구를 충족시키기 위해
존재하는 것이 목적이며, 이익은 그 존속을 보증받기
위한 제약조건이다.

지식재산권이란 인간의 지식활동으로 얻어진 정신적, 무형적인 결과물에 대하여 재산권으로써 보호 받는 권리(Intellectual Property Right)를 말한다.

아울러 지식이란, Know how＋Know what＋Know where＋Know why로 규정할 수 있다.

지식재산권이란 일반적인 재산권처럼 사용·수익·처분 권한을 가짐은 물론 자산적 가치가 막대하여 국가 산업발전 및 경쟁력을 결정 짓는 산업자본으로 지식재산권을 적시에 권리화함으로써 관련 분야에서 기업간, 개인간의 분쟁을 사전에 예방할 수 있다.

또한 기술개발의 결과에 따라 독점적 권리를 보장해 주기 때문에 기술개발 촉진 및 투자비용 회수가 가능하게 된다.

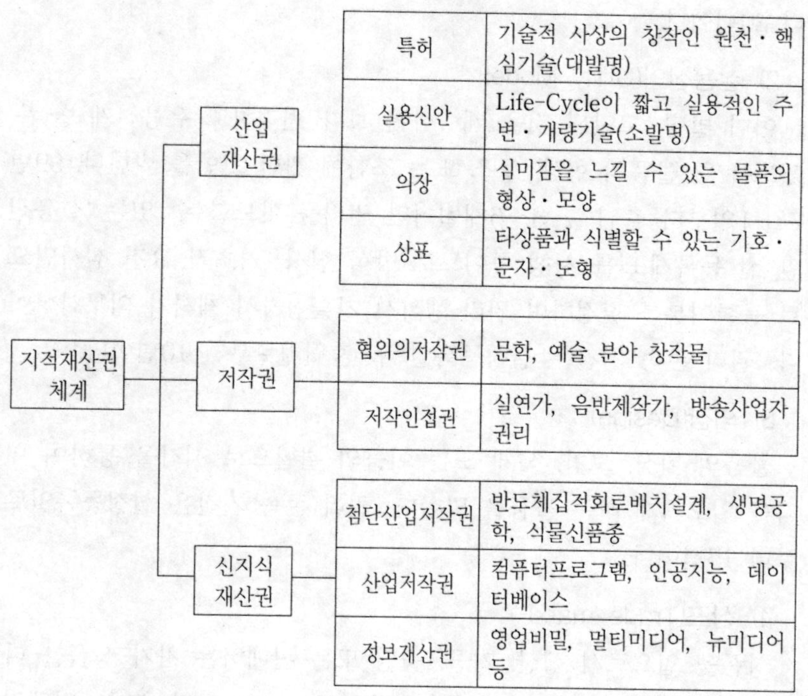

■ 산업재산권제도

1) 특허권(Patent)

아직까지 없었던 물건 또는 방법을 최초로 발명하였을 경우 그 발명자에게 주어지는 권리이다. 특허를 받을 수 있는 발명이라 함은 독창적인 기술적 사상이고 자연법칙을 이용한 것으로 기술적 효과를 낼 수 있고 산업상 이용 가능한 것을 말한다.

다만 공공질서 또는 선량한 풍속을 문란하게 하거나 공중의 위생을 해할 염려가 있는 발명(위조지폐기, 아편흡입기 등에 관한 발명)은 특허 대상이 될 수 없다. 권리 존속 기간은 설정등록일 후 출원일로부터 20년이다.

2) 실용신안(Utility Model)

이미 발명, 고안된 것을 개량하여 보다 편리하고 유용하게 쓸 수 있도록 한 물품의 형상, 구조 또는 조합에 관한 고안을 말한다. 99년 7월 1일부터 출원 후 3~6개월이면 권리를 확보할 수 있는 '실용신안 선 등록제도'를 시행 중이므로 방식 심사, 기초적 요건 심사만으로 등록여부를 결정하며 권리 행사시 기술평가서 제시가 의무사항이다. 권리 존속 기간은 설정등록일 후 출원일로부터 10년이다.

3) 의장(Design)

물품의 형상, 모양, 색채 또는 이들의 결합으로 시각을 통하여 미각을 일으키게 하는 물품을 말한다. 권리 존속 기간은 설정등록일로부터 15년이다.

4) 상표(Trade mark)

상품을 업으로서 생산. 가공. 증명 또는 판매하는 자가 상품을 타업자의 상품과 식별하기 위하여 사용하는 '기호, 문자, 도형, 입체적 형상' 또는 이들의 결합과 이들과 색채가 결합한 것으로서 타인의 것과 명확히 구분되어 식별력이 있는 것을 말한다. 상표는 상표, 서비스표, 단체표장으로 구분된다.

권리 존속 기간은 설정등록일로부터 10년이며, 10년마다 갱신이 가능하다.

[산업재산 4권 개념도 예시]

특허 : 원천 · 핵심기술
· ABS 기술
· 지능형 현가 시스템 기술
· 변속기에 관한 기술
· 저연비 엔진 기술

실용신안 : Life-Cycle이 짧은 주변개량 기술
· 백미러 관련기술
· 컵홀더 관련기술
· 자동차 문관련 기술
· 의자 높낮이 조절기구

의장 : 물품의 외관
· 차체 형상
· 의자 형상
· 전방램프 형상
· 리어스포일러 형상

상표 : 상품의 명칭
· 자동차 명칭(무소, 그랜저, 레간자, 카니발 등)
· 제작사 명칭(현대, 대우, 기아)

■ 특허 · 실용신안관련 주요제도

1) 우선 심사제도

① 출원 공개 후 타인이 무단실시하거나 긴급 처리가 필요한 출원을 심사청구 순서에 관계없이 타출원에 우선하여 심사하는 것이다.

② 우선 심사 신청대상 : 특허 실용신안(99. 7.1 이전 출원에 한함). 의장등록 출원으로 심사청구 및 출원공개 또는 조기 공개신청 또는 제3자가 업으로서 출원된 발명을 무단 실시하는 경우이다.

2) 실용신안 기술평가제도

① 실용신안 선등록 제도 하에서는 간단한 형식적 요건만을 확인한 후 권리를 부여하므로 누구든지 실용신안 등록출원에 관한 고안 또는 등록 실용신안에 대하여 청구할 수 있으며, 특히 실용신안권자가 제3자에게 경고 등 권리를 행사하기 위해서는 반드시 기술평가를 청구하여 등록 유지 결정을 받은 후 이를 제시하여야 한다.

② 기술평가 청구 및 처리절차
- 누구든 기술평가 청구가 가능하나 청구 취하는 불가능하다.
- 청구가 있으면 그 청구 취지를 등록원부에 예고등록 후 공보에 게재한다.
- 심사관은 기술평가 후 등록 유지결정 또는 취소결정한다.
- 유지 결정에 대해서는 불복할 수 없고 취소결정에 불복하는 경우 심판청구도 가능하다.

3) 이중출원제도

① 동일한 기술에 대하여 특허 또는 실용신안으로 출원할 수 있는 제도이다.

② 이중출원제도를 효율적으로 활용하기 위해서는 이중출원 후 1~2년은 실용신안권으로 권리행사하며 특허가 등록된 후 안정된 장기간 권리를 원할 때에는 실용신안권을 포기한다.

③ 이중출원 가능 시기
- 동일기술에 대하여 특허. 실용신안 동시 출원 가능하다.
- 특허출원을 기초로 실용신안으로 이중 출원한다.
- 실용신안등록 출원을 기초로 특허 이중 출원한다.

※ 문의처 : 특허청 발명정책과 www.kipo.go.kr ☎ 042-5169-81

1) 분쟁 내용 : TI사가 한국의 삼성반도체사와 일본회사 등 세계 19개 회사를 자사의 DRAM 특허 침해를 이유로 ITC(국제 무역위원회)에 제소하였다.

2) 결과 : ITC에서 TI보유 특허 권리에 대한 타사의 침해로 최종 판정하여 삼성반도체사는 '86년부터 3년 여 기간 소송비용 부담, 수출금지 조치 감수, 패소로 인하여 8,500만 불의 로얄티를 지급함. 반면에 일본은 TI의 특허가 기본특허임을 정확히 파악하고 보유 개량특허와 Cross- License를 체결하여 7개사를 합하여 1억 3천 8백만 불이라는 비교적 적은 금액으로 동 분쟁을 해결하였다.

3) 평가 : 선행 특허기술에 대한 조사도 없이 시작한 기술개발과 지적재산권 확보가 없는 단순한 모방생산으로는 시장진출에 한계가 있으며 이미 지적재산권이 설정되어 있는 경우, 대응 할 수 있는 대안을 가지고 임해야 피해의 최소화가 가능하며 국내 기업에 기술개발과 특허관리의 중요성을 인식케 하는 중요한 계기가 되었다.

경영위기는 잠들지 않는다

젊은이들아! 집안이 나쁘다고 탓하지 말라.
나는 어려서 아버지를 잃고 고향에서 쫓겨났다.
가난하다고 말하지 말라.
나는 들쥐를 잡아먹으면서 연명했고
내가 살던 땅에서는 시든 나무마다 비린내만 났다.
작은 나라에서 태어났다고 탓하지 말라.
내가 세계를 정복하는데 동원한 병사는
적들의 100분의 1, 200분의 1에 불과했다.
나는 배운 것이 없어 내 이름도 쓸 줄 몰랐지만,
남의 말에 항상 귀를 기울였다.
그런 내 귀는 나를 현명하게 가르쳤다.
적은 밖에 있는 것이 아니라 자신의 안에 있다.
나 자신을 극복하자
나는 징기스칸이 되었다.

68 | 전력투구는 있어도 포기는 없다

기업은 살아있는 것이다. 그러므로 성공하거나
쇠퇴하고 때로는 죽기도 한다.
반년 정도 살다가 죽는 경우도 있고 100년 이상
살아남는 경우도 있다. 경영은 인생적이다. 그래서
무한은 없다.

기업경영에는 참기 어려운 고통스러운 일이 다반사로 일어날 수밖에 없다. 격변하는 경영환경의 변화, 불경기로 인한 매출 부진 등 쉴 사이 없이 밀어닥치는 갖가지 걱정거리로부터 한순간도 헤어날 길이 없다.

일부 사장 중에는 회사가 어려워지기 시작하면 재산보전을 위하여 서둘러 공장 폐쇄, 인원 감축 등 계획도산을 준비하는 과단성을 보이면서도 도산을 피하기 위하여 일시적인 후퇴를 결심하고 모두를 살아남게 하는 감량경영을 시행한다는 것은 전진보다 어려운 용기가 필요하다.

감량경영은 생각처럼 쉬운 결단이 아니다. 우선 회사 내의 저항이 만만하지 않을 것이며 회사를 보는 기업 외부의 평가도 꼭 호의적인 것만은 아니어서 자칫 심각한 신용 불안을 초래할 수도 있기 때문이다.

미국 자동차 업계의 빅3 가운데 하나인 포드 자동차는 최근에 생존을 위하여 허덕이는 처지로 추락하였다. 자동차 제조업이라는 핵심 사업 대신에 자동차 정비, 전자상거래 등 운송과 관련한 모든 부문으로 무리하게 사업을 확장한 결과이다.

이러한 실정은 국내 기업도 예외가 아니다. 고도성장기의 타성을 버리지 못하고 지나친 사업 다각화, 과잉설비 투자에 주력하다가 사업을 축소 또는 포기해야 하는 기업이 속출하고 있는 것이다.

한국금융연구원 조사에 의하면 우리 나라의 자동차, 직물사업의 과잉 설비율은 20%, 석유 조선사업 15%, 반도체 철강산업은 4~96%에 이르러 한국의 경제가 살아나기 위하여 적극적인 구조조정이 필수적인 조건이라고 밝혔다.

옛날 일본군의 미덕은 옥쇄였다. 뻔히 지는 전쟁에서 전원이 죽어도 좋다며 싸우는 것이 옥쇄전법이다. 이기지는 못해도 좋다. 화려하게 몸을 바치는 것을 남아의 숙원처럼 생각했던 것이다. 대단한 용기가 있어 보이기도 하지만 이를 진정한 용기라고는 할 수 없다. 일시의 좌절이나 부끄러움을 참고 진정으로 재기를 위해 진력하는 것만이 이 시대의 전사인 사장이 취해야 할 올바르고 용기 있는 행동이라 할 수 있다.

중국 춘추전국 시대에 오(吳)와 월(越)은 20여 년에 걸쳐 싸웠다. 처음 오왕인 합여(闔閭)가 월의 구천(勾踐)에게 무너지고 부상을 입어 죽음에 임박하자 아들 부차(夫差)에게 반드시 월을 무너뜨려 자기가 편히 눈을 감게 해 달라고 유언한 후 숨을 거두었다. 부차는 부왕의 한 맺힌 원수를 갚기 위해 땔나무 위에서 자면서 복수의 마음을 다졌다. 그것을 안 월왕 구천은 기선을 제압하기 위해 현신(賢臣)인 범여의 간언도 듣지 않고 오를 공격하였다. 그러나 크게 패하여 회계산(會稽山)으로 도망하다가 진퇴양난에 빠져 항복하고 말았다.

"부끄러움을 참고 항복하는 것이 살아서 월을 재건하는 길이다."

라는 범여의 충언에 따라 자신은 부차의 신하가 되고, 아내는 부차의
첩으로 보내는 굴욕적인 조건을 제시하고 옥쇄를 피했던 것이다. 이
때 오의 충신인 자서(子·胥)가 "구천은 장래에 반드시 재기하여 오를
망하게 할 것이 틀림없습니다. 구천을 죽이도록 허락해 주십시오."
하고 진언했지만, 오왕은 구천에게 뇌물을 받은 집정대신 백비의 말
을 받아들여 구천을 죽이지 않았다.

   허락을 받고 나라로 돌아온 구천은 짐승의 쓴 쓸개를 핥으며 뼈에
사무친 치욕을 씻겠다고 맹세하고 만반의 준비를 갖추어 오를 세 번
공격, 드디어 오를 굴복시켜 항복을 받았다. 부차는 전에 구천을 용
서해 준 적이 있으므로 살려 달라고 했지만 월왕의 신하인 범여가 허
락하지 않자 스스로 목숨을 끊으면서 "죽어서 저 세상에 가서라도
자서를 볼 면목이 없다." 하며 옷으로 얼굴을 덮었다고 한다. '와신상
담(臥薪嘗膽)'의 고사이다.

   시대의 추세에 역행하여 역류에 편승하는 것은 필부의 용기에 불
과하다. 그러나 잠시 물러나는 어려움을 겪더라도 내일에 승부를 거
는 큰 용기와 진정한 자존심이 경영에는 필요하다.

🔲 팔기회(八起會)의 충고

   기업을 도산시키지 않으려면 어떻게 하는가? 그 동안 나의 경험에 비추어
최소한 다음의 3가지는 항상 생각하는 자세와 준비로서 경영에 임하여야 한다
고 말해 주고 싶다.
   첫째, '긴장감을 풀지 말라.'
   경영에서 과욕과 자신감은 절대로 금물이다. 흔히 사업이 호조를 띠기 시작
하면 욕심이 생겨 과욕을 하게 된다. 그럴 때 '난 할 수 있어. 괜찮을 거야' 하
는 자만심이 생기게 되고 그러다 보면 방심하여 무리가 따르게 된다.
   둘째, '남의 유혹에 빠지지 말라.'
   우리 속담에 싼게 비지떡이라는 속담이 있다. 사업을 하다 보면 남의 것을

싼값에 인수하게 되는 기회가 가끔 온다.

　그러나 이 때 주의할 것은 인수조건이 싸다고 해서 무조건 덤벼서는 안 된다는 것이다. 싸다는 것은 그만큼 함정을 많이 내포하고 있다는 것을 의미한다. 이 때 사람들은 혹시 기회가 아닌가 하는 생각으로 인수를 생각하는데 주의하도록 한다.

　셋째, '호황일 때는 반드시 저축을 하라.'

　사업하는 사람들을 보면 의외로 만일에 경우에 대비한 저축이 없는 것 같다. 자금이 조금 넉넉해지는 것 같으면 무조건 사업부터 확장하려는 사람이 많다. 그러나 역시 중요한 건 자금력이 뒷받침되지 않는 상태에서 무리한 확장보다는 자금력을 확보하고 불황을 대비하여 어느 정도의 내실을 다져놓는 것이 중요하다고 생각한다.

69 | 거래처에 대한 신용한도 계산법

우선 정보를 수집할 것, 거래처의 경영자와
기업특성을 잘 조사하여야 한다.

판매대금을 회수하지 못하면 진정으로 판매했다고 할 수 없다. 그러나 판매목표에 시달리는 회사나 영영부서의 직원들은 무리한 판매를 하지 않을 수 없는 것이 현실이다. 이러한 현상을 인정한다면 거래처에 대한 채권관리 또는 신용한도의 설정은 대단히 중요한 업무인 것이 틀림없다.

1) 거래처의 지불능력을 중시하는 방법

거래처의 자산에서 부채를 공제한 순자산을 계산하고 이 금액을 회사와 거래하고 있는 동업자 수로 나눈 금액을 신용한도로 정하는 방법이다. 이 방법은 거래처의 실질 지불능력을 신용한도로 하는 것이 장점이지만 경영전략 등 비재무적 항목에 대한 요소가 고려되지 않는 것이 단점이다.

2) 거래처의 판매능력을 중시하는 방법

이 방법에는 매출액 예측법이 있지만 여기서는 월매출액의 1할법을 소개한다. 이 방법은 거래처의 월간 매출액의 1할을 신용한도로 하는 방법이다.

예를 들어 월매출액이 2,000만원이라면 200만원을 신용한도로 하는 것이다.

거래처의 월매출액을 판단 근거로 하기 때문에 그 기준이 엉성한 느낌이 들 수 있으나 이 방법은 신규거래처에 개한 신용한도 설정시 유용한 방법이 될 수 있다.

3) 거래처의 종합력을 중시하는 방법

① 종합지수법

이 방법은 거래처의 경영 내용을 종합적으로 평가하여 신용한도를 정한다. 그 계산식은 다음과 같다.

- 신용한도액＝경영지수×월간 매출목표액×표준 신용종여 기간
- 경영지수＝(경영분석지수×a)＋(경영자지수×β)＋

  (타 평가항목지수× λ)

여기에서 a, β, λ는 미리 정하여진 평가비율로서 그 합계는 1.0이다. 예를 들면 $a=0.4$, $\beta=0.35$, $\lambda=0.25$ 등이다.

유동비율, 상품회전율 등 보통 경영분석 지수 중에서 중요하다고 생각되는 지수를 선택하고 각 지수의 중요성에 따라 가중치를 두어 계산한 결과를 합계하여서 구한다. 경영자 지수는 의욕, 신용 등 경영자로서 중요하다고 생각되는 항목을 선택하여 각 항목을 평가하여 합계하고 그 평균점을 구하여 경영자 지수로 한다. 타 평가항목 지수는 그 회사의 장래성, 관리수준 등 상기 요소 이외의 경영요소 중에서 중요하다고 판단되는 요소를 선별하여 평가한다.

월간 매출목표액│거래처에 대한 최근 1년간의 월간 매출액 실적을 근거로 생각한다.

표준 신용공여 기간│자사의 판단기준에 따라 정한다. 이 방법은 경영의 3대 요소인 사람, 물건, 돈을 각각 검토하기 때문에 신용한도

를 결정하는 여러 가지 방법 중에서 가장 종합적인 것이 장점이다. 그러나 필요한 자료를 계속적으로 수집하는 것과 평가비율과 항목의 선택, 각 항목별 가중치 결정 등의 어려움이 단점이다.

② 점진적 증액법(누진법)

거래를 시작할 때는 신용한도를 낮게 하고 그 거래처의 실제 모습 등이 명확해짐에 따라 신용한도를 늘려가는 방법이다. 예를 들면 같은 정도의 거래처에 대하여 현재 운용되고 있는 한도액의 70% 정도를 한도로 하여 거래 실적을 감안하여 반년 또는 일년마다 한도액을 조정하는 방법이다.

③ 종합 평점법(표준평점 비교법)

이 방법은 거래처 중에서 표준을 선택하여 거래회사의 신용한도를 정한다. 예를 들면 표준기업의 신용도 평점이 80점, 주어진 신용한도를 7천만원이라고 가정할 때, 대상 회사의 평점이 56점이라면 4천 9백만원을 신용한도로 한다. 이 방법은 표준기업의 선택, 평점에 어려움이 있다.

4) 자사의 이익률을 중시하는 방법

이 방법은 거래처에 대한 5년간의 매출액에 조이익율(粗利益率)을 곱해 신용한도액을 구한다. 예를 들면 어떤 거래처에 매출액이 연간 2천만원, 조이익율이 10%라면 1천만원이 그 회사의 신용한도가 된다. 새로운 거래처를 선정할 때는 사용할 수 없는 것이 단점이다.

5) 자사의 외상판매 능력을 중시하는 방법

외상판매 능력 할당법은 회사 전체의 신용한도를 자사 외상판매 능력의 관점으로 정하고 그것을 거래처에 할당하는 방법이다. 즉 어음할인 등으로 자사가 조달할 수 있는 자금력에 외상매입금과 지불어음의 가능액을 더하고 재고에 필요한 금액을 뺀 나머지가 자사신용한도의 총액이 된다. 이 방법은 자사의 능력에 적합한 신용한도를 결정할 수 있다는 것이 장점이다.

거래처에 대한 신용관리의 장점은 외상매출채권의 대손을 예방할 수 있다는 점이다. 채권관리의 기준과 포인트가 명확하여 거래시 신속한 의사결정이 가능하다. 또한 신용한도액까지 판매촉진이 됨으로 판매목표 달성에 도움이 된다. 단점은 동 기준만이 무조건 옳다고 받아들여지는 경향이 생기는 점이다. 영업직원이 신용한도에만 의지하여 거래처의 신용변화에 신중하게 대처하지 못하는 경우가 발생할 우려가 있는 점이다. 또한 안전성을 강조하면 영업활동의 제약요인으로 작용할 공산이 크게 된다.

기업의 신용관리 10계명

기업신용의 중요성이 날로 커지고 있다. 기업들의 신용은 이제 담보능력과 함께 보증심사의 가장 중요한 요소가 됐다. 신용이 충분하지 않으면 사업을 정상적으로 수행하기 어려운 시대이다. 기업들은 이처럼 중요한 신용을 어떻게 관리해야 하는가? 한 번 실수로 수십 년간 일궈온 신용이 한꺼번에 무너질 수 있기 때문이다. 신용보증기금과 기술신용보증기금이 추천하는 기업의 신용관리 10계명을 소개한다.

1) 기업경영을 투명하게 한다.
2) 대출금의 연체는 금물이다.
3) 사장의 신용관리도 철저히 해야 한다.
4) 공과금도 밀리면 안 된다.
5) 부동산의 권리침해를 경계한다.
6) 차입금은 매출액보다 적어야 한다.
7) 임직원의 잦은 교체는 피해야 한다.
8) 재무구조를 건전화한다.
9) 부실채권을 줄인다.
10) 확실한 비전을 제시한다.

70 | 비재무적 부실 징후에 대처한다

기업의 부실 원인에는 기업측의 경영책임으로 귀속시킬 수 있는 원인과 귀속시킬 수 없는 원인이 있다. 따라서 기업의 부실은 기업 내부의 원인과 기업 외부의 원인으로 구분하여야 한다. 기업 외부의 원인에 있어서도 전반적으로 통제 가능한 원인과 일부 통제 가능한 원인 및 전혀 통제가 불가능한 원인도 있으나 전 부문에 대하여 경영자의 경영책임이 있음은 당연하다.

구체적인 부실 원인의 분석에 있어서 주의해야 할 것은 원인과 징후의 구별이다.

일반적으로 부실 원인으로 파악하고 있는 분식결산, 임금체불 등의 요인은 부실의 원인이 아니라 부실의 징후이다. 또한 부실의 원인 가운데는 이를 유발, 촉진, 증가시키는 원인으로 볼 수 있는 요인도 있기 때문에 이를 명확히 구분하여 대처해야 할 것이다.

① 기업의 부실은 하나의 요인으로 발생하는 것이 아니라 방향이 다른 여러 가지 요인의 상호작용 결과이다. 즉 기업 부실을 가져온 결정적인 원인뿐만 아니라, 그것을 보완하는 다른 원인의 존재도 있음을 인식해야 한다.

② 개별 기업에 따라 몇 가지의 원인이 다른 요인보다 결정적인 부실의 원인이 될 수 있음은 당연하다. 따라서 어떤 단계에서는 어떤 원인이 결정적 영향력을 지니고 있는가를 검토해야 한다. 부실의 예방, 회피, 갱생에 관하여 영향이 가장 큰 전략을 모색하기 위하여 근본적인 원인부터 검토하는 작업이 효과적이다

③ 각종의 부실요인 중에서 부실기업 일반에 공통된 요인과 개별기업이 포함하고 있는 특수요인으로 구별하여 보는 것도 하나의 방법론이 될 수 있다.   전자는 부실 현상이 다양하게 표출되고 있는 현실을 반영하는 것이며, 후자는 하나의 특징, 예를 들면 초고속 성장기업의 부실, 불황하의 부실, 건설업 부실 등을 형성하는 요인들이라 할 수 있다. 이런 의미에서 부실 원인에 관한 분석은 기업의 규모별, 업종별, 지역별, 국가별, 시대별로 특성에 맞는 분석이 진행되어야 하며 기업부실의 원인이 순환적인가 연속적인가, 간접적인가 직접적인가, 규칙적인가 불규칙적인가, 강력한가 미약한가, 급성인가 만성인가, 명백한가 잠재성인가, 구조적인가 기능적인가, 종합적인가 부분적인가를 분류하여 적절한 대응이 필요할 것이다.

[요소별 비재무적 부실의 원인]

요소별	비재무적 부실의 원인
기업 외 요인	· 기업간 경쟁격화(기술혁신, 시장의 협소, 시장의 성숙) · 경기변동, 업계불황, 틈새(Niche)시장의 소멸 · 경쟁업체의 진입, 기존업체의 저항, 연쇄도산 · 금융기관의 비협조, 벤처기업 선호 경향
기업구조. 전략요인	· 사업. 제품분야의 선택 실패(타사 진입이 용이, 단순기술 제품) · 다각화 전략의 실패 · 규모 확대에 따른 유연성 상실 · 출고 타이밍을 상실하여 유행에 뒤짐

요인	내용
Total- Management 요인	· 경영전반의 불균형, 경영기반의 취약 · 정보부족, 정보 수집력의 결여 · 대기업에 대한 의존성향이 높음 · 경영계획의 실패 · 위기관리의 결여 · 개발과 마케팅의 통합이 부적합 · 재고누적, 원가관리 불비 · 경영목표 미달성, 내부통제 미숙
제품, 기술 생산요인	· 제품의 결함, 복제가 용이한 제품 · 기술상 결함 또는 낙후된 기술 · 개발자체에만 과잉투자, 기술편중 · 생산, 기술설비의 부족, 설비투자의 부담과중 · 원자재, 부품확보 실패 · 제품의 시장성 결여 · 리스크가 큰 Project에 도전 · 기술자, 연구원 확보 실패 · 새로운 제품에 대한 관심 부족
Marketing 요인	· 마케팅의 결함, 약점(유통시스템의 부적정) · 경쟁품보다 높은 가격, 치열한 가격경쟁 · 제품에 관한 서비스의 결함 · 시장규모의 협소 · 영업체계의 미숙(거래처 집중, 가격인상 실패, 관리불충분) · 시장개발의 실패 · 부정확한 시장조사, 광고선전비의 부족 또는 과잉 · 가격 설정, 판매 타이밍의 실패
조직, 노무 요인	· 인재의 부족, 인재확보 실패, 직원의 능력 부족 · 조직관리제도의 미정비 · 인사관리의 미숙 · 조직 혼란과 사기 저하 · 연구진과 직원의 마찰

　　Dupont 사는 화학기업의 제일인자이며, 미국에서 10번째 안에 드는
큰 회사이다. 셀로판, 나일론을 발명한 이 회사는 또다시 철보다 5배 강하
고 무게는 철의 5분의 1 밖에 안 되는 신비의 물질 Kevlar를 발명하였다.
이것은 Dupont 연구소의 대성공이었다. 그러나 어떤 용도로 어디에 팔 것
인가? 자동차 타이어 제조업계가 Kevlar의 주요 판매원이었다. Kevlar는
철보다 강하고 가벼운데다가 타이어 고무와 잘 접합되었던 것이다. 이에 따
라 Dupont은 5억 달러의 설비투자를 하고 Kevlar를 생산하였다. 그러나
자동차 소유자들이 철로 짜여진 래디알 타이어를 더 선호하게 되면서 타이어
제조회사는 1년도 채 못되어 Kevlar 구입을 중단하고 다시 철을 사용하게
되었다.

71 | 낭비가 축적되면 회사를 위협한다

■ 원가절감을 체질화한다

어떤 기업도 원가절감을 통한 수익구조의 개선없이는 무한경쟁에서 살아남을 수 없다. 경제불황 때마다 대응을 잘 하였던 일본의 도요타 자동차처럼 '마른 수건도 다시 짠다'는 각오 하에 비용절감을 위하여 혼신의 힘을 기울여야 한다. 원가절감은 치열한 시장경쟁에서 회사를 살리고 경쟁력을 강화한다. 원가절감은 회사로 하여금 싼값으로 좋은 제품을 수요자에게 제공하게 되므로 고객만족을 높이고 나아가 신규고객을 창출할 수 있어 회사의 생존에 큰 영향을 미치게 된다.

다시 말하면 적정이익을 확보하게 하거나 순이익을 증가시키는데, 그것은 인센티브나 보다 나은 복지제도를 통해 직원들의 혜택으로 이어질 수 있다.

직원들은 항상 작업 현장에서 낭비 요소가 없는지, 더 아낄 곳은 없는지를 스스로 점검해 보아야 한다. 가랑비에 옷 젖는 줄 모른다는 속담처럼 불필요한 낭비가 축적되면 회사의 수익구조를 크게 위협한다. 불경기 때는 사업확장이 힘들므로 경영수지 개선을 위해 먼저 불필요한 지출부터 줄이고 개선하여야 한다.

■ 경비절감의 마술사

1981년 로버트 크랜달(Robert Crandall)이 아메리칸 항공의 사장으로 취임하면서 추진한 지독한 경비절감은 오늘날 '크랜달 전설'로 회자되고 있다. 그가 주도한 인정사정 없는 경비삭감 때문에 크랜달은 항공산업 내에서조차 별종으로 평가되고 있다. 다음의 일화는 경비절감에 대한 그의 광적인 집착을 말해 준다.

아메리칸 항공의 기항지 중에 하나인 버진 아일랜드의 세인트 토마스에 있는 작은 사무소에서 있었던 일이다. 이 사무소에서는 고객 서비스의 일환으로 비행기가 도착하는 즉시, 또는 화물 발송 전에 고객의 짐을 일시적으로 보관해 주는 조그마한 화물창고를 운영하고 있었다.

예를 들면 세인트 토마스에서 아메리칸 항공의 중요한 고객 중 하나는 타이멕스(Timex)사였는데, 타이멕스의 전자시계 조립공장이 시내에 있었다. 이 항공사무소에서 시계조립용 부품들을 창고에 밤새 보관해 주는 일이 종종 있었다. 이 부품들이 고가였기 때문에 창고는 도둑들의 표적이 되었다. 이 사무소에서는 3명의 전담 경비원을 고용하고 있었는데, 이것이 크랜달의 눈에 띄었다. 크랜달로부터 예산사용에 대한 지독한 추궁을 받게 되자, 이 사무소는 경비원의 수를 2명으로, 다음에는 1명으로 줄였다가, 나중에는 1명의 시간제 경비원으로 교체하였다. 마침내는 1명의 시간제 경비원마저도 경비견으로 대체되었다. 그러나 크랜달은 이 정도에서 고삐를 늦추지 않았다.

크랜달이 세인트 토마스 사무소의 관리자인 조지 엘비로부터 예산 사용 내역을 보고 받을 때의 일이었다. 엘비가 보고한 예산 내역 중에 한 줄이 '서비스 구매'란 항목이었다. 크랜달이 이 항목에 대해 물어보자 엘비는 경비견을 보내주는 회사에 지불하는 돈이라고 대답하였다. 크랜달은 일주일에 무작위로 3일 밤만 경비견을 이용하면 어떻겠느냐는 의견을 제시하였다. 이렇게 하면 창고 안에 경비견이 있는지 없는지 도둑들이 알 수 없을 것이며, 경비도 절감될 수 있을 것이라는 것이 크랜달의 생각이었다.

세인트 토마스로 돌아온 엘비는 이를 실천에 옮겨 효과를 보았다. 다음해 예산집행 보고 때에는 서비스 구매 항목의 비용이 전년도 보다 상당히 줄어들었지만, 크랜달은 이 항목에 대해 다시 질문하였다. 그것은 일주일에 무작위로 3일 밤만 경비견을 쓰는 데 지출하는 경비라고 상기시켜 주었을 때 크랜달은 그것이 성공적이었느냐고 물었다. 그렇다는 대답을 들은 크랜달은 엘비에게 새로운 행군명령을 내렸다. 테이프 레코더에 개짖는 소리를 녹음하고, 타이머를 이용하여 이를 틀어서 진짜 경비견이 창고 안에 있는 것처럼 도둑들을 속이라는 것이다. 세인트 토마스로 돌아온 엘비는 이를 곧바로 실행에 옮겼다. 놀랍게도 이것은 효과가 있었다. 전사적인 경비절감의 추진을 위해 크랜달은 IdeAAs in Action이라는 제안 프로그램을 고안하고 1989년 실행에 들어갔다. 이 프로그램의 발대식에서 크랜달은 종업원들에게 다음과 같이 연설하였다.

"우리 아메리칸 항공에서 큰 변화를 만들어 내기 위한 새로운 프로그램의 시작을 선언하게 되어 본인은 더없이 기쁩니다. 이 프로그램은 여러분들의 창조성, 여러분들의 지식, 그리고 여러분들의 아이디어를 활용하기 위해 만들어진 것입니다. 여러분 모두가 아시다시피 끊임없이 변하고 있는 항공산업에서 경쟁력 있고 흑자를 내는 기업으로 살아남기 위해서는 비용을 관리하고 수익을 창출할 수 있는 새로운 방법을 찾아내지 않으면 안 됩니다. 이를 성취하기 위한 더 좋은 방법이 무엇인지 가르쳐 주십시오. 우리는 여러분들의 이야기를 듣고, 실행하며 그에 상응하는 보상을 할 것입니다."

크랜달은 이 프로그램을 성공적으로 이끌기 위해 훌륭한 리더십을 발휘했다. 1996년 자료에 의하면 당시 이 프로그램을 전담하는 47명의 직원이 근무하고 있었는데, 이들은 그 해에 접수된 약 1만 7천 건의 아이디어를 평가하고 채택된 아이디어들이 현장에서 실제로 적용되었는지를 감독하였다고 한다. 경비절감을 위해서라면 피도 눈물도 없을 것 같이 여겨졌던 크랜달이 제안제도의 운영을 위해서는 세계 어느 기업에서도 보기 힘들 정도의 큰 투자를 한 것이다. 또한 이유 여하를 막론하고 150일 이내에 처리가 완결되지 못하는 아이디어들은 모두 크랜달의 책상으로 보내졌다. 처리가 지연되는 제안이 모두 크랜달에게 자동적으로 회부된다는 위협은 제안제도의 운영에 관계된 모든 사람들에게 자기가 맡은 일을 신속하게 처리하지 않으면 안 된다는 것을 상기시켜 주는 각성제가 되었다. 사내의 어느 누구도 기업의 경비절감에 기여할 수 있는 제안의 처리를 지체시켰다는 이유로 크랜달에게 소환되는 것을 원치 않았다. 만약 로버트 크랜달이 귀사의 경영자로 부임해 온다면 어떠한 일이 벌어질까?

월마트의 절약문화

Wall-Mart는 미국 제2의 기업이며 회장인 Sam Walton 씨는 미국에서도 손꼽히는 부자이다. 그러나 Wall-Mart는 Arkansas의 이름도 없는 소도시 허름한 구석 건물에 본사를 두고 있다. 아마 이 정도 거대한 기업이라면 대도시 중심지에 화려한 빌딩과 본사를 두고 그 위용을 뽐낼 것이다. 그러나 아직도 Walt 씨는 구식 포드 트럭을 손수 운전하고 값싼 식당에서 식사를 하여 평범한 이발소에서 이발을 한다. 저가로 파는 할인판매점에서는 모든 것을 절약하여야 살아남을 수 있다는 것을 손수 보여주는 것이다. 자기는 미국의 갑부라고 하여 최고급 자동차에, 최고급 식당에서 식사를 하며, 자기 직원들에게 회사 돈을 아끼라고 훈시한다면 그 말이 과연 직원들에게 먹혀들어갈 것인가?

72 | 모럴 향상을 위한 내부감사제도

누가 당신의 꿈을 빼앗아 갔는가? 이제 자신이 이루지
못한 꿈에 대해서는 누구에게도 책임을 전가할 수
없다. 자신만이 책임을 져야 한다.

최근에는 사장이 경영 전반을 관망할 수 없을 정도로 기업 활동이 확장됨에 따라 개인이 기업 전반을 효율적으로 통제한다는 것이 불가능하게 되었다.

따라서 기업의 회계기록과 소유자산이 적절하게 유지되고 있는지에 대한 확신을 주로 내부감사인에게 의존하는 경향이 많아지고 있다. 내부감사는 기업내부인이 담당하기 때문에 외부감사인보다 계속적으로 기업의 회계기록과 영업활동을 구체적으로 검토 평가할 수 있다. 내부감사인은 경영에 도움을 주는 것이라면 어떤 업무에도 관심을 가져야 하며 회사 내 조직상의 지위와 업무의 독립성이 유지되어야 함은 필수조건이다.

요즈음 대기업에서는 감사에 관한 성격이 많이 달라지고 있다. 감사라는 말 자체가 거의 사용되지 않는다. 대신에 경영진단(Business Consulting)이라는 말을 쓴다. 감사는 이미 발생한 부정을 적발하는 사후조치로서 부정이 일어나지 않도록 예방하지 못하면 이미 불필요한 손실이 발생된다는 것이다.

각 계열사의 구조조정 본부에 구성된 경영 진단팀의 기능은 종래의 감사팀에 비하여 기능이 훨씬 광범위해졌다. 부정을 적발하는 것은 물론 더 큰 임무는 부정이 발생하지 않도록 미리 조치하는 것이다. 또한 부실 우려가 있는 회사나 사업부문에 대해 객관적인 관점에서 미리 문제점을 점검하여 부실을 예방함과 아울러 경영진이 놓치기 쉬운 우수한 인력을 발굴하고 육성하는 것도 주요한 역할의 하나이다.

경영진단에는 예외가 없다. 문제가 있으면 언제, 어디든지 청진기와 메스를 들이댄다. 그렇다고 경영진단이 칼로 베는 일만 하는 것은 아니다. 치료방법을 조언하고 방향을 제시하며 해당 사업부문이 가진 경쟁력이 어느 정도인지 냉혹할 정도로 샅샅이 파헤친다.

삼성전자의 해외법인 모두가 흑자를 기록하게 된 것은 지난 97년 해외법인을 대상으로 실시한 경영진단이 시발점이 되었다는데 관계자들은 모두 동의한다. 99년 적자사업의 오명을 안았던 디지털 가전 분야가 작년에 1조원의 순이익을 낸 것도 경영진단의 터널을 통과한 뒤부터라는데 이의를 제기하는 사람은 없다.

경영진단은 팽팽한 긴장감 속에서 진행되는 것이 일반적이다. 끊임없는 질문과 토론, 그리고 확인 작업 속에서 이루어진다. 상식적으로 생각하면 경영진단을 받는 사람은 속이 편할 리가 없다. 그러나 최근에는 오히려 경영진단을 적극적으로 받으려는 분위기가 생겨나고 있다.

지난 97년부터 작년까지 1백명 가까운 인력이 경영진단을 통하여 발탁되었다. 경영진단을 받는 직원이 방어적인 태도를 보이기보다 적극적으로 자신의 성과물을 설명하고 이를 인정 받으려는 풍속도가 나타나고 있기 때문이다. 이 같은 경영진단 기법은 일본의 유명한 전자업체들이 벤치마킹하기도 했다고 한다. 부정감시가 아닌 프로세스 개선, 책임 추궁보다는 대안 마련, 단기적 업적보다는 효율 극대화에 경영진단의 초점이 맞추어지고 있다는 설명이다.

경영진단팀이 가장 고민하는 대목은 부정을 방지하는 시스템을 구축하는 일이다. 10년 전만 해도 오른쪽 주머니엔 공금만 넣고 왼쪽주머니는 개인용도로 사용하라는 지침이 통했으나 사회 분위기가 달라지면서 이 같은 주먹구구식 방법은 통하지 않게 되었다. 경영진단 팀은 그래서 부정을 막을 수 있는 시스템을 구축하는데 상당한 힘을 쏟고 있다. 부정이 발생될 수 있는 토양을 제거한다는 것이다. 돈을 직원들이 직접 만지지 않게 하는 작업이다. 전자구매는 기본이며 부품을 사업부가 아닌 본사에서 통합구매하는 시스템도 그래서 발달하였다. 경비지출에 대한 체크시스템도 이중 삼중으로 짜여져 있다. 임직원이 준수하여야 할 매뉴얼도 꼼꼼히 제시되어 있다.

예를 들어 거래업체와 식사를 할 경우 1인당 비용이 2만원이 넘으면 무조건 삼성 사람이 지불하여야 한다. 그렇지 않으면 향응을 받은 것으로 간주하기 때문이다.

[삼성전자의 부정판단기준]

유 형		부정판단 기준	행동지침
거래 업체 · 거래 희망 업체	상품권 티켓 등 수수	금액과 이유 불문하고 현금수뢰에 준하는 부정행위 해당	거절이 원칙이고 부득이 수령할 경우 상사에 보고 후 되돌려 주며 되돌려 주지 못할 경우, 공적인 활동에 사용 후 결과를 감사부서에 통보함
	경조금 수수	· 사회 통념상 인정하는 금액 초과시(10만원) · 거래처에 경조 사실을 사전에 공시하거나 안내장 발송, 전달	업체가 알고 경조금을 낸 경우에도 10만원을 초과하면 전액을 되돌려 주어야 함. 부서장은 업체에 주의 환기
	교통비 수수	국내외 출장시 동반한 업체로부터 숙박, 교통비를 제공 받는 행위	업체가 제공하는 교통, 숙박비는 거절하여야 하며 거래처 주관 초청행사의 경우 사전에 상사의 허가를 득하여야 함

향 응	· 1인당 2만원 이상의 식사나 술 대접을 받는 것은 부정에 해당 · 접대를 암시하거나 요구하는 것도 고의적 부정행위에 해당하며 중징계에 해당	· 거래업체와 상담, 회의 중 식사가 겹칠 경우 회사가 비용부담을 원칙으로 함 · 어쩔 수 없이 업체가 지불할 경우 1인당 2만원 이하이어야 하며 회수가 빈번해서는 안됨
거래업체에 지분투자	이해관계가 있는 거래선에 업무 관련이 있는 임직원이 지분투자하는 것은 부정행위임	거래과정에 특혜 가능성이 있으므로 절대 금하여야 함
보안관련	· 근무시 취득한 정보를 외부에 누설하거나 개인자산 증식에 이용하는 것은 부정행위에 해당되며 형사고발 대상임 · 인터넷을 통해 타인을 비방하거나 음란 영상, 문서를 배포하는 행위	· 근무시 취득한 정보는 소유권이 회사에 있으므로 임의로 유출하거나 사적으로 이용해서는 안됨. · 타인명예를 훼손시키거나 음란 영상, 문서를 주고 받는 불건전한 행위는 금하여야 함
상사와 부하관계	상사는 부하사원에게 격려조로 소정의 선물을 줄 수 있으나, 부하가 개인적으로 상사에게 금품을 제공하는 것은 이유 여하를 불문하고 부정행위에 해당됨	상사에게 개인적으로 금품을 제공하는 것은 승진, 고과, 연봉 등에 혜택을 받기 위한 청탁으로 보일 수 있으므로 원칙적으로 금함.

⊟ 부정은 암이며 전염병이다

서울 태평로 삼성전자 본사 건물 엘리베이터 바로 옆 안내 데스크 앞에 서 있는 두 사람의 얼굴에 당황한 기색이 역력했다.

"두 분은 출입금지자로 분류돼 있어 들어가실 수 없습니다."라는 안내요원의 차가운 말이 떨어졌기 때문이다. 이들은 삼성전자의 협력업체 임원들이었다. 정확하게 말하자면 작년에 납품비리 건으로 적발된 업체의 임원들이었다. 비리가 적발된 뒤 거래가 끊어져 어떻게든 관계를 복원해 볼 요량으로 찾아온 길이었다. 딱 한번 실수였으니 통사정을 해 보자는 희망은 물거품이 된 채 문전박대를 당하고 말았다. 삼성전자 안내 데스크에는 이처럼 출입금지자 명부가 존재한다. 납품비리건 등으로 거래가 중지된 업체의 주요 임원 수십 명이 리스트에 올라 있다. 명단에 이름이 오르면 영구히 출입이 통제된다.

73 | 실패는 선택이 아니다

■ 경영자만이 희망이다.

요즈음 자신감이 없어진 경영자가 많아진 것 같다. 경영환경이 어려워지고 불황이 겹치면서 기업을 경영하기가 어려워진 것도 사실이지만, 경영자가 어깨를 축 늘어뜨리고 푸념만 하거나 허장성세로 힘든 상황만 모면하고 보자는 태도를 보인다면 경영은 점점 수렁으로 빠져 다시는 헤어나오기 어렵게 된다.

비록 어려움이 있더라도 경영자는 자신의 위치와 지위가 갖는 중대한 의미를 다시 한 번 새기면서 어려움을 극복하여야 한다. 경영자는 경영전반에 관하여 전적인 책임을 져야 하므로 전력을 다하여 결단하고 리더십을 발휘하면서 '도덕도 없는 전쟁'인 경영을 승리로 이끌어야 한다. 경영자의 분투만이 유일한 희망이다

- 경영자의 허풍이 심해진다. 사업성과를 과장하고 정치인과의 교분을 들먹인다.
- 회사 임직원들로부터 '무리한 투자를 감행한다'는 불평이 새어나온다.
- 비밀 간부회의가 자주 열린다.

- 개인 재산이 없다.
- 사장이 공과 사를 혼동하며 생기가 없고 무언가를 숨기려 한다.
- 주변의 충고나 전문가의 조언을 듣지 않는다.
- 사업자등록증상의 대표자와 실제 대표자가 다르다.
- 대외활동이 화려해지고 주연을 여는 등 분수에 넘친 호화생활을 한다.
- 골프 등 취미생활에 탐닉하고 경영 이외의 일에 정열을 쏟는다.
- 전화를 해도 경영자가 부재 중일 때가 많고 사내에서 경영자의 행방을 아무도 모른다.
- 경영자의 이혼, 별거 등 가정불화 소문이 나돈다.
- 형제간 또는 친척간에 경영권 븐쟁이 진행 중이다.
- 경영자가 사업경력이 없거나 3년 미만이다.
- 경영자가 경영실태를 명확히 설명하지 못한다.
- 경영자의 근무태도가 불성실해진다.
- 일부 경영진에게 권한이 집중된다.
- 중요 직책을 친척간에 배분하고 가족 중심적 경영 현상이 두드러진다.
- 경영자가 아랫사람의 면담을 거절한다.
- 임원수가 지나치게 많아진다.
- 임원간의 내분이 끊이지 않는다.
- 경영자의 건강이 갑자기 나빠진다.
- 경영자가 침착성을 잃거나 식은땀을 흘리며 가끔 생기 잃은 모습을 보인다.
- 관청이나 권력과 유착된 것을 과시한다.
- 경영자의 경력과 관련 없는 사업은 주의하여야 한다.
- 가족을 갑자기 외국에 이주시키며 사업을 포기할 생각이 있다.

- 이전에 회사를 도산시킨 적이 있다.
- 들으려는 사람도 없는데 사업계획을 장황히 설명한다.

■ 직원, 비전과 꿈이 없으면 떠난다

경영자의 가치관을 기업경영의 현장에서 실현하기 위해서는 직원들이 경영자를 믿고 이해하여 이를 실천해 주어야 한다. 그러나 현실은 그렇지 못하며 이해관계에만 예민하여 자기방어로만 무장한 직원들에 둘러싸여 경영자가 판단을 그르치게 되는 경우가 많으므로 자신의 주위에 이러한 현상이 없는지 경영자는 수시로 첵크하여야 한다. 직원들은 회사의 경영이 어려워지면 제일 먼저 동요하는 집단이며, 심한 경우 회사의 부정적인 면만 들추어 내는 반동적인 집단으로 표변할 수 있다. 특히 경리담당 임원이나 간부의 근무 태도를 주의 깊게 살펴야 하는데 회사의 경영상태를 조기에 관찰 할 수 있는 위치에 있으므로 경영이 어려워지는 징후를 보이면 누구보다 먼저 회사를 떠난다. 직원들은 철새이다. 조건이 맞지 않으면 뒤도 돌아보지 않고 떠나가는 소모적인 집단이다

- 사업장 분위기가 뒤숭숭하다. 정리 정돈이 잘 안 되어 있고 직원의 근무의욕도 눈에 띄게 떨어졌다.
- 자금 및 경리 담당자가 회사를 그만둔다. 이들은 회사의 자금사정을 가장 잘 아는 사람으로 통상 부도 4~5개월 전에 퇴직금을 챙기고 회사를 떠난다.
- 숙련직원이 특별한 이유없이 회사를 그만두는 등 이직률이 높아진다. 회사 사정은 직원이 가장 먼저 안다.
- 회사의 수위나 안내양 등 직원의 신경이 날카로워지고 불친절해진다.

- 비합리적인 인사이동으로 회사의 기강이 문란해진다.
- 종업원의 무단결근이나 지각 조퇴가 늘어난다.
- 회식 또는 접대자리에서 직원들의 회사 비판이 잦다.
- 종업원들의 책상에 개인 사물이 많다.
- 판매나 생산직보다 사무직이 우대 받는다.
- 업무상 횡령, 배임 행위가 늘어난다.
- 경리담당자의 불만이 많아진다.
- 사원들의 말투나 전화 응대가 불친절하다

■ 판매없이는 경영도 없다

아무리 좋은 상품도 사람이 만들어 낸다. 영업은 인간관계의 신뢰를 파는 것이며 상품은 각각 얼굴을 가지고 말을 하는 유기물이다. 상품을 생산하는 기업이든 유통을 담당하는 기업이든 건전하고 우수한 상품을 취급하여야 기업이 성장할 수 있다. 판매 부진이나 반품이 늘어나기 시작하면 경영의 적신호가 울린 것으로 적극적인 대처 방안이 마련되어야 한다. 판매부진의 징후가 제일 먼저 나타나는 곳은 소비자와 가장 가까이 있는 소매점에서부터 시작되어 도매점, 제조공장의 순으로 파급되어 온다. 판매부진의 원인이 단순히 제조공장과 판매점 사이의 갈등이라면 처방이 쉬울 수도 있으나 동종 제품에 비하여 가격 경쟁력이 없거나 품질, 기능이 진부하여 상품 자체가 소비자로부터 외면당한 경우라면 심각한 문제이다.

- 원재료를 소량으로 빈번하게 구매하거나 비정상적으로 다량 구매한다.
- 제품을 때 아니게 염가 판매한다.
- 상당량의 재고품을 뚜렷한 이유없이 딴 곳으로 옮겨 놓는다.

- 갑자기 광고를 하지 않거나 광고를 늘린다.
- 가격정책, 거래조건이 자주 바뀐다.
- 판매대금 결제시 어음과 현금비율이 변화되었다.
- 매입시점을 갑자기 앞당겨 달라고 한다.
- Sale철이 아닌데 Sale을 자주 한다.
- 주력상품이 판매부진을 면치 못한다.
- 회수 불능 채권이 늘어나고 불량재고의 발생으로 할인판매가 잦아진다.
- 강력한 라이벌 업체가 동종 업계에 진입했다.
- 납기가 지켜지지 않는다.
- 출입하는 담당자가 너무 자주 바뀐다.
- 본업과 다른 거래가 늘었다.
- 주요거래처가 자주 바뀐다.
- 주요거래처가 납품을 중단하였다.
- 업종 다각화를 명분으로 다른 업종에 마구잡이로 진출했다가 실패했다.
- 제품의 불량률이 높아지고 생산에 대한 관심이 줄어든다.

■ 자금 부족은 거짓말을 하지 않는다

기업의 자금 상태는 사람의 건강과 마찬가지로 일정한 징후가 있게 마련이다.

특히 기업의 도산이 우려되는 경우라면 수익성, 지불능력, 활동성, 성장성 등의 요소를 집중적으로 점검하여야 한다. 상기 요소가 균형 있게 유지되어야 기업의 재무 건전성이 유지되며 한 가지 요소라도 이상 징후가 발견되면 위험신호가 있는 것으로 원인을 발견하여 조기 치료하여야 한다.

예를 들면 거래기업의 자금사정이 어려운데도 매출이 급증하는 경우라면 도산이 우려되는 경우이다. 어려운 자금사정을 해결하기 위하여 무리하게 생산을 늘리고 덤핑이나 Sale 등 급히 판매하여 현금화하려는 수가 있으며 성급한 현금화에는 무리수가 따르게 마련이다. 가난은 주위를 속일 수 없다는 말이 있다. 아무리 위장하여도 자금부족은 냄새가 나기 마련이므로 평소에도 거래처의 동향을 주의 깊게 관찰하는 감각적인 업무자세가 필요하다.

- 경영자와 자금담당 직원들이 이른 아침부터 자리를 비우고 없다.
- 매출규모에 비해 어음금액이 갑자기 커진다. 은행으로부터 어음장 교부가 어려워지면서 어음단위가 고액화된다.
- 어음 배서인에 엉뚱한 사람이 끼어든다.
- 어음 교환결재로 마감시간에 은행과의 접촉이 잦아진다.
- 거래은행이 많고 자주 바뀐다.
- 금융기관의 대출원리금 연체 또는 연장 상태가 종전과 뭔가 다르게 느껴진다.
- 은행에 대한 자금요청 규모가 갑자기 커진다.
- 관계회사가 파산했다
- 결산서에 분식의 의혹이 있다
- 자산을 과대평가하여 주주와 투자자 채권은행을 속이는 잘못된 경영 형태가 많다.
- 거래처나 은행으로부터 파견 나온 임원이나 간부가 있다.
- 임금이 밀리기 시작한다.
- 은행 대출금 이자와 세금, 공과금의 체납이 잦아진다.
- 교환어음의 결제연장이 습관화되고 어음교환 금액이 급증한다.
- 당좌수표를 결제기일 전에 회수하는 사례가 늘어난다.

- 대주주가 주식을 매각한다.
- 대출신청 시기가 불규칙적으로 변한다.
- 경영자의 은행출입이 전에 없이 잦아진다.
- 타인명의로 된 어음을 사용한다.
- 결산서가 동종 업계의 일반적인 상황과 일치하지 않는다.
- 회사 소유의 주요부동산에 권리변동이 잦아진다.
- 배서어음 부도시 신속히 대체지급하지 못한다.
- 사채시장에 어음이 나돈다는 소문이 있다.
- 회사소유 부동산에 가압류가 발생하였다.
- 담보 제공된 개인소유 부동산을 회사소유 부동산으로 바꿔 달라는 요청이 있었다.
- 일부 은행과 거래가 중단되었다.
- 회사소유 부동산에 은행권 이외의 채권자가 근저당권을 설정하였다.
- 부동산에 설정된 채권최고 금액이 부동산의 시가를 훨씬 초과하였다.
- 은행에서 1차 부도가 발생하여 다음날 자금을 입금하였다.
- 기존대출금의 대환을 위하여 훨씬 나쁜 조건으로 신규대출을 받았다.

■ 미래도 없다, 전략도 없다

비교적 순탄하게 경영되는 것으로 보이던 회사가 갑자기 부도라는 멍에를 쓰고 좌초하기까지에는 여러 가지 경제적 요인과 특수한 환경이 작용하기 마련이다. 기업의 도산은 매출부진, 원가상승, 거래처 도산 등 외부적 요인에 의해서만 발생되는 것은 아니다.

개별기업의 경영내부를 가만히 들여다보면 경영자의 과욕과 오판, 분수를 모르는 사업다각화, 과잉설비, 부동산에 대한 무모한 집착, 어설픈 정경유착, 방만 경영, 경영자의 부도덕, 내부통제 시스템 붕괴 등 내부적 요인에 의한 도산인 경우도 이외로 많다.

경영자가 냉철하지 못하고 무리수를 두거나 전문성이 없는 분야의 사업으로 덤벙대고 뛰어드는 회사와는 거래를 단절하여야 한다.

- 동종업계로부터 신용이 좋지 않다는 이야기가 흘러나온다. 이들의 정보는 대개 사실로 판명된다.
- 과시목적으로 대형사옥 신축을 갑자기 추진한다.
- 평소에 못 보든 다른 업자나 낮선 사람들의 회사 출입이 잦아진다.
- 무리한 설비투자와 확장으로 유휴설비가 많다.
- 회사 중요자산의 매각을 추진한다
- 공인회계사의 감사의견이 부적정 또는 의견거절이다.
- 피보증기업이 어렵다는 소문이 있다.
- 같은 업종 사이에 거래가 급증하는 것은 이상 신호이다.
- 주요거래처의 도산이 있었다.
- 공장을 매각, 축소하거나 폐쇄하였다.
- 설립된 지 3년 미만의 젊은 회사다.

하인리히의 법칙

하인리히의 법칙에 의하면 절대로 예고없이 찾아오는 실패는 없다고 한다. 하나의 큰 재해 속에는 경미한 부상을 입을 정도로 가벼운 재해가 29건이 있으며, 또 그 속에는 인명피해는 없지만 깜짝 놀랄만한 300건의 사건들이 존재한다. 이것이 하인리히의 법칙이다. 이것은 잠재적인 노동재해와 그것이 현실로 나타나는 확률을 경험법칙으로 정리한 것이다.

실패의 하인리히 법칙도 존재한다. 가령 기업이 생산한 제품에 신문에서 다룰 만한 큰 실패가 있다면 그 이면에는 반드시 경미한 클레임 정도의 실패가 29건 정도 존재하고 또한 클레임 정도는 아니어도 직원들이 좋지 않다고 느낄 정도의 잠재적 실패가 300건 정도는 들어 있다는 것이다.

1 : 29 : 300의 법칙이 실패에 잘 들어맞는 것은 방치한 실패는 성장한다는 실패의 특성 때문이다. 하타무라 요타로(畑村洋太郎) 동경대학 교수는 과거의 실패사례를 조사해 본 결과, 대형실패에는 평균 300번의 오싹한 예비적 실패가 있더라는 흥미있는 결과를 제시하고 있다. 300번 중 한번만 정신을 차렸어도 실패를 막을 수 있었다는 얘기다. 그는 "실패는 활용하기 위하여 존재한다."며 실패의 경험 속에 부활의 Key Word가 담겨 있으므로 실패의 예방주사를 맞을 것을 권유하고 있다.

부 록

1. 유망재택기업과 무점포 사업정보

2. 소기업 지원기관

1. 유망재택기업과 무점포 사업정보

[IP산업]

결혼 정보회사	결혼하기까지의 모든 복잡한 과정 즉 예식장 예약, 혼수마련, 청첩장 등 모든 과정을 한번에 대행. 이른바 토털 웨딩 서비스라고 한다.
결혼식 음악 제공업	결혼 이벤트 업종 중 하나인 결혼식의 음악을 책임지고 주관하는 것으로 홈페이지를 하나 가지고 있다면 누구나 시작할 수 있는 사업이다.
멀티미디어 공부방	컴퓨터를 이용해 게임, 학습을 접목시킨 1대1 개별학습 프로그램이다.
회의 기획 대행업	회의가 진행될 수 있도록 관련된 업무를 총괄해서 진행한다.
컴퓨터 그래픽 디자이너	컴퓨터를 이용한 그래픽을 가정해서 만들어 제공한다.
온라인 출판기획 대행업	출판의 의도, 구성 및 내용을 제작하여 출판할 수 있도록 기획서를 만든다.
출판 아이디어 제공업	많은 출판사들은 '히트 작품'을 내기 위해 치열한 물밑 경쟁을 하는데 출판 아이디어 제공업은 이들 출판사에 아이디어를 제공해 주는 사업이다.
온라인 경매	구하기 힘든 상품이나 중고 자동차, 비행기 티켓에 이르기까지 생활용품을 대상으로 실용적인 상품을 적정한 가격에 구입할 수 있도록 인터넷을 통한 경매를 하는 사업이다.
웹사이트 중개업	전문가나 특정분야에 관심을 가지고 있는 사람들을 상대로 그 분야에 대한 상세하고 신속한 뉴스나 새로 생겨나는 혹은 전부터 있던 URL 등을 메일이나 프린트로 보내주는 일이다.
영화관련 여행업	유명한 영화 속의 현장을 자신이 직접 체험함으로써 주인공과 자신을 동질화 시킬 수 있는 여행이다. 팜플렛에는 여행일정과 영화 장면 등의 사진과 얘기와 그 지역을 소개하는 글들을 실어 팜플렛만으로도 충분히 영화 속으로 빠져든다는 느낌을 주기에 충분하다.
스토리 사진방	개개인의 성장 과정을 사진첩으로 만들어주는 스토리 사진 전문점으로 개인이 가지고 있는 사진을 시간의 흐름에 따라 정리하고 거기에 자라 온 과정을 설명하는 스토리를 첨가하여 예술적인 작품 앨범으로 만들어 주는 것이다.

우편 응모 대행업	끝없이 넓기만 한 이 사이버 스페이스 안에서는 다양한 '경품 사이트'들이 즐비하다. 하루에도 열 개가 넘는 경품 이벤트들이 여기저기에서 열리고 있는데, 이를 사업과 연결시켜 아이디어형 비즈니스 아이템을 착안해 낸 것이 바로 우편 응모 대행업이다.
매뉴얼 서비스업	전자제품이나 각종 제품의 매뉴얼을 소비자가 원할 때 전화 한 통화로 즉각 알려주는 정보 제공업이다.
POP광고대행업	일반 점포를 대상으로 POP를 제작해 주는 사업으로 남보다 글씨를 예쁘게 쓰는 사람이면 누구나 창업이 가능하다.
개인 뉴스레터 제작업	특정한 개인이 회사에서, 가정에서 또는 비즈니스 네트워크에서 제작한다.

[인터넷 전문 쇼핑몰]

이유식 전문몰	시중에 판매되는 일반 가공이유식 대신 무공해 재료로 영양과 건강을 동시에 만족시켜 주는 이유식을 제조, 배달 서비스까지 원스톱으로 제공하면서 젊은 주부층을 빠르게 파고 들고 있다.
건강전문 쇼핑몰	유기농 곡식, 채소, 과일부터 햄, 소시지, 스낵, 빵 등 국산원료를 사용한 무방부제 먹거리만 공급하고 있으며 '무공이네농장'에서도 농약을 전혀 뿌리지 않은 쌀, 잡곡, 간장 등을 판다.
상품권 전문사이트	'아이티켓'에는 모든 상품권이 구비돼 있다. 백화점, 구두, 문화상품권에서 주유소, 의류, 자동차극장 상품권까지 자신의 취향에 맞는 상품권을 정상가격보다 3~25% 싸게 살 수 있다.
노인을 위한 실버용품 전문몰	실버용품만 전문으로 판매하는 쇼핑몰로 유니실버(주)의 인터넷 쇼핑몰이 잘 되어 있다.
왼손잡이 전문쇼핑몰	'레프트핸드'에는 왼손잡이만을 위한 책, 컴퓨터자판기, 마우스, 전자계산기, 가위, 노트 등의 상품이 구비돼 있다.
인쇄전문쇼핑몰	품질뿐 아니라 신속성이 강조되는 명함이나 판촉물 등의 소형 인쇄물을 인터넷을 활용해서 신속하게 제작해 주는 사업이다.
공예전문용품몰	한국의 전통적인 공예품을 인터넷을 통해 판매하는 재택기업 방식이다.
수산물 전문매장	생선을 손질해서 고객에게 판매하는 인터넷 생선가게가 등장했다.

[디지털 기술응용사업]

무선카드 결제 시스템 사업	PDA폰에 카드 리더를 달아 이동하면서 장소에 관계없이 무선카드 결제를 할 수 있는 시스템을 판매 관리하는 사업이다. 수익은 결제 시스템을 이용한 자동이체 수수료와 PDA사용요금 수수료 등에서 나온다.
디지털 가상 성형 사업	기존의 이미지 포토에 가상성형 솔루션을 결합한 사업이다. 성형수술 전후의 모습을 제공해 소비자가 직접 비교해 보도록 하고 여기에 성형외과 의사의 소견도 함께 제공하는 사업이다.
디지털 사진관 사업	IT(정보기술)를 기반으로 한 사업이다. 돌·백일사진, 전자앨범, 영화 속의 주인공을 주제로 한 사진을 촬영해 주는 동시에 고객에게 세계 어디서나 사진을 볼 수 있도록 홈페이지에 올려 주는 서비스도 한다. 즉석명함, 합성사진 등 디지털 기술을 응용한 사업을 다양하게 펼칠 수 있다.
디지털 영상편집 사업	디지털 카메라로 촬영한 테이프를 고객이 원하는 영상물로 완성시켜 주는 사업이다.
멀티포토 전문점	특수 촬용장비를 이용해서 이미지 사진, 동영상CD, 인터넷 앨범 등을 제작해 주는 사업이다. 프로필 사진을 촬영하려면 10~20만원의 비용이 들어가는 것에 비해 1만원 대의 저렴한 비용으로 이미지 사진을 촬영할 수 있을 뿐만 아니라, 동영상CD나 인터넷 앨범을 제작하고 인터넷과 연동해서 관리해 준다는 것이 특징이다.
인터넷 비즈니스 아이디어 개발	인터넷 비즈니스 모델을 제공하고, 수익기반의 리모델링 아이디어를 제공하는 사업이다.
인터넷 레크리에이션	인터넷을 통해 게임 및 동영상, 사이버 여행을 하게 하여 레크리에이션을 제공하는 사업이다.

[건강 관련 업종]

한방건강제품 전문점	전통 한의학의 처방개념을 식품화해서 영양섭취와 질병치료 및 예방에 도움을 주는 각종 한방제품을 취급하는 곳이다.
사상체질 생식 전문점	자신의 체질과 목적에 부합하는 생식류와 건강 식품을 준비해 놓고 판매하는 곳이다. 사상의학에 기초해서 각자의 체질에 맞는 식품을 선택해서 생식으로 먹는 자연건강 식사법을 사업화한 것이다.
생식 전문점	몸이 불편하거나 다이어트를 하는 사람들을 위하여 생식을 제공하는 사업이다.
참숯 생활용품 사업	주방용품, 조명기구, 침구류, 미용용품 등 생활잡화 전반에 걸친 제품을 제조 판매한다.
녹즙 배달업	인간의 몸에 꼭 필요한 비타민과 미네랄을 다량 함유하고 있는 녹황색 채소의 생즙을 신선하게 유지하여 매일 소비자의 가정으로 배달해 주는 사업이다.
유기농산품 판매업	유통과정과 생산과정을 노출시켜 생산과정의 투명성을 추구하여 각 지역의 특산물이나 유기농법으로 재배한 농산물만은 판매하는 사업이다.
홍삼 원액 전문점	인삼을 달여 홍삼 원액을 추출해서 판매하는 사업이다.
허브 전문점	허브 식물과 허브를 이용해서 만든 허브 관련 제품을 판매하는 사업으로 미용용품, 향제품, 목욕용품, 장식용품, 공예재료와 허브식물 등을 취급한다.

[방문형 사업]

방문 도서 대여업	맞춤도서 지도사업은 가정을 정기적으로 방문해 어린이들의 연령에 맞도록 전문가가 선정한 도서를 대여하고 지도해 주는 사업이다.
영어교재 방문 대여	4세에서 13세의 미취학 및 초등학생을 대상으로 한 각종 영어 학습 프로그램을 대여해 주는 사업이다.
이동형 완구 대여점	어린이들은 장남감을 사주어도 금방 싫증을 느끼고 또 장난감을 살 경우 보관 장소를 많이 차지하게 돼 실내 공간 확보에 문제가 생기므로 이런 문제를 해결하기 위해 생후 2개월 이상 취학 전 어린이들의 놀이기구를 대여해 주는 업종이다.
차량 이동형 카페	소형 화물 차량을 개조해 에스프레소 커피 등 고급 커피를 이동하면서 판매하는 사업이다. 앉아서 고객을 기다리지 않고 고객이 있는 곳을 직접 찾아가는 것이 기존의 테이크아웃 점포들과 다른 점이다.
컴퓨터 출장 수리업	중고 컴퓨터 판매업, 컴퓨터 출장 수리업, 데이터 복구 전문점 등이 있다.
기타 방문업	아동교육 비디오 방문 대여업, 방문 미술 교육업, 방문 음악 교육업, 방문 침대 세탁업, 방문 세차 사업, 방문 트레이너 사업, 이동식 스낵카 등이 있다.

[환경 관련 업종]

욕실 리폼 사업	욕실 리폼 사업은 노후된 타일이나 욕조를 뜯어내지 않고도 시공이 가능한 코팅방식으로 저렴한 가격에 깔끔하고 쾌적한 욕실 분위기를 만들어 주는 사업이다.
항균 코팅업	핸드폰, 전화기, 단체 급식소 및 일반 식당의 주방기기와 테이블, 가정의 주방, 카페, 아파트 물탱크, 공공장소 테이블과 의자 등 세균이 서식하기 쉬운 공간이나 물건을 항균제로 코팅하여 세균을 없애는 동시에 최소 6개월 이상 세균이 발생하지 않도록 하는 항균 시공 서비스업이다.
아로마 비디오용품 전문점	여러 식물에서 추출한 자연원료를 이용해 만든 화장품·목욕용품 등을 판매한다. 가정 업소, 청소, 자동차, 냉장고 등에 적용하는 40여종의 제품을 구비하고 있으며 홍삼원액 전문점은 인삼을 달여 홍삼원액을 추출해서 판매하는 사업이다.
악취제거제 판매업	가정, 업소, 청소, 자동차 냉장고 등에 적용하는 40여종의 제품을 판매한다.
광촉매 시공업	신축건물, 학교, 유치원, 병원, 음식점, 아파트에 광촉매를 코팅하여 건물의 오염을 방지하고 유해물질을 분해해 주는 사업이다.
자동불판세척업	전자동 기계를 사용, 온수만으로 간단하게 불판을 세척해 주기 때문에 화학세제에 불판을 담가두던 기존 세척방식에 거부감을 갖고 있던 소비자들에게 호응을 얻고 있다.

[생활 편의 관련 업종]

베이비시터 및 실버시터 파견업	아이를 돌보아 주거나 노인들을 돌보아 주는 사람들을 파견하는 사업이다.
태교 및 출산관련 도우미 서비스	임신한 여성의 생활을 도와주는 사업이다.
빈집 지켜주기 대행	빈집 지켜주기 대행업은 주인이 없는 동안 집을 대신 봐주는 일이다. 단순한 방범뿐 아니라 집안의 화초에 물을 준다거나 애완동물 먹이주기, 집안 청소 등 집주인이 돌아올 때까지 집안 분위기를 산뜻하게 유지시켜 주는 일을 한다.
연락 대행업 (경조사)	경조사 연락 대행업은 갑자기 상을 당했거나 결혼, 회갑, 동창회와 같은 급히 연락을 취해야 할 고객의 의뢰를 받아서 짧은 시간 안에 많은 사람들에게 전화로 연락해 주는 사업이다. 경조사가 끝난 뒤 참석객들에게 감사의 인사를 전하는 서비스도 해주며, 상품 홍보 서비스도 가능하다.
쇼핑대행 서비스	회원고객을 대신해서 각종 생활용품들의 쇼핑을 해주는 사업이다. 소비자 입장에서는 필요한 물건만을 주문하기 때문에 충동구매를 최소화할 수 있고 또한 직접 구매하는 것 보다 저렴하게 물건을 구매할 수 있다는 점에서 호응을 얻고 있는 유통사업이다.
가정식 김치 배달업	가정식 김치 배달업은 김치를 가정에서 직접 만들어 수요가 있는 가정으로 직접 배달해 주는 사업이다.
용품 대여업	생활용품 및 사무용품, 어린이 침대, 여행가방, 노트북 컴퓨터 등 생활에 필요한 상품을 대여한다.
홈스테이 대행업	일반 가정집에서 머물며 국내의 일상적인 삶과 문화를 생생하게 체험할 수 있고 호텔보다 값도 저렴해 여행자들에게 인기 있는 숙박 형태로 아침 식사와 잠자리를 제공하는 일종의 민박업이다.
아침식사 배달업	아침마다 각 가정에 국, 찌개, 탕을 배달해 주고 있다.
과일 배달업	먹기 좋게 자른 신선한 계절 과일을 진공 포장 상태로 배달해 주는 사업이다.

[엔젤 관련 사업]

육아정보제공업	육아 정보에 대해 미숙한 임산부나 출산을 한 엄마에게 임신부터 시작해서 3살까지 아이에 대한 모든 정보를 제공해 주는 사업이다.
어린이 생일파티 대행업	생일 전에 파티 의뢰를 받아 파티 장소와 시간이 적힌 초대장을 친구에게 발송해 주그 파티 장소를 꾸며 주는 사업이다.
EQ 장난감 대여점	회원들에게 장난감을 대여해주되 전문기관에 의뢰해 회원들의 지능지수와 감성지수를 테스트 한 후, 그 결과에 따라 회원의 정서와 지능개발을 위한 교육적 역할을 하는 사업이다.
장난감 수리업	쉽게 싫증을 내고 물건을 함부로 다루어 고장을 내는 아동들의 특성상 다양한 모든 종류의 장난감을 사주는 것은 부담이 된다. 그래서 생겨난 것이 어린이 완구 수리업이다.
이동입체영화관	대형차량 내부를 극장식으로 개조해 입체영상시스템을 보여준다.

2. 소기업 지원기관

정부

• 중소기업특별위원회	www.pcsme.go.kr	02-507-7062
• 중소기업청	www.smba.go.kr	02-2110-7555

종합지원기관

• 중소기업협동조합중앙회	www.kfsb.or.kr	02-2124-3114
• 소상공인지원센터	www.sbdc.or.kr	02-3679-2920
• 한국소호진흥협회	www.sohokorea.org	053-653-0225
• 한국프랜차이즈협회	www.ikfa.or.kr	02-447-6094
• 벤처기업협회	www.kova.or.kr	02-6009-4100
• 한국여성경제인협회	www.womanbiz.or.kr	02-528-0202
• 한국여성벤처협회	www.kowa.or.kr	02-6009-8500
• 대한상공회의소	www.korcham.net	02-316-3114
• 중소기업진흥공단	www.sbc.or.kr	02-769-6700

업종별 단체

• 중소기업협동조합중앙회	www.kfsb.or.kr	02-2124-3114
• 한국목욕업중앙회	www.mokyork.kr	02-769-6700
• 한국음식업중앙회	www.ekra.or.kr	02-2232-7911
• 대한제과협회	www.bakery.or.kr	02-2273-1830
• 대한숙박업중앙회	www.motelkr.com	02-2631-9868
• 한국컴퓨터게임산업중앙회	–	02-2268-3786
• 한국세탁업중앙회	cleaning1142.or.kr	02-812-1142
• 대한미용사회중앙회	www.beautyassn.or.kr	02-585-3351

주요 경영정보 Web-Site

* 종합　　　　이노넷　　　　　　　　　　www.innonet.net

　　　　　　중소기업현황 DB　　　　　　smdb.smba.go.kr

* 신용보증

　　　　　　신용보증기금　　　　　　　　www.shinbo.co.kr

　　　　　　기술신용보증기금　　　　　　www.kibo.co.kr

　　　　　　신용보증재단　　　　　　　　www.icredit.or.kr

* 창업　　　　창업넷　　　　　　　　　　www.changupnet.go.kr
* 벤처　　　　벤처넷　　　　　　　　　　www.venture.smba.go.kr
* 통계　　　　중소기업통계정보　　　　　stat.kfsb.or.kr
* 인력　　　　워크넷　　　　　　　　　　www.work.go.kr

　　　　　　중소기업인력정보　　　　　　www.work.kfsb.or.kr

* 유통 · 물류 DB　　　　　　　　　　　www.kcci.or.kr/logistics
* 정보화　　　중소기업정보화경영원　　　www.itr.re.kr

　　　　　　중소기업무료홈페이지　　　　www.vision21.co.kr

* 판로　　　　드림피아　　　　　　　　　www.dreampia.co.kr

　　　　　　중소기업제품전시장　　　　　www.syex.kfsb.or.kr

* 전략적제휴　Co-wins net　　　　　　www.cowins.net
* 제조물책임　PL코리아　　　　　　　　www.plkorea.com
* 외국인산업연수생

　　　　　　외국인산업연수 정보망　　　atims3.kfsb.or.kr

* 기업교육　　중소기업개발원　　　　　　www.sbtc.re.kr
* 정책연구　　중소기업연구원　　　　　　www.kosbi.re.kr

☐ 참고 문헌 ☐

●도 서

· 『경영자의 자사경영진단모형』 생산성본부
· 『중소기업 진단. 지도 실무기법』 신용보증기금
· 『중소기업 이렇게 도와 드립니다』 중소기업청
· 『기업경영분석』 한국은행
· 김기옥 『소비자와 시장』 학지사
· 에번슈워츠 『웹경제학』 세종서적
· Rolf H Carlsson 『오너십이 기업운명을 지배한다』 김영사
· 강철규 『지력사회 지력기업』 웅진
· Jeff Papows 『지식관리론』 정보 M&B
· 小林忠嗣 『최고경영자의 자기진단』 한국표준협회
· 조동성 『지식경영』 서울경제경영
· 김종범 『21세기 트랜드』 백산서당
· 宮田矢八郎 『성장하는 기업 성장하는 경영』 동아출판사
· 스텐 데이비스 『변화의 충격 BLUR』 씨앗
· 강영복 『경영진단 실무기법』 조세통람사
· 『기업의 사업성 분석』 한국금융연수원
· 이반 랜들 『기업성장을 방해하는 10가지 증상』 매일경제신문
· J Horovitz 『중소기업의 경영전략』 생산성본부
· 이하라 류이찌 『사장의 제왕학』 세경문화
· 이타가키 에켄 『카르로스 곤의 파워리더십』 더난
· 이동현 『CEO 히딩크』 바다
· 宮本武藏 『戰略經營』

· 畑村洋太郎 『失敗學』 세종서적
· 伊藤淳己 『中小企業の 診斷』 중앙경제사
· 池澤章雄 『組織活性化の 50原則』 일본능률협회
· 荒木金男 『經營戰略 100問 100答』 서음출판사

● 논문 기타
· 『외국중소기업의 성공요인과 시사점』 이우광
· 『직급파괴현황과 개선방안』 삼성경제연구소
· 『숨겨진 경쟁력, 스피드 경영』 조영빈
· 『재택기업 및 무점포사업 활성화보고서』 김지희
· 『Downsizing의 현상과 전개방향』 박광수
· 중소기업청, 산업자원부, 정보통신부, 국세청, 특허청 발간자료 등
· 주요 신문 기사 및 유관기관 Web　site

☐ 저자 약력 ☐

· 저자 이동혁

국민대학교 졸업
국민은행 근무
(주) 우경정밀기계 대표이사
실천경영연구소 소장
현) 중소기업청 영등포소상공인센터 센터장

■ 강의 및 지도
중소기업진흥공단, 중소기업협동조합중앙회, 한국경영. 기술컨설탄트협회
한국산업개발연구원, 서울시공무원교육원, 숭실대, 광운대, 동양공전 등
KBS "경제를 배웁시다"
교통방송 "디지탈 경제" 고정출연
대원화학 외 다수기업 경영고문

■ 기타 경력
중소기업청 주최 제1, 2회 SOHO 창업경영대회 심사위원
한국직업능력개발원 직업교육훈련 평가자문위원
서울시 중부여성발전센터 운영위원

· 자격
경영지도사

■ 저서
『사장, 해 볼만한 직업입니까?』
『소자본창업가이드』

소기업 사장의 73가지 성공학

·

2003년 11월 5일 초판인쇄
2003년 11월 10일 초판발행

·

엮은이 | 이 동 역
펴낸이 | 홍 철 부
펴낸데 | **문 지 사**

·

등록일 | 1978.8.11(제3-50호)

·

서울특별시 은평구 갈현1동 422-4

영업부 | 02) 386-8451
        02) 386-8452
편집부 | 02) 382-0026
팩 스 | 02) 386-8453

값 12,000원